AF375863

X 1547.
2ta. 3.

X 1547
Y fa. 2.

C

15919

RAPPORT

SUR

LA GRAMMAIRE ANGLAISE

DE M. SADLER,

FAIT A LA SOCIÉTÉ DES MÉTHODES D'ENSEIGNEMENT

DANS SA SÉANCE DU 9 DÉCEMBRE 1834,

PAR M. DELALANDE-HADLEY,

MEMBRE DU CONSEIL.

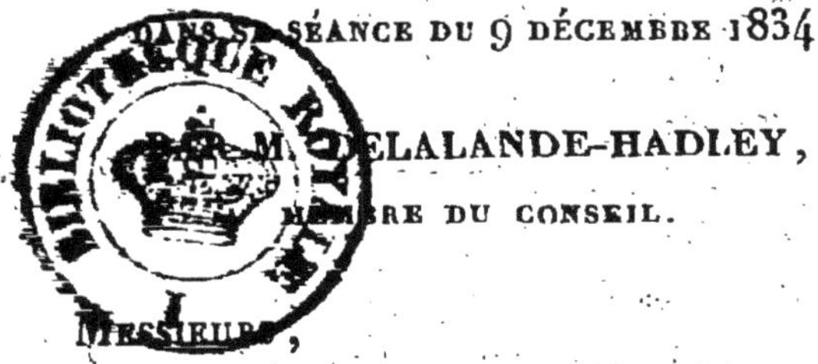

MESSIEURS,

La grammaire dont j'ai à vous rendre compte n'est pas nouvelle; c'est une seconde édition nécessitée plutôt par le succès de la première que par un besoin indispensable d'améliorations. L'auteur cependant ne les y a pas épargnées.

Le rapport de cette nouvelle édition m'a été renvoyé, et, par un examen attentif et scrupuleux, je me suis convaincu qu'elle mérite un rapport fort étendu; mais craignant d'abuser de votre temps, je me bornerai à ne vous exposer que ce que cet ouvrage a de plus intéressant et de plus digne de votre bienveillante attention.

Pour qu'une grammaire satisfasse à toutes les conditions d'un bon livre de ce genre, il faut qu'elle soit régulière dans sa marche, et que tous les principes qu'elle contient y soient exposés avec autant de clarté que de méthode. Or celle-ci, qui, dès sa première apparition, réunissait déjà ce double avantage, en offre encore aujourd'hui de nouveaux, par l'addition de plusieurs remarques utiles, judicieuses et savantes, propres non-seulement à aider l'intelligence de l'élève, mais encore à favoriser singulièrement sa mémoire.

Suivons donc rapidement le grammairien dans sa

marche; et d'abord remercions-le de s'être montré très-concis dans les pages obligées sur la prononciation, qui, comme nous l'avons déjà dit tant de fois, s'acquiert plutôt par l'oreille que par les yeux, et ne se perfectionne que dans le pays, ou à l'aide d'un bon maître. —

Ce petit traité préliminaire est surtout remarquable par une note toute nouvelle sur le *th* par laquelle il termine. Cette lettre double est l'écueil des étrangers, et surtout des Français, qui en confondent la prononciation avec celle du *t* ou de l'*s* ou du *z*. Pour en mieux faire sentir la différence, l'auteur ajoute à ce qu'il en dit d'ailleurs une liste des mots dont le sens serait entièrement changé par la substitution d'une de ces trois lettres en place du *th* (voir la page 12).

M. Sadler compte encore neuf espèces qu'il ne demanderait pas mieux sans doute que de réduire à cinq (1); mais en cela, comme tant d'autres, il a respecté l'ancien usage (c'est le grelot à attacher) : au lieu de l'en blâmer, je m'empresse de louer la justesse des définitions qu'il en donne. Chacune de ces espèces de mots est ensuite l'objet d'un chapitre particulier aussi court que le permet l'importance des principes qu'il expose. Chaque explication, très-clairement donnée, est encore éclaircie par quelque note souvent curieuse par sa nouveauté, et suivie d'exercices très-multipliés, mais très-simples, et dont les mots, quoique choisis parmi les plus usités de la conversation, sont néanmoins conformes à la règle ou à l'exception dont il s'agit. Suit enfin une série de questions qui résume et rappelle à la mémoire tous les principes qui ont été traités dans le chapitre. Quoique cette observation s'applique à tous en général, nous nous plaisons à signaler en particulier ceux qui traitent des différentes sortes d'articles, de leur rapport avec le nom; des différentes

---

(1) J'irais même plus loin. (Note de l'auteur.)

propriétés de ce dernier, telles que les genres, les nombres, et les deux génitifs particuliers à la langue anglaise (voir les page 29 et suivantes) sans oublier le chapitre des adjectifs, si heureusement terminé par les notes sur la formation des degrés de comparaison (page 40).

Au chapitre des pronoms, fort bien traité d'ailleurs, nous avons à relever une légère méprise qui tient sans doute à l'amphibologie qui se rencontre souvent dans l'emploi de notre adjectif possessif *son, sa, ses,* que nous faisons accorder avec le nom de l'objet possédé qui chez nous peut avoir un genre, tandis qu'en anglais on le fait accorder avec le nom du possesseur; mais loin que l'auteur s'en autorisât pour traduire *his mother* par son mère parce que c'est la mère d'un homme, et *her father* par *sa père* parce que c'est le père d'une femme, c'était une raison de plus pour traduire correctement, l'un par *sa mère,* rapportant l'adjectif à la mère, objet possédé par un homme, et l'autre par *son père,* qui est l'objet possédé par une dame, eu égard au genre des objets possédés et non à celui des deux possesseurs. M. Sadler n'a pas cependant manqué d'en donner une traduction explicite en disant la mère (à lui), le père (à elle).

La conjugaison, comme on le sait, est en anglais la même pour tous les verbes, grâce aux signes dont elle est formée; elle serait la chose du monde la plus facile à apprendre pour un étranger, s'il connaissait bien la signification propre et l'usage de chacun de ces signes : c'est à donner clairement cette connaissance que s'est spécialement appliqué M. Sadler, et il s'en est acquitté de manière à ne nous laisser, à ce sujet, aucune incertitude; voyez ce qu'il dit en particulier des auxiliaires *shall, will, may, can,* etc., puis tous les exercices qui y ont rapport, de la page 69 à la page 91.

Tous les élémens de la conjugaison étant ainsi bien disposés et expliqués, l'auteur passe aux tableaux qui en présentent l'exécution. Il commence, comme de raison, par les trois auxiliaires : car il a eu le bon esprit d'y ajouter le verbe *to do* (faire), aussi utile à la conjugaison générale de tous les verbes en anglais que les deux autres. Mais je ne puis l'approuver de même de commencer par le verbe *to be* (être), sous prétexte qu'il faut être avant d'avoir : cela est vrai en langage de philosophie ; mais en bonne grammaire l'ordre est de commencer par *to have* (avoir), qui se sert d'auxiliaire à lui-même et à tous les autres, et sans lequel le verbe *to be* lui-même ne peut se conjuguer dans ses temps composés. Une autre attention dont j'aurais également su bon gré à l'auteur, serait qu'il eût donné en entier au moins une ou deux de ces premières conjugaisons, avec les temps composés, au moyen du verbe *avoir*.

Ce n'est pas sans regret que j'ai vu dans cet excellent ouvrage le signe *to* de l'infinitif désigné sous le titre de préposition. C'est l'article neutre des Grecs, qui remplit là aussi incontestablement le rôle d'article que l'infinitif lui-même y joue celui de nom. C'est la même chose dans toutes les langues ; seulement les Anglais se sont montrés plus rationnels, en voulant que ce nom neutre fût accompagné de son article (1).

---

(1) Quelque bien fondée que paraisse être l'opinion de M. Delalande-Hadley sur la nature du mot ɪᴏ, signe de l'infinitif des verbes anglais, et quelque rationnelle que soit l'explication qu'il en donne, je ne puis me ranger à son avis, qu'autant que ce mot n'est pas réellement une préposition. Mes profondes recherches m'ont convaincu de son identité avec notre verbe ᴅᴏ, *faire*, *agir*. J'appuie mon opinion sur les extraits suivans, tirés de quelques-uns des plus savans grammairiens et philologues qui ont écrit sur la langue anglaise ; j'en offrirais bien davantage, si je ne craignais pas d'épuiser la patience de mes lecteurs. P. Sᴀᴅʟᴇʀ.

The preposition ᴛᴏ (in Dutch ᴛᴏᴇ and ᴛᴏᴛ) is the gothic substantive ᴛᴀᴜɪ or ᴛᴀᴜʜᴛꜱ, *i. e.* act, effect ; the verb is ᴛᴀᴜɢᴀɴ,

Mais revenons à ce qu'il reste de bien à dire sur ce chapitre comme sur tous les autres. Nous en sommes à la conjugaison du verbe *to do* (faire) dans sa signification *vague* et *indéterminée*, opposée à celle du verbe *to make* (faire, aussi), mais dans un sens bien différent, dans le sens positif de la façon que le travail donne à un objet. Il est impossible d'en mieux faire la distinction que ne l'a fait M. Sadler par toutes les explications qu'il en donne, suivies d'un grand nombre d'exercices à l'appui, et que l'on verra avec plaisir de la page 99 à la page 106.

---

agere. After this derivation, it will not appear mysterious or wonderful that we should prefix this same word to, to the infinitive of our verbs; for the verbs in English not being distinguished by a peculiar termination, it became impossible to distinguish them when the old termination of the Anglo-Saxon verbs was dropped; this word to (*i. e.* act) became necessary to be prefixed in order to distinguish them from the nouns, and to invest them with the verbal character; for there is no difference between the noun love and the verb to love, except what is comprised in the prefix to. In the Teutonic, this verb is written tuan or tuon, whence the German thun and its preposition tu or zu. In the Anglo-Saxon, the verb is teogan and the preposition to. In the high German tuan, duan, tuen, duen, tun.　　　　Tooke and Meidinger.

There is no caprice in these methods of employing do and to; they arise from the peculiar method which the English language has taken to arrive at the same necessary end which other languages attain by a distinguishing termination.

　　　　　　　　　　Tooke.

The great body of Anglo-Saxon verbs are nouns verbalized by the addition of the syllables *an*, *ian*, or *gan*. These final syllables are expressive of *action*, *motion*, or *possession*.

　　　　　　　　　　Bosworth.

The first care of men would be to assign names to surrounding objects; they would then endeavour to express the most common energies or states of being, such as are denoted by the verbs to do, to be; hence, by the aid of these, combined

Nous ne nous arrêterons pas long-temps aux particules invariables, excepté à la préposition, celle peut-être de ces quatre espèces de mots dans l'emploi de laquelle les deux langues diffèrent le plus. Il en est quelques-unes entre autres qui exigent une attention toute particulière : celles, par exemple, qui expriment le *repos* opposé au *mouvement*; la *tendance* opposée à la *séparation*; les rapports de position et d'éloignement, à l'égard des objets et des places. Pour éviter enfin qu'on ne confonde celles qui, avec une apparence de similitude, ont cependant des différences très-délicates et

---

with a noun, they might express the *energy* or *state* of that thing of which the noun was the name. Suppose they had given the name of *plant* to a vegetable set in the earth; they would say, to express the act of setting it, DO PLANT, that is ACT PLANT. The letters D and T being nearly allied, it is easy to conceive how the word DO, by a variation common to all languages, might be changed into TO, and thus the word TO prefixed to a noun would denote a correspondent *action*.

CROMBIE.

Il est digne d'être remarqué qu'en hébreu l'infinitif du verbe indique l'accomplissement de l'action. SADLER.

All the so-called modality of a verb is expressed by other verbs in the present form in our philosophical language.

FEARN, ANTI-TOOKE.

To is the Gothic substantive TUNI, signifying *act*, *effect*, *result*, from a verb signifying TO DO or ACT. BANKS.

Voici ce qu'on trouve dans le glossaire gothique de Junius : TAUGAN, agere, facere. TAWIDA, fecit. THUITHTAUGAN, benefacere. UNTHUITHTAUGAN, malefacere. Ab hoc interim THAUGAN (cujus medium G sæpissimè inter inflectendum liquescit) manifestè promanârunt Theotisca sive Alamannica TUAN, DUAN, DUON, TUON. Anglo-Saxonicum item DON, Anglicum DOE, Belgicum DOEN ab eâdem quoque proveniunt origine : TOGA, opera. TUAN, feceris ex reliquo TAUAN. Integrum verò TAUGAN liquido satis desumptum est ex τευχιν, facere, parare, fabricare, machinare. JUNII.

très-difficiles à saisir, il n'est sorte de précaution que n'ait prise M. Sadler. Je citerai seulément le moyen fort ingénieux dont il a usé à l'égard de TO, AT, INTO, IN, ON, UPON, OVER, UNDER, FROM, OF, OFF, etc. Qu'on jette les yeux sur une petite gravure fort curieuse (page 132) présentant un tableau synoptique de la valeur relative et de l'emploi qu'on doit faire de chacune d'elles. C'est apparemment pour en donner une image plus frappante à la jeunesse, et lui en laisser une plus vive impression que l'auteur a substitué à la figure moins significative qui se trouve dans la première édition, celle d'*oiseaux* et d'*une cage*, emblême si naturel et presque proverbial des écoliers par rapport à leur classe.

Passons à la deuxième partie, c'est-à-dire à la syntaxe. Elle contient neuf chapitres, dont chacun contient un certain nombre de règles bien exposées et bien distinctes l'une de l'autre, et dans un chiffre à part. Chacune d'elles est d'ailleurs si courte et si simplement énoncée, que l'élève, même le moins intelligent, peut en faire l'application, aidé comme il est en outre par une longue série d'exercices multipliés ici comme dans la première partie, et conçus en très-peu de mots, où il la trouve toute faite. Comme d'un bout à l'autre de la syntaxe l'auteur a suivi le même plan, je pourrais peut-être me dispenser de rien ajouter à ce que je viens de dire, si le mérite remarquable de certains endroits ne m'imposait l'obligation de vous les signaler d'une manière plus expresse. Tels sont par exemple :

1° Au chapitre II, règle 12e, ce qu'il ajoute à tous les détails qu'il avait déjà donnés sur le génitif anglais, pages 180 et 181; ce qu'il dit ensuite, en terminant ce chapitre, sur la signification de certaines terminaisons employées dans la formation des noms, page 183.

2° Au chapitre III des adjectifs, à la fin, sur la formation de quelques-uns d'entre eux, page 194.

3° Le chapitre VI en entier, sur les verbes *y avoir*,

falloir, devoir, vouloir, pouvoir, etc., depuis la page 241 jusqu'à celle 256.

4° Une liste de façons de parler, page 288.

5° Une liste des verbes les plus usités dont le sens change selon la préposition qui les suit, et qui exigent des prépositions tout autres que celles que régit le verbe français, page 334.

6° Les noms des nations et des peuples, article qui peut suppléer à l'insuffisance de la plupart des dictionnaires anglais sur cet objet, page 336.

7° Liste des abréviations, page 338.

8° Enfin une collection de proverbes anglais, en regard avec ceux qui y correspondent en français. Cet article, placé le dernier, est aussi la dernière et la plus difficile conquête à faire sur la langue anglaise.

RÉSUMÉ.

Cette Grammaire, outre tout ce qu'on y trouve à la portée des plus jeunes étudians, ne laisse rien ignorer de ce qu'ils doivent apprendre : elle offre encore aux amateurs de toutes les classes et de tout âge la plus riche collection de notes, de remarques et d'étymologies curieuses, dont quelques-unes peuvent avoir, même pour les plus érudits, le mérite de la nouveauté.

Après tout ce que nous avons cité de remarquable, elle se recommande encore sous le rapport typographique, qui ne peut manquer d'ajouter quelque agrément à ce que sa lecture a de substantiel et de profitable. DELALANDE-HADLEY.

Le conseil, dans sa séance du 9 décembre 1834, a adopté les conclusions de ce rapport.

Certifié par le secrétaire-général,

A. D. LOURMAND.

La Société a décerné à M. Sadler une médaille pour ses ouvrages sur la langue anglaise, et pour son excellente manière d'enseigner.

SADLER.

—

EXERCICES ANGLAIS,

ou

COURS DE THÈMES

GRADUÉS.

PARIS. — IMPRIMERIE DE CASIMIR,
RUE DE LA VIEILLE-MONNAIE, 12.

EXERCICES ANGLAIS,

OU

COURS DE THÈMES

GRADUÉS

POUR SERVIR DE DÉVELOPPEMENTS

AUX RÈGLES

DE LA GRAMMAIRE ANGLAISE PRATIQUE

ET

DE TOUTES LES AUTRES GRAMMAIRES ANGLAISES,

où

Les difficultés de la Traduction du français en anglais sont présentées graduellement, et aplanies par des Notes explicatives au bas de chaque page, avec des renvois aux règles énoncées dans la Grammaire;

PAR P. SADLER,

MEMBRE DE LA SOCIÉTÉ GRAMMATICALE ET DE CELLE DES MÉTHODES D'ENSEIGNEMENT,

Auteur de la *Grammaire pratique de la Langue anglaise*, de l'*Art de la Correspondance anglaise et française*, du *Cours de Versions*, du *Cours gradué de la Langue anglaise*, du *Poetical Preceptor*, etc., etc.

TROISIÈME ÉDITION,

Revue par l'auteur, et augmentée d'un choix de *Sujets de Compositions.*

PARIS.

LIBRAIRIE FRANÇAISE ET ANGLAISE DE TRUCHY,

BOULEVARD DES ITALIENS, N° 18.

———

1837.

PRÉFACE.

Ce Cours de Thèmes, quoique adapté spécialement à la Grammaire pratique, est néanmoins arrangé de manière à servir de supplément à toute Grammaire anglaise. Nous avons tâché d'y offrir tous les moyens propres à faciliter la traduction du français en bon anglais, et de présenter aux élèves un tableau où ils pourront contempler, peints dans leurs couleurs distinctives, les génies des deux langues.

Pour donner, dans chaque thème, le plus de développement possible à toutes les règles auxquelles il se rapporte, nous avons choisi des phrases détachées, dont une grande partie est du *style familier*, c'est-à-dire du style épistolaire et de la conversation.

Nous nous sommes d'autant plus convaincu de l'utilité de cette méthode, en voyant tous les jours des personnes qui lisent et traduisent assez bien le Vicaire de Wakefield, le Télémaque, Shakspeare, et même Milton, et qui se trouvent cependant fort embarrassées dans une conversation.

Nous conseillons donc aux élèves de traduire, avec beaucoup d'attention, tous ces thèmes, et, après les avoir fait corriger par leur maître, d'en apprendre les phrases les plus propres à servir dans la conversation.

Afin de ne rien laisser à désirer, nous avons publié un CORRIGÉ de ces thèmes, par le moyen duquel les parents peuvent eux-mêmes corriger les devoirs de leurs enfants ; et les élèves qui travaillent à la campagne, sans maître, pourront s'assurer s'ils ont bien compris les règles, et s'ils en ont bien fait l'application.

Encouragé par l'accueil flatteur fait aux deux premières éditions, j'ai tâché, par des améliorations importantes, de rendre celle-ci encore plus digne de l'honorable suffrage de la nation française.

Je profite aussi de cette occasion pour remercier les Professeurs mes collègues, qui, par l'adoption de mes ouvrages, ont secondé et fait valoir mes efforts.

PERCY SADLER,

Boulevard des Capucines, n° 21.

N. B. Les renvois à la Grammaire se rapportent à la 3ᵉ édition.

COURS

DE

THÈMES GRADUÉS.

<hr>

THÈME I.

ARTICLE INDÉFINI (*Grammaire*, page 13).

L'ARTICLE indéfini, qui est *an*, sert à indiquer *un* objet de l'espèce, mais sans le particulariser. Cet article répond à *un* et *une* en français ; il ne change pas pour s'accorder en genre avec le nom ; mais devant une consonne, un *y*, ou une *h* aspirée (1), il se change en *a*.

Ex. *An officer*, un officier. *A soldier*, un militaire, *A hero*, un héros. *A year*, une année.

N. B. Bien que l'article *an* ou *a* réponde à *un* et *une*, il ne faut pas s'en servir pour indiquer un seul objet de l'espèce *par rapport au nombre :* dans ce dernier cas, il faudra employer l'adjectif numérique *one*.

Ex. Il a vendu *un* de ses chevaux, *he has sold* one *of his horses.*

<hr>

J' ai	recu	une	lettre	d'	un	ami	qui
I have received			letter	from		friend	who

demeure	dans	une	jolie	petite	ville,	sur
lives	in		pretty	little	town	on

<hr>

(1) *H* est presque toujours aspirée en anglais : elle n'est muette que dans les mots *heir*, héritier ; *honour*, honneur ; *honest*, honnête ; *herb*, herbe ; *hospital*, hôpital ; *hour*, heure ; *humour*, caractère ; *humble*, humble, et leurs dérivés.

les bords d'une belle rivière. Il y a aussi
the banks of fine river. *There is*(1) also

dans les environs une forêt pleine de gibier.
environs forest full of game.

Il m'invite à passer un mois chez lui,
He *invites me* (2) to pass month *with* him

pendant la | saison de la chasse. | Ce serait
during the | shooting season (obs. gén.) | It *would* be

un grand plaisir pour moi; mais une affaire
great pleasure for me but affair

d'importance me retient à Paris, et je
of importance *detains me* at Paris and I

ne pourrais m'absenter, pas même pour
could not *absent myself,* not even for

un jour. Avez-vous un | port d'armes? | J' ai
day. Have you | licence to shoot? | I have

tué aujourd'hui un lièvre et un perdreau.
killed to day hare and partridge.

Avez-vous un canif? Oui, j'en ai un (obs. gén.)
Have you penknife? Yes, I * have

à deux lames, mais j'en ai cassé une (3).
with two blades but * broken

Je connais un Anglais qui a épousé une
know English*man* who has married

Française ; il | ne savait pas | un mot de
French*woman* he | did not know | word of

français, ni elle un mot d'anglais; mais
french, nor she of english

---

(1) *Observation générale.* Les mots anglais qui sont en italique indiquent qu'il y a une différence, soit d'idée, soit de construction, entre les deux langues. —Les phrases entre deux filets sont entièrement traduites.—Les mots sous lesquels se trouvent les astérisques doivent être supprimés dans la traduction.

(2) Le régime se place après le verbe en anglais.

(3) Quand le nom est sous-entendu, il faut traduire *un* ou *une* par *one.*

avant un an , la dame parlait l'anglais ,
before (1) year the lady spok *

et le monsieur avait appris le français.
and the *gentleman* had learned *

Une de mes sœurs a la rougeole ; nous
(2) my sisters the measles ; we

avons un médecin qui reste tous les jours
have doctor who stays *every* day

une heure avec elle. Aujourd'hui un
hour with her. To day

homme a été écrasé par une voiture dans
man been *run over* by carriage in

une petite rue ; | on le transporta | dans un
narrow street ; | they *carried him* | to

hôpital ; il avait *une* jambe fracassée, et
hospital, had leg fractured

l' autre meurtrie. Cela ne | peut pas se faire|
the other , bruised. That (3) | cannot be done |

dans une journée , par un seul homme.
day by *

Croyez-vous qu'un homme et un garçon
Do you think that boy

puissent le faire dans une journée?
can *do* *it* day ?

On dit qu'un Écossais raisonne toujours
They say that Scotch*man* reason always

avant de se battre, qu'un Irlandais se bat
before * he *fights*, that Irish*man* *

avant de raisonner, et qu'un Anglais ferait
* he *reasons*, would do

---

(1) L'*y* au commencement d'un mot n'est pas considéré comme voyelle.

(2) Devant *de* et *des*, il faut traduire *une* et *un* par *one*.

(3) La particule négative *ne* ne doit pas être traduite si elle est suivie de *pas*.

l'un ou l'autre selon la circonstance.
or the other according to the circumstances.

Voulez-vous me donner un pain à cacheter?
Will   give me   wafer?

Voulez-vous aussi un cachet? | Je vous
Will you have (1) also seal? | I thank

remercie, | j'en ai un. La charrette est trop
*you | I * have The cart too much*

chargée pour un cheval, il faut en mettre
*loaded for you must * put*

deux. Un jour où je | me promenais | dans
two. One (2) when | was walking |

le jardin, je vis une grosse araignée |
the garden saw large spider |

qui se battait | avec un crapaud (3). J'ai
fighting | with toad.

perdu une | pièce de cinq francs. |
lost | five frank piece. |

Une des cordes de mon piano est rompue,
of the strings my piano broken,

connaissez-vous un bon accordeur? Si ce
do you know tuner? If it

n'est qu'une corde, vous pouvez en mettre
** but can * put*

une autre vous-même. Mais je n'en ai pas
*other yourself. But * have not*

une pour y mettre.
*to **

Je reviendrai dans une heure et demie.
will return hour and a half.

---

(1) *Will* n'étant regardé que comme auxiliaire, il faut l'employer avec un verbe. *Voyez* Grammaire.

(2) On se sert généralement de *one* devant *day* dans ces sortes de phrases.

(3) Fait historique.

J'ai un thème et une version à faire. Une
exercise version to do.

livre sterling vaut vingt-quatre francs ;
pound sterling *is worth* twenty four

une couronne vaut six francs ; un shilling
crown *is equal to* shilling

vaut vingt-quatre sous, et un penny vaut
sous, penny

deux sous. Un cocher | est tombé | de son
two coach*man* | fell | *from* his

siége hier, sur un de ses chevaux. Donnez-
box yesterday on his horses.

moi une lumière, s'il vous plaît. Voulez-
light if * please.

vous *une* chandelle ou deux ? Mettez une
you *have* candle or ?

veilleuse sur la | table de nuit. | Dans
night lamp on | *night table* (1). |

une heure vous | me donnerez | une tasse
| *will give me* | cup

de café. Je déjeûnerai à une heure (2).
coffee. will breakfast at * o'clock.

Ma tante m'a donné une montre pour mes
aunt *has given me* watch for

étrennes. J'ai cassé un des verres de vos
new year's gift. of the glasses your

lunettes, mais je vous (3) en prêterai une
spectacles, * will lend

paire.
pair.

---

(1) Le mot qui qualifie se met en anglais devant le mot qualifié, et la préposition qui les sépare se supprime.

(2). Le mot hour, *heure*, est sous-entendu ; *o'clock* signifie de la pendule.

(3) Mettez le pronom de régime après le verbe.

THÈME II.

ARTICLE DÉFINI (*Grammaire*, pag. 13 à 17).

L'ARTICLE défini, qui est *the*, sert à distinguer de tous les autres de la même espèce le nom qu'il précède. Il répond à *le, la, les*. Il ne varie jamais pour s'accorder, soit en nombre, soit en genre, avec son substantif.

On met l'article devant les noms de peuples et de sectes; on le met aussi devant les noms de rivières et de chaînes de montagnes; mais on ne le met point devant les noms de pays, excepté the Archipelago, *l'Archipel;* the Morea, *la Morée;* the Levant, *le Levant;* the Indies, *les Indes*, et les groupes d'îles. (Pour plus de développements, voyez *la Syntaxe*.)

Les Anglais sont très-commerçants. Les
English   are   very   commercial.

Français cultivent les beaux arts. Les
French   cultivate   fine   arts.

Hollandais apportent de grandes quantités
Dutch   bring   *   great   quantities

d'anguilles au | marché au poisson | à
of   eels   to the | fish market | at

Londres. Les Quakers sont très-respectés
London.   Quakers   much   respected

en Angleterre. Les dissidents (1) sont
in   dissenters

nombreux à Londres. La Tamise est large,
numerous   Thames   broad,

---

(1) Les personnes qui ne suivent pas l'église nationale en Angleterre.

elle traverse la ville ; les quais sont couverts
it passes through town ; quays covered

de marchandises. Les maisons à Londres,
with merchandise (1). houses *at*

ne sont pas hautes, les rues sont toutes
high, streets all

garnies de trottoirs. | Les Alpes et les *Py-*
paved *with foot* pavement. | Alps

rénées sont couvertes de neige.
(2) snow.

Le temps (3) est couvert. Le soleil n'a
weather cloudy. sun

pas paru | depuis deux jours. | L'hiver
appeared | *these* two days. | winter

approche. Les jours sont courts. Le soleil
approaches. short (4). sun

se lève tard. Les nuits sont froides. La
* rises late. nights cold.

rivière sera prise, si le froid continue.
will be *frozen* if continue.

Les patineurs furent trompés par le dégel.
skaters were deceived thaw.

Avez-vous été voir la girafe ? Oui, et les
Have been to see giraffe ?

autres curiosités du Jardin des Plantes. Le
curiosities of the Garden *of* Plants.

cimetière du Père-la-Chaise est le plus beau ;
burial ground Pere la Chaise fine*st* ;

---

(1) Ce mot se met presque toujours au singulier en anglais.

(2) *Observation générale.* Les mots français qui sont en italique s'écrivent de même en anglais.

(3) *Temps* se rend par *weather* en parlant de l'état de l'atmosphère ; dans les autres sens, on dit *time*.

(4) Les adjectifs sont invariables en anglais.

les monuments en sont magnifiques. Les
monuments   of it   magnificent.

rues de Londres sont plus larges que celles
streets of   wider   *than*   those

de Paris. Les habitants de Londres boivent
    *in*habitants   drink

beaucoup de bière. La bière anglaise est
much   *   beer.   english (1)

bien forte, et surtout l'ale. La colonne de
very strong   particularly ale.   column

la place Vendôme est faite des canons pris
    is made   cannons taken

par l'armée française ; les militaires la
  army   *french*   *soldiers*   *it*

regardent comme le plus beau monument
consider   as   finest   monument

de la gloire et (de la) (2) valeur des Français
glory   prowess

dans la guerre.
   war.

Les vieux militaires sont très-bien dans
old   soldiers   comfortable

l'hôpital des Invalides. L'hôpital à Green-
hospital   of   Invalids.   at   Green-

wich, près de la ville de Londres, est
wich (3) near   *   town

pour les vieux marins. Ce bâtiment est un
   seamen.   building

des plus beaux édifices des environs de
    edifices   environs

la capitale. Il y a aussi un hôpital pour les
capital.   *There is*   also

---

(1) L'adjectif se met devant le nom.
(2) *Obs. gén.* Les mots entre parenthèses ne se rendent pas.
(3) Prononcez *grinnidge.*

militaires, mais on ne peut le comparer
but one *it compare*

à celui des Invalides de Paris ; d'ailleurs,
that besides

vous savez que l'armée de terre n'est pas si
know that army * land * so

considérée par les Anglais que la marine.
important to the as navy.

Il y a plusieurs centaines de vaisseaux en
There are several hundred * ships

Angleterre employés dans le commerce
employed commerce

du charbon de terre : c'est du (2) nord de
coal (1) *pit :* north

l'Angleterre, sur les frontières de l'Écosse,
on borders * Scotland

qu'on le tire. La fumée du charbon noircit
that they *it fetch.* smoke blackens

les choses, et surtout le linge, à Londres.
things particularly linen

La Chambre des pairs et la Chambre des
House of lords (3) *house* of

députés ont | toutes les deux | été brûlées
commons both been burnt

à Londres (4). Le palais de St.-Jacques
palace St.-James

est un vilain édifice, et indigne du roi
ugly unworthy

___

(1) Le commerce de charbon se dit généralement *the coal trade*, le charbon métier. Le mot *pit* signifie mine d'où l'on tire le charbon.

(2) DE marquant un point de départ se dit *from*. Du, dans ce sens, se dit *from the*.

(3) On dit aussi *the house of peers*. La pairie se dit *the peerage*.

(4) Le 16 octobre 1834.

d'un grand peuple. A Londres, les abattoirs
   great   people.   slaughter-houses
sont dans la ville; chaque boucher a son
                every   butcher
abattoir à lui. Les morts sont enterrés
     himself.   dead   buried
dans la ville, dans de petits cimetières
                  *   small   burial grounds
près des églises; les Anglais les appellent
near the churches;   *call them*
church - yards, c'est-à-dire, cours des
            that is to say   yards
églises. Les corbillards, en Angleterre,
churches.   hearses
sont tous fermés. Les Anglais pendent leurs
    all   closed.   hang   their
criminels; | on les pend | devant la prison
          they hang them | before   prison
de Newgate. On les pend à huit heures,
             them   at eight *o'clock*,
et on les laisse | jusqu'à | neuf; puis
   them leave | till | nine; then
le bourreau coupe la corde et descend le
executioner   cuts   cord   *takes down*
cadavre.
dead body.

THÈME III.

EXERCICES SUR LE GENRE DES NOMS (*Grammaire*,
pag. 18 à 21), où les règles et les exceptions
sont bien détaillées.

Un homme et trois femmes furent noyés.
          three   were drowned.

Un mari doit aimer sa femme (1). Ma mère
ought to love *his*   My

a trois garçons et deux filles. Mon oncle et
two   and

ma (2) tante ont invité leurs neveux et leurs
*   invited their

nièces pour | le jour de l'an. | Mes frères
for | new year 's day. | My

sont en pension, mais mes sœurs ont des
at *school,* but   have *

maîtres chez nous. J'ai quatre cousins et
masters *at* *home.*   four

cinq cousines. Nous avons vu le roi et la
five   seen

reine. Allons à l'église voir le marié et la
Let us go   church to see

mariée. Nous avons un domestique et deux

servantes. Ma mère est (3) veuve, et elle

va épouser un | homme veuf. | Les juifs et
is going to marry | widower. |

les juives sont séparés par des grilles dans
separated   *   gratings

les synagogues.
synagogues.

J'irai au bal en berger, et ma sœur en
Will go   as a

bergère. Les acteurs ont donné des étrennes
have   *

---

(1) Femme, dans le sens d'épouse, se dit *wife.*

(2) Les pronoms possessifs étant invariables, on n'a pas besoin de les répéter devant tous les noms.

(3) On met en anglais l'article indéfini devant le nom qui indique la qualité ou la profession d'une personne.

Ex. Je suis garçon, *I am a bachelor.*

aux actrices. Notre cuisinier était malpropre,
to the   cook   dirty

nous avons | à présent | une cuisinière. Mes
        now

fils apprennent l'anglais et le *latin*, et mes
   learn   *   *

filles (1) l'anglais et l'italien. Quand j'étais à
   *   *   italian.   When

Constantinople, je voyais souvent le sultan,
           saw   often

mais je | n'ai jamais pu | voir la sultane.
but | * have never been able |

Un vieux garçon de ma connaissance (3)
  old   *bachelor* (2)   acquaintance

va épouser une jeune demoiselle. L'im-
is going to marry   young maid, *ou* maiden.

pératrice | alla au devant de | l'empereur;
      | went   *to meet* |

elle était accompagnée des gentilshommes(4)
     accompanied   *by the*

et des dames de la Cour : les seigneurs et
  *   Court :

leurs dames étaient superbement mis. Il y
their   superbly   *dressed.* There

avait deux dames d'honneur dans la voiture
were   of honour   carriage

avec Sa Majesté ; le marquis et la marquise
   her Majesty ;

de *** la suivaient.
   her followed.

---

(1) Fille, l'opposé de fils, se dit *daughter.*
(2) *Bachelor* signifie célibataire.
(3) Connaissance intellectuelle se dit *knowledge.*
(4) Les Anglais cèdent le pas aux dames , et disent, *ladies and gentlemen.*

Il y a en Amérique beaucoup de taureaux
many (1)

et de vaches sauvages. Nous étions hier
wild (2).   were yesterday

au Jardin des Plantes, où j'ai vu plusieurs
at the   where   several

lions et plusieurs lionnes. | Avez - vous
                                  Did   you

remarqué | le beau tigre ? Oui, mais je
remark

n'ai pas vu de tigresse. Dans le cabinet
did   see any   cabinet

d'Histoire naturelle, il y a beaucoup (3) de
History   natural (2)

bêtes et d'oiseaux empaillés; | on y voit | des
            birds   stuffed ; |one sees there|

loups et des louves, des *léopards* et des

lubernes, des ours et des ourses, et d'autres
                                          other

animaux mâles et femelles. Parmi les
animals male   female.   Among

oiseaux, nous avons remarqué de beaux
birds   remarked   (4)

paons et de belles paonnes, des dindons et

des dindes, de superbes faisans, et de très-
                  superb

---

(1) Quand beaucoup se rapporte à un nom au singulier il
se rend par *much*.

(2) Mettez l'adjectif avant les noms,

(3) Beaucoup se dit *many* pour un nombre, et *much* pour
une quantité.

(4) *De* et *des*, dans le sens de quelques, ou d'une partie
de, se rendent par *some*.

jolies faisannes. Il y a aussi des coqs et des
                   also

poules de différentes espèces.
        different   species

J'ai perdu mon chien ; hier je l'affichai,
    lost   *advertised it*

et on m'a apporté une chienne qui lui
   they   brought   that

ressemble beaucoup. L'année prochaine,
 resembles   very much.   next (1)

j'irai en Angleterre pour acheter un che-
will go *to*   to   buy

val et deux juments. Notre portier est

mort, mais nous gardons la portière.
 dead   keep   porteress.

Monsieur (2) le baron part demain, et ma-
      *   sets off to morrow

dame la baronne | le suivra | après-
   *   will follow him | the day

demain. Que pensez-vous de madame
after to morrow. What do you think   Mrs. (3)

P*** ? C'est une cantatrice du premier
    She is   singer   first

talent. Mon | maître de danse | et ma
abilities.   dancing master

| maîtresse de piano | sont tous deux
  music * mistress   both

malades. On disait que le duc de *** était
 ill.   was

---

(1) N'oubliez pas la place de l'adjectif.

(2) On ne traduit pas monsieur ni madame devant les titres.

(3) Madame se dit *Mistress* et s'écrit Mrs.

mort, mais nous avons appris que c'est
      learned   it is

la duchesse. Connaissez-vous madame *** ?
    Do you know   ?

Oui, je la connais bien. On dit qu'elle est
   her

devenue auteur, est-ce vrai ?
become *authoress,* is it true?

THÈME IV.

NOMS DONT LE PLURIEL SE FORME D'UNE MANIÈRE IRRÉGULIÈRE (*Grammaire*, pag. 21 à 27).

LE pluriel des noms se forme en ajoutant une *s*, ou si le nom se termine au singulier par une ou plusieurs lettres qui produisent un son sifflant, telles que *ss, x, ch, sh, z*, il faut y ajouter *es*. Les noms dans ce thème forment leur pluriel d'une manière irrégulière.

Prêtez-moi, s'il vous plaît, votre canif.
Lend   *   your penknife.

Vous aviez deux canifs à vous, où sont-ils?
had   of your own where they?

Ma femme est à la campagne; elle me mande
wife in the country; informs me

que le jour de sa fête les paysans et leurs
  on her birth day peasants

femmes lui ont présenté des bouquets.
  presented her * nosegays.

Mon père a acheté un veau. On saigne les
  has bought calf. They bleed

veaux avant de les tuer, c'est pour en
  before killing them, to *

blanchir la viande. Vous perdez la moitié
whiten the meat. lose half

de votre temps. Deux moitiés font un
time. make

entier. Le voleur se sauva, et tout le monde
whole. thief *ran away* every body

criait au voleur. En Angleterre, on pend
cried stop thief. they hang

les voleurs.

Un pain et du raisin composent
loaf some *grapes* compose

ordinairement notre déjeûner. Cet en-
generally breakfast

fant fait ses dents. J'ai une dent qui | me
is cutting its tooth that |

fait mal. | Les enfants sont souvent cruels
pains me | child often cruel

pour les mouches et les papillons. Regardez
to * fly * butterfly. Look at

le beau papillon que ce garçon vient
handsome that this has just

d'attraper. Les garçons sont plus méchants
caught. * more wicked

que (1) les filles. L'armée française a montré
* army shown

qu'elle mérite sa haute *réputation* (2). Les
that it. merits its high

deux armées se sont battues depuis le | le-
* fought from *

____

(1) La conjonction *que*, lorsqu'elle suit *plus* ou *moins*, se
rend par *than*.

(2) Les mots terminés en *tion* s'écrivent, à très-peu d'exceptions près, de la même manière en anglais.

ver du soleil | jusqu'à huit heures du soir.
sun-rise | till eight *o'clock* in the

Je crois que nous avons des souris. J'ai vu
think * * mouse. seen

une souris dans le | garde-manger. |
safe.

J'ai des cors aux pieds; j'en ai deux au
* corns on my *foot;* * on the

pied gauche, et trois au pied droit. Une
left (1) right.

femme s'est jetée dans la rivière. Les
has thrown *herself*

| femmes de la Halle, | les poissardes | et
market-women fish-women

| les blanchisseuses | sont allées à Versailles.
washer-women went to

Il y avait cent mille hommes au Champ-
There were *a* hundred thousand

de - Mars. Nous mangeons chez nous
eat at our house

quatre gros pains par jour. Les paysans
large *loaf a* day. peasants

irlandais ne mangent presque que des
Irish * eat *scarcely anything but*

| pommes de terre. | Les rues étaient barri-
potato streets were to barri-

cadées; les voitures ne pouvaient pas passer
cado carriages * could pass

à cause des barricades. Nous attendons
because of the expect

tous les jours une cargaison de coton, et
ev'ry day cargo cotton

deux cargaisons de soie. On dit qu'il y a
silk. *They* say that there is

---

(1) N'oubliez pas où se place l'adjectif.

un embargo sur les vaisseaux dans les
embargo   on   vessels

ports du Levant; on y met souvent des
ports of the Levant; they there lay often. *

embargos sur les bâtiments.
ships.

A la Saint-Michel, on mange beaucoup
*At * Michaelmas (1) they eat a great many*

d'oies à Londres. Une oie coûte environ
* *goose* *costs about*

dix francs. En Angleterre, on a l'habitude
they have custom

d'engraisser les bœufs pour la fête de
of fattening ox feast

Noël; il y a un prix pour le fermier
Christmas; there is prize farmer

qui présente le bœuf le plus gras. Avez-
*who presents * the fattest (2).*

vous des nouvelles de votre frère? Com-
any news from ? How

bien payez-vous pour un pantalon comme
much do you pay a pair of like

celui-là? Le pantalon, avec le caleçon,
those? with drawers

me coûte trente et un francs. Lequel
*cost me * Which*

aimez-vous mieux, les pantalons ou les
*do you like best * **

culottes?

Voulez-vous me prêter votre compas?
lend me

---

(1) Le mot *Michaelmas* signifie la messe de Saint-Michel; *Christmas*, signifie la messe de Christ ou Noël.

(2) Mettez l'adjectif devant le nom.

car j'ai perdu le mien. J'ai acheté aujour-
for   lost   * mine.   bought

d'hui un compas pour vingt et un sous.
   a pair of   for   *

Mouchez la chandelle, vous avez les
Snuff   candle

mouchettes près de vous. Donnez-moi les
snuffers   near   *

pincettes pour arranger le feu. Remuez
tongs   to   arrange (1)   fire.   Stir

un peu la cendre. Le domestique nous a
a little   cinders.   servant   *

cassé deux paires (2) de pincettes déjà cet
broken   already this

hiver. Vous avez là un corset qui est bien
winter.   there a pair of   that

fait. | Chez qui | achetez-vous vos corsets?
made. | Where | do you buy   your   ?

On dit qu'il y a trois cents hommes de
                                        *

tués.
killed.

THÈME V.

Sur le génitif ou cas possessif (*Grammaire*,
pag. 29 et suiv., et *Syntaxe*, pag. 175).

Les noms en anglais forment leur génitif au singulier en y ajoutant une apostrophe et une *s*, *'s*; mais

---

(1) Les Anglais disent *stir the fire*, attiser le feu; et c'est
avec une barre de fer qui s'appelle *poker*, attisoir. On ne
brûle, à Londres, que du charbon de terre.
(2) Le mot *paire* ne prend que rarement le signe du pluriel
en anglais.

si le nom se termine par une *s*, il suffit d'y ajouter une apostrophe. Le génitif pour le pluriel se forme par une apostrophe seule ; mais aux noms qui forment le pluriel sans *s*, et dont le son final n'est pas sifflant, il faut ajouter l'apostrophe et l'*s*. Ces règles ne se rapportent qu'à des êtres vivants. Relativement aux choses, ce rapport se marque par la préposition *of,* qui répond à *de* en français. (Pour plus de détails et pour les exceptions, voyez la *Grammaire*, pag. 29 et suiv. , et *Syntaxe.*)

La loge du roi est près de la scène. La
    * box   the   near   *   stage.   *

voiture de la reine est doublée de satin
carriage   *(1) the queen   lined   with satin

blanc. Le valet de mon frère l'a volé.
white.   * valet *   has robbed him.

L'appartement de ma mère est humide.
* apartment   *   damp.

Où est le chapeau de mon père ? Le discours
Where * hat   *   * speech

de M. Canning fit beaucoup d'*impression*.
*   a great   *

Combien payez-vous les crayons de Brook-
How much do you pay for * pencils *

man? Les enfants de ma sœur sont tous
    *   *

en pension. La pension de M. S*** est
at boarding school. *   *

bien réglée. Le palais du roi d'Angleterre (2)
regulated. *   the

---

(1) La préposition *de* est remplacée par le *'s* qui se met après le nom du possesseur.

(2) Mettez le *'s* après le mot qualificatif qui suit le nom du possesseur.

n'est pas beau. La comédie de M. B*** a été
*   handsome. *   comedy   *

sifflée. La boutique de M. L*** a été pillée.
damned. *   shop   *   has been

Avez-vous vu l'imprimerie de Didot? J'ai
       seen * printing house   *

cassé le verre de (1) la montre de mon oncle.
broken   glass   *   watch   *

     Nous dînons demain chez ma belle-sœur.
        dine   at   sister-in-law's.

On trouve toute sorte de livres anglais
One can find   all   sorts

chez Truchy. J'ai été chez tous les libraires,
at   at   bookseller

et je ne puis trouver les Œuvres de Cla-
     cannot   *   Works   *

rendon. Ces livres sont à mon frère. | Ne
               *   Do

touchez pas | ces perles, elles sont à mes
not   touch | beads   they   are   *

sœurs. La montre de ma mère ne va pas,
     *   *   does not go,

je vais la porter chez l' horloger. Avez-
I am going to carry it   to   the watchmaker.

vous lu les Œuvres de Walter Scott? Les
    read *   Works   *

Anglais se servent du thermomètre de
        make use   of   thermometer   *

Fahrenheit.

    Le jardin des Tuileries est très-fré-
                               much

---

(1) Traduisez le premier membre de cette phrase d'après la construction française, le mot *verre* étant du neutre en anglais.

quenté. J'ai perdu la clef de ma biblio-
   lost key   book-

thèque. J'ai acheté la bibliothèque de feu
case (1).   library the late

M. G. Mon livre est déposé dans la bi-
      deposited

bliothèque du roi. | A qui (2) est cet
   the   Whose uniform is

uniforme? | C'est à mon frère. | A qui sont
this   Whose guns

ces fusils? | Ils sont à mes frères. Le
those

cabinet d'Histoire naturelle est bien monté.
museum   well furnished.

Le salaire d'un ouvrier est de trente *sous*
* wages * workman *

par jour. Le salaire de nos ouvriers monte
a day. *   *   amounts

à quatre cents francs par semaine. Je
to   *a*

n'aime pas le caractère de cet homme.
do not like * temper *

La conduite de ces hommes | leur a valu |
 conduct   has procured them

les éloges de leur maître. Dans un mois (3),
* praises *

je serai à la campagne. J'ai trouvé un petit
shall be in the   small

diamant, pas plus gros que la tête d'une
diamond bigger than

---

(1) On entend par *book-case* un meuble pour les livres;
dans les autres sens, on dit *library*.

(2) *A qui*, suivi du verbe être, se dit *whose*.

(3) Voyez les exceptions dans la Grammaire.

épingle. La politesse des Français les rend
pin.   makes them

très-aimables. La froideur des Anglais fait
    amiable.   *coldness*   makes

croire qu'ils sont impolis , | quoiqu'il
one think that they   though it is

n'en soit rien. | Le garde-chasse de mon
no such thing. | *   game-keeper   *

beau-père a été blessé par les braconniers.
father-in-law   * wounded   poachers.

Nous dînerons demain avec le colonel de
      shall dine   colonel (1)

notre légion.
our   legion.

N'avez-vous pas souvent remarqué que
                    often   remarked

l'intelligence des aveugles est très-fertile ?
  intellects   blind (2)   are   fertile ?

L'éducation des sourds et muets est bien
            the   deaf and dumb   much

perfectionnée à Paris. La gloire des
  improved   at   glory

méchants ne dure pas, mais la paix
wicked   does not last   peace

intérieure des bons est permanente. Voyez
internal   good   permanent.   Look at

le chien de ce pauvre aveugle. Il n'y a
    dog   poor   *blind man.*   *   is

peut-être rien de plus méchant que de
  perhaps   *   more   wicked   than

---

(1) Prononcez *cœurnelle*, et faites attention aux deux noms.

(2) Les adjectifs pris substantivement forment leur génitif
comme en français avec la préposition.

se moquer du malheur des boiteux. La
to mock (to laugh at) * (1) misfortune   lame.

renommée des savants ne meurt pas avec
fame   learned   does not die   with

eux. La renommée de Molière, comme
    like

celle de Shakspeare, sera immortelle. Avec
    will be

l'armée de France et la marine de l'Angle-
    navy   *

terre, on pourrait se moquer de toutes
one might

les autres puissances de *l'Europe*. Il a
other (2)   powers   *

écorné presque tous les feuillets de votre
dogs-eared   leaves

livre, vous | aviez tort de le lui prêter. |
   were wrong   to lend.

THÈME VI.

SUR L'ADJECTIF. (*Grammaire,* pag. 38 et suiv.)

L'ADJECTIF anglais ne change pas sa terminaison
pour s'accorder avec son nom; que celui-ci soit au
singulier ou au pluriel, du masculin ou du féminin,
l'adjectif ne varie pas.

Les adjectifs d'une syllabe forment leurs comparatifs en ajoutant *er*, et leurs superlatifs en ajoutant
est : ceux de plusieurs syllabes forment leur comparatif à l'aide de l'adverbe *more*, plus ; et leur superlatif, par *the most*, le plus, qui se mettent avant.

---

(1) Employez l'une ou l'autre de ces locutions.
(2) *Other*, quand il est accompagné d'un nom, ne prend
pas d'*s*.

L'adjectif se place devant le nom.
Pour plus de détails, et pour les exceptions, voyez
la Grammaire, pag. 38 et 177.

Vous avez un bon canif. Une bonne
penknife.

montre est très-utile aux voyageurs. Quand
watch   useful   travellers.

j'irai à Londres, j'achèterai deux bons
go (1)   will buy

rasoirs. Il y a de fort bonnes pensions
razors. There are * very   boarding schools

à Paris. Votre traduction est longue, la
translation   long *

mienne est encore plus longue, mais | celle
mine   still   my

de mon frère | est la plus longue de toutes.
brother's   all.

J'ai bu de (2) mauvais vin, il | me fait mal
drunk   wine | makes me

au cœur. | Cette plume est dure, prêtez-
sick | pen   hard

m'en une qui soit molle. Essayez celle-là.
*   *is*   soft. Try that.

Elle est encore plus dure. En voilà une
It   yet   * there is

qui est plus molle. Je n'aime pas les plumes
do not like *

dures. Ce papier n'est pas bon, donnez-
paper *

---

(1) Après *when*, quand, les Anglais mettent en général le
verbe au présent au lieu du futur, s'il n'y a pas interrogation.

(2) *Du, de, de la* et *des*, pris dans le sens de *quelque* ou
quelques, se traduisent par *some* dans les phrases affirmatives, et par *any* dans les autres.

m'en de meilleur (1). Allez chez le papetier,
me some ... *the stationer*

et achetez une main de papier fin.
quire

Il fait beau. Oui, mais hier il faisait
It is ... *it was*

plus beau. Il n'y a pas de soldat plus cou-
*There * is not any soldier*

rageux que le soldat français. Je n'ai jamais
than ... * ... *never*

vu un plus beau coup d'œil que celui de
seen ... *fine* ... *sight* ... *than that*

la revue au Champ-de-Mars. Le *choléra-*
review at the Field of Mars.

morbus est un fléau *terrible*, et | plus on
scourge ... | *the more (2)*

le craint, | plus on est en *danger* d'en être
one fears it | ... *of being*

atteint. La chose la plus dégoûtante que
*attacked. * thing* ... *disgusting*

j'aie (3) vue à Londres, fut une *exécution*.
seen (4) ... *was*

C'est l'homme le plus riche, et en même
*He is * * ... *rich* ... *at the same*

temps le plus généreux de toute la ville.
time ... *generous* ... *town.*

---

(1) Le comparatif de *good*, bon, est *better;* le superlatif
en est *the best*.

(2) Remarquez bien cette locution.

(3) Traduisez par l'indicatif.

(4) La préposition *à* se rend généralement par *at*, si elle
n'est pas accompagnée d'un verbe qui marque la tendance
vers un objet ou vers un endroit.

Les rues de Londres sont plus larges et

wide

mieux pavées que celles de Paris.

better (1) those

J'ai commandé une table ovale, car je

ordered for

trouve cette forme plus commode que la

find that shape convenient

ronde. Oui, c'est la plus commode. C'est

round.

un joli petit enfant; son frère est plus

pretty (2) his

joli que lui, et sa sœur est la plus jolie

he his

petite fille que je connaisse. Lequel pré-

little girl that (3) do

férez-vous, un chapeau noir, ou un

you prefer hat black or

chapeau gris? Voilà une belle voiture.

(4) gray? There is handsome

Laquelle de ces dames | trouvez-vous | la

Which ladies do you *think*

plus belle? Je trouve que la dame en robe

handsome? dress

noire est plus belle que les autres : on

black one

---

(1) Le *que* qui suit les comparatifs de supériorité et d'infériorité se rend par *than*.

(2) Les adjectifs terminés en *y* précédé d'une consonne, changent l'*y* en *i* et prennent la terminaison *er* ou *est*.

(3) Le *que* qui suit les superlatifs se rend par *that*.

(4) Au lieu de répéter le mot *hat*, employez le mot *one*, un, qui se place aussi après l'adjectif; ce mot se met après les adjectifs qui terminent une proposition, et si le nom sous-entendu est au pluriel, on met *ones*.

2.

ne peut cependant dire que ce soit une
  cannot   that she is

belle femme.

Il y a en Angleterre des chemins su-
                             (1)   roads

perbes. À Londres, comme à Paris, il y a
                                        there are

des rues étroites et sales. Les diligences
                                          stages

anglaises sont plus légères que les diligen-
                        light

ces françaises. La | malle-poste | française
                          mail   French

voyage aussi vite que celle d'Angleterre,
  travels   as   as (2)

quoique les routes soient plus belles dans
  though   roads   are (3)   fine

ce pays qu'en France. Le vin est cher à
                               *   wine

Londres, mais la bière y est bonne et

| à bon marché. | C'est un enfant gâté. Je ne
    cheap. | spoiled.

bois jamais de vin blanc. Aimez-vous le
 never drink   *   Do you   like

pain bis? Le pain est ordinairement plus
  brown ?. *   generally

cher à Londres qu'à Paris.
  dear

---

(1) *De* et *des*, dans le sens de *quelques*, se disent *some*.

(2) *Aussi* et *que*, séparés par un adjectif ou par un adverbe, se rendent l'un et l'autre par *as*.

(3) Le subjonctif est très-peu usité en anglais.

Les chevaux anglais sont les plus estimés
esteemed
en France. Nous avons à notre campagne
at our country-house
un jardin long de trois cents pieds, et large
(1) *feet*
de cent cinquante ; il est situé sur la
situated *
montagne la plus élevée du département.
(2) *hill* *high* *county.*
Il faut commencer par un livre facile, et
You must *easy* (3)
puis en prendre un qui soit plus difficile.
then * *take* *that is* *difficult.*
La prose est plus facile que la poésie.
poetry.
Les livres les plus faciles, et les plus

utiles aux commençants, sont les petites
useful *beginners*
histoires des différents peuples. La chose
history *people* (4).
la plus difficile à apprendre, dans une
to learn
langue étrangère, c'est la prononciation ;
tongue *foreign* *

---

(1) Les adjectifs de dimension se placent après le nom, et la construction se fait de cette manière : *A garden three hundred feet long and a hundred and fifty wide*, un jardin trois cents pieds long et cent cinquante large. Voyez la *Grammaire*.

(2) Quand le nom est accompagné d'un superlatif, on supprime (dans le style ordinaire) le premier article.

(3) N'oubliez pas les adjectifs terminés en *y*.

(4) Le mot *people* ne prend pas le signe du pluriel.

les traités peuvent aider, mais ils ne
　treatises　　　　　　　　　　　　　　　they
l'enseignent pas.
　teach

THÈME VII.

DES NOMBRES CARDINAUX, ETC. (*Grammaire*, pag. 45.)

On ne met pas la conjonction *and* (et) entre les nombres vingt, trente, quarante, etc., et le nombre un ; on dit *twenty one*, vingt-un ; *thirty one*, trente-un ; *forty one*, quarante-un, etc. : mais on met *and*, et, entre les centaines et les dizaines.

Ex. Dix-huit cent trente et un, *eighteen hundred and thirty one*.

Pour le quantième, et pour la succession des rois du même nom, on se sert de nombres ordinaux.

J'ai vu aujourd'hui quinze (1) forçats ;
　seen　　　　　　　　　　　　　convicts ;
il y avait de trente à trente-cinq *gendar-*
there were (2) from　　　　to

---

(1) A partir de deux jusqu'à neuf, on ajoute *teen* pour une dizaine, pour en faire treize, quatorze, etc.

Ex. *Four*, quatre ; four*teen*, quatorze.

Pour les dizaines on ajoute, depuis deux jusqu'à neuf, *ty*.

Ex. *Four*, quatre ; *forty*, quarante. Pour les irrégularités, voyez la *Grammaire*.

(2) *Il y* se rend par *there*, et le verbe *avoir* se traduit par le temps correspondant du verbe *to be*, être, ayant soin de le faire accorder en nombre avec le nom qui suit.

Ex. Il y a un livre, *there* is *a book*. Il y a deux livres, *there* are *two books*.

mes pour les garder. Trois hommes de la
    them guard.

garde nationale ont arrêté treize voleurs.
    guard national   apprehended

La flotte consistait en cinq vaisseaux de
    fleet ~ consisted of   vessels

soixante-quatre canons, quinze frégates
    guns   i

et cinquante bâtiments de transport. En-
    transports.

voyez chez moi une vingtaine de belles
    to my house   score (1)

pêches et trois douzaines | d'œufs frais.
    peaches   dozen (2)   new laid eggs (3).

Nous n'avons joué que huit parties ; ce-
    * (4)   but   games

pendant j'y perdis dix-huit louis, et mon
    * lost   louis,

frère quatre-vingts francs. Nous étions sept

dans la voiture, et avec quatre chevaux
    carriage   with   horses

nous avons fait soixante et dix lieues en
    done   (5)   leagues in

dix-sept heures.

Georges III, roi d'Angleterre, | est mort |
    (6)   died

---

(1) Vingtaine se dit *score ;* mais on n'a pas de mot pour
trentaine, quarantaine, etc. On dit quelquefois *two score, etc.*

(2) On écrit presque toujours *dozen* au singulier.

(3) *New laid eggs* signifie des œufs nouvellement pondus.

(4) La négation est supprimée à cause de la conjonction
restrictive *que.*

(5) Vérifiez dans la *Grammaire* ou dans mon *Manuel de phrases.*

(6) Voyez la dernière règle en tête du thème.

le vingt-neuf janvier dix-huit cent vingt.
           January

Le trois septembre seize cent soixante-
     September

six, il y eut un incendie à Londres, qui
            fire

détruisit treize mille deux cents maisons
destroyed

et quatre-vingt-neuf églises : l'année pré-
          church :   year   pre-

cédente, la peste avait emporté soixante-
ceding   plague   carried off

huit mille cinq cent (1) quatre-vingt-

seize habitants. Le quinze mai dix-huit cent,
(2) inhabitants.   May

un assassin | tira (3) un coup de pistolet sur
       fired a   pistol   at

le | roi Georges III, au *théâtre* de Drury-Lane.
          at   (4)

Le premier numéro de cet ouvrage
         number   work

paraîtra le cinq du mois prochain ; le
will appear   next

deuxième et le troisième sont aussi | sous
                     in the

presse; | dans le quatrième, il y aura de (5)
press   there will be

---

(1) Ajoutez la conjonction *and*, et, entre les centaines et les dizaines.

(2) Voyez les nombres cardinaux, *Grammaire*, pag. 45.

(3) TIRER avec une arme à feu, se dit *to fire* ou *to shoot*.

(4) Les mots qui qualifient se mettent avant.

(5) Quand les deux prépositions *de* et *à*, *de* et *en*, se

dix à quinze belles gravures. La première

fois que j'allai en Angleterre, je souffris
time   went   to   suffered

beaucoup du | mal de mer; | mais depuis
              sea sickness;   since

cela, j'ai fait le voyage deux ou trois fois
            made   voyage (1)

sans le moindre inconvénient. Deux fois
          small   cc.

on a battu le rappel. Je l'ai déjà dit cinq
    beaten   roll-call.   already said

ou six fois. Pour trente et un francs, j'ai
                              *

acheté, dans une vente, les OEuvres de
bought   at   sale

Scott, et les comédies de Shakspeare ; il y
                plays

a en tout quarante et un volumes.
   in all

M. B*** demanda quatre fois | la pa-
          asked   permission
role. | Vous n'avez pas encore la parole, |
to speak.| It is not yet   your turn to *   speak |
il y en a quatre ou cinq qui l'ont deman-
    *   who
dée avant vous. Les Anglais comptent par
                                  reckon
livres sterling, schellings et pence. La
pounds   *   shillings

---

trouvent dans une phrase comme point de départ et but, la
première se rend par *from* et l'autre par *to*.

Ex. De dix à douze, from *ten to twelve; de* jour *en* jour,
from *day* to *day*.

(1) Voyage par terre se dit *journey*, et par mer *voyage*.

livre vaut vingt schellings ou vingt-quatre
   is worth

francs ; le schelling vaut vingt - quatre

sous, et le penny (1) vaut deux sous. - Sur
   On board

les bâtiments de guerre anglais, on met
  ships   (2)   they

ordinairement à raison de neuf hom-
   at the rate of

mes par canon, | de sorte que | l'équipage
 to a gun,   so that   crew

d'un vaisseau de quatre-vingt-dix-huit

canons | se compose de | huit cent quatre-
   is composed of

vingt-deux hommes.

L'intérêt de la dette nationale, en Angle-
 interest   debt   Eng-

terre, est de trente millions de livres ster-
 land   *

ling; pour en savoir le montant en mon-
  * know amount mo-

naie de France (3), multipliez la somme
 ney   multiply sum

par vingt-quatre. Par le dernier recense-
    last census

ment, | on a trouvé | que la *population* (4)
  it was found

---

(1) *Penny* est le singulier de *pence.*

(2) Vaisseau de guerre se dit souvent *man of war*, homme de guerre.

(3) De France, d'Angleterre, etc., comme adjectifs, se disent *French, English,* etc.

(4) Les mots français terminés en *tion* et *sion* s'écrivent, à

de Londres monte à seize cent mille
_{amounts to}

âmes (1). Le prix des places dans les *théâ-*
_{souls.   price of}

tres de Londres est, pour les loges, sept
_{boxes}

schellings ; pour le parterre , trois schellings
_{pit}

et six *pence* ; pour la première galerie ,
_{lower   gallery}

deux schellings ; et pour la seconde, un
_{upper}

schelling.

THÈME VIII.

DES PRONOMS PERSONNELS (2). (*Grammaire*, pag. 47
et suiv.)

LE pronom qui est l'objet ou le régime du verbe ou d'une préposition, se met après. Celui de la troisième personne du pluriel est le même pour les trois genres. Le pronom de la première personne du singulier s'écrit toujours par un *I* majuscule. (Voyez *la Grammaire*, pag. 48.)

---

peu d'exceptions près, de la même manière en anglais ; il y en a environ 2,000.

(1) Elle monte actuellement à plus de 1,600,000.

(2) Les pronoms personnels, pour sujets du verbe, sont :

SINGULIER.	PLURIEL.
I, je.	*We*, nous.
Thou, tu.	*You*, vous.
He, il.	*They*, ils ou elles.
She, elle.	
It, il ou elle, pour les choses et les animaux, c'est-à-dire neutre.	

Je dors. Je vous vois. Vous me devez
sleep.   see.   owe

dix francs. Il m'écrit souvent. Elle vous
        (1) writes to   often.

aime. Nous l'aimons (*elle*). Ils ne m'aiment
loves.   love   *   do not (2)

pas. Il n'est jamais content de moi. Elles
like.   *   satisfied   with* (3)

vous donneront | des étrennes. | Voulez-
will give | some new year's gifts. |

vous me donner la monnaie de cinq
                          change   for

francs? Vous m'avez trompé, mais je vous
                        deceived

promets que vous ne me tromperez pas
promise   that   *   will not deceive

une seconde fois. Je l'ai vu hier, et il m'a
time.   saw yesterday,

dit qu'il avait quelque chose à vous dire.
told   to   tell.

Je le verrai ce soir, que lui dirai-je?
shall see this   what   tell (4) ?

Tu ne vois pas clair. Cela me tourmente,
(5)   *   dost not   see.   That   *plagues*,

---

* (1) Les pronoms personnels qui servent de régime sont :
    SINGULIER.   PLURIEL.
    Me,   moi, me,   *Us*,   nous.
    Thee, toi, te,   )   *You*, vous.
    Him, lui,   } etc.   *Them*, eux, elles.
    Her, elle,   )
    It,   le, lui,

(2) *Do not* se rapporte à ne pas : le *ne* ne se rend pas quand il est suivi de *pas*.

(3) La préposition *de* se rend ordinairement par *with*, avec, après les adjectifs verbaux.

(4) Pour interroger à la première personne au futur, employez l'auxiliaire *shall*.

(5) Les Anglais ne se tutoient pas dans la conversation.

je ne puis le supporter. Cet enfant est ma-
   cannot   support.   child

lade, donnez-lui une médecine. J'aime le
 ill   give   some. medicine.   like *

beau temps, il est si agréable! Ce chapeau
              (1) so

vous va bien ; non, il est trop juste. Mes
   fits . well ;   too tight.

bottes sont trop étroites ; elles me gênent.
         narrow   pinch.

J'ai acheté une voiture, mais elle ne me
  bought   carriage   *

convient pas ; | je la vendrai bon marché ;
does not suit | will sell   cheap ;

voulez-vous l'acheter? C'est un bon ouvrage,
     to buy ? It is   work

je vous le recommande. Le vin est cher en
     recommend. *

Angleterre ; on le vend à quatre, à six
     they   sell at

et à neuf francs la bouteille.
        a (2) bottle.

Avez-vous fait votre traduction? Non, je
      done   translation ?

l'ai trouvée trop difficile. Vous avez une
  found

belle montre, | va-t-elle bien ? | Elle
handsome | does it go well ? |

retarde de cinq minutes par jour. Il faut la
 loses (3) *   a (2)   You must

---

(1) *Si*, adverbe, se dit *so* ; *si*, conjonction, se traduit par *if*.

(2) Dans ces locutions, où *la* signifie *par* ou *chaque*, les Anglais se servent de l'article indéfini.

(3) En parlant des pendules, des montres, etc., on dit *to*

régler. J'oublie quelquefois de la remon-
regulate.   forget   to   wind

ter. | Comment trouvez-vous | la musique
up (1). | How do   you like |

de la Muette? Elle est charmante, ne
Dumb Girl ?   charming

l'avez-vous pas entendue? Je le ferai de-
                heard ?   will do

main. Quand le ferez-vous? Je l'aurais
When   do   ?   should have

fait hier, mais le mauvais temps m'a
done   bad   weather

empêché de (2) sortir. On nous demanda
hindered   from   going out.   asked for

nos passe-ports, nous répondîmes que nous
        pass-ports   replied

les avions laissés | chez nous ; | et, sur cela,
had   left | at   home |

on nous arrêta.
they   arrested.

J'aime beaucoup la façon de vos bottes,
        very much   make

où les achetez-vous? On nous a promis
where   do you buy ?   promised

de nous apprendre l'anglais. L'avez-vous
to   teach

appris? Je l'ai commencé, mais je l'ai
learned ?   begun

trouvé bien difficile : cependant je l'ap-
found   very   will

---

lose, perdre, et *to gain*, gagner, au lieu de retarder et d'avancer.

(1) *To wind* signifie *tourner* ; *to wind up* veut dire remonter avec une clef ou une manivelle.

(2) La préposition *de* se rend par *from*, quand il y a une idée d'empêchement ou de séparation.

prendrai cette année; car toutes mes con-
learn · · · · this · · · · · · · · · · · · · · · · · · · ac-

naissances (1) le parlent. Il n'est pas si diffi-
quaintance · · · · · · · speak. · · · * · · · so

cile que vous le croyez. Dites-lui de venir
as · · · · · believe. · · Tell · · to

ici, je désire lui parler. Je ne les ai pas vus
wish · · · speak to. · · · * · · · · seen

depuis six mois. Leur avez-vous parlé? Je
since · · · · · · · · · · · · spoken to?

ne les aime pas. Avez-vous trouvé la lettre
* · · · · do not like.

qu'elle vous a écrite? Je l'ai cherchée
that · · · · · (2) written? · · · · looked for

partout, mais je ne l'ai pas trouvée. On
every where, · · · · * · · · · · They

vous appelle. On leur a défendu l'entrée
call. · · · · · · · forbidden · · · entrance

du jardin.
to the

<table>
<tr><td>Je ne vous</td><td>remettais (3) pas.</td><td>Qui</td></tr>
<tr><td>*</td><td>did not   recollect.</td><td></td></tr>
</table>

vous l'a dit? Entendez-vous ces Anglais?
told? · · Do you · · · hear · · · Englishmen?

Oui, je les entends, mais je ne les com-
· · · · · · · · · · · · · · · * · · · do

prends pas. Il m'a dit qu'il m'écrirait à
not understand. · · · · · · · · would write on

---

(1) Connaissance intellectuelle se dit *knowledge*; il n'a pas de pluriel.

(2) Le verbe *to write*, écrire, demande la préposition *to* avant le régime.

(3) *Remettre*, dans le sens de se rappeler, se dit *to recollect* ou *to remember*. N'oubliez pas de mettre le pronom de régime après le verbe.

son arrivée. Vous a-t-il écrit ? Vous pouvez
his   written ?   may

le croire, il ne vous trompera pas. Je vous
                              will not deceive.

J'ai dit deux fois, cependant vous l'avez
told   twice   yet

oublié. Je le connais bien, mais il ne me
forgotten.   know   well,

connaît pas. Vous me grondez, mais ce
does not know.   scold

n'est pas de ma faute. Ne me | grondez pas,
                    fault. | do not   scold

je ne le ferai plus.
          will do no more.

THÈME IX.

DES PRONOMS OU ADJECTIFS POSSESSIFS (1). (*Grammaire*, pag. 49.)

EN anglais, les pronoms possessifs n'ont aucun rapport en genre ni en nombre avec la chose ou des choses possédées; ils ne se rapportent qu'à la personne qui possède. Il est essentiel de faire bien attention à cette règle, surtout à l'égard des troisièmes person-

---

(1)   *Les possessifs sont :*

SINGULIER.	SINGULIER.
Devant la chose possédée.	*Sans la chose* ou *après.*
My, mon, ma, mes.	*Mine*, à moi, le mien, la mienne, etc.
Thy, ton, ta, tes.	
His, son, sa, ses, à lui.	*Thine*, à toi, le tien, etc.
Her, son, sa, ses, à elle.	*His*, à lui, le sien, à lui, etc.
Its, son, sa, ses, neutre.	*Hers*, à elle, le sien, à elle, etc.
PLURIEL.	PLURIEL.
Our, notre, nos, ⎫	*Ours*, à nous, le nôtre, ⎫
Your, votre, vos, ⎬ etc.	*Yours*, à vous, le vôtre, ⎬ etc.
Their, leur, leurs, ⎭	*Theirs*, à eux, à elles, ⎭

nes du singulier; aux premières et aux deuxièmes,
ils ne varient pas. (Voyez *la Grammaire*, pag. 49.)

———

Mon père est nommé député pour Lyon.
elected   member   Lyons.

Mes sœurs sont à Dieppe avec ma tante.
at Dieppe

J'écrirai demain à ma mère ; quand | écrirez-
Shall write   shall you

vous | à la vôtre ? Portez mon fusil et ma
write | *   —   gun

baïonnette chez l'armurier, et rapportez
bayonet   to   gunsmith,   bring back

mes pistolets. Il a perdu sa place par sa
                lost   by

mauvaise conduite ; son patron lui a sou-
                employer

vent parlé de sa *négligence*; mais il ne
   spoken

pensait qu'à ses plaisirs. Sa mère est très-
thought only of

fâchée (1) contre lui, et son père ne veut pas
       with   *   will

le voir. M. B*** s'est retiré dans ses terres.
see.   *   to   estate.

Il est toujours occupé de la chimie, c'est
                with * chemistry, it is

sa marotte.
hobby horse.

Elle a brodé douze mouchoirs pour pré-
   embroidered   handkerchiefs   to

———

(1). Fâché, en colère, se dit *angry* ou *vexed*; dans le sens
d'affligé, on dit *sorry*; le premier régit *with*, et l'autre *for*.

senter à son père le jour de sa fête (1), et

pour la fête de sa maman elle a fait un
(2) mamma   made

très-joli bonnet. Ma sœur a déchiré sa
cap.   torn

robe et perdu son châle hier au spectacle,
dress   to lose (3)   shawl   play

et mon frère y perdit sa montre. Ma tante

a perdu sa petite fille par la petite vérole,
girl   small   pox,

son fils en est guéri. J'ai un petit écureuil
is   cured.   squirrel

qui m'amuse beaucoup par ses tours et
that   very much   tricks

ses gambades ; il | fait tourner | sa cage avec
gambols ;   turns

une rapidité étonnante.
astonishing.

Nous avons un oiseau apprivoisé qui
tame

sort (4) de sa cage et y rentre à volonté ;
at pleasure

il ne | s'envole jamais. | Ce pauvre enfant
never flies away.

| vient de | perdre son père et sa (5) mère ;
has just

---

(1) Le jour de la fête de quelqu'un se dit *birth-day*.

(2) Faites bien attention à la règle pour le genre de la troisième personne.

(3) Le verbe, en anglais, est à l'infinitif quand il est précédé de *to* ; il faut le faire accorder avec le verbe français.

(4) Sortir, *to go out* ; *goes out* à la troisième personne.

(5) On ne répète pas le pronom possessif devant chaque nom.

on va le mettre en nourrice en pro-
they are going   put   to   nurse   in the

vince; sa bonne maman se chargera des
country;   grand   mother   will   undertake   the

frais. A dîner, les Anglais mangent leurs
expense. At   eat

légumes avec leur viande. Nous allons
vegetables   meat.   are going

changer tous nos domestiques. Combien
                    servants.   How much

donnez-vous à votre cuisinière? Ils ont
(1) give   cook?

manqué leur coup. Dans les contre-danses
failed in   attempt.   country-dances

anglaises, les dames se placent vis-à-vis
                place themselves   opposite

de leurs cavaliers (2). Nos *quadrilles* valent
*   partners.   are

mieux que vos contre-danses.
better   than

Trois *régiments* de l'ennemi ont mis bas
                              laid down

les (3) armes à la première sommation de
arms   summons

notre général : on leur (4) a permis de
                we   *   to

---

(1) Dans les interrogations, on se sert de *do* au présent, et
de *did* pour le passé, lorsqu'il n'y a pas de verbe auxiliaire :
on place *do* ou *did* au commencement de la phrase, le sujet
le suit immédiatement.

(2) Cavalier ne se dit *partner* qu'en parlant de la danse;
autrement on dit *horseman*.

(3) Les Anglais se servent du pronom possessif au lieu de
'article dans ces locutions.

(4) Le pronom se place après le verbe, et doit être à l'objectif, c'est-à-dire *them*, eux.

garder l'épée (leurs épées). Avant de se
keep   Before   *   *

rendre, ils avaient perdu leurs officiers,
surrendering (1)

leurs canons, et la plus grande partie de

leur matériel. Nous les (2) avons envoyés à
baggage.   sent

notre quartier-général. Le roi, accompagné
head - quarters.

de son | état-major, | est passé devant nos
by   staff   *   in front of

rangs.
lines.

Ce livre est à moi (3), n'est-ce pas ? Oui,
                              *   is   it   not ?

il est à vous, mais je le garderai | jus-
                                              keep

qu'à ce que | vous me rendiez le mien. Je
till   return   *

ne donnerais pas mon cheval pour le vôtre.
* would not give   *

Et moi (4), j'aime mieux le mien ; ainsi nous
*   like   better (5)

sommes du même avis. Mon frère dit que
of the same opinion.   to say

ce mouchoir est à lui, ma sœur dit qu'il

---

(1) L'infinitif français se traduit par le participe présent
après toute autre préposition que *to*, à.

(2) Traduisez par *them*, eux.

(3) Voyez les exemples des possessifs en tête du thème.

(4) On ne met pas deux pronoms à la même personne pour
sujets d'un seul verbe.

(5) Mettez l'adverbe *better* après le pronom possessif.

est à elle, et moi je prétends qu'il n'ap-

say

partient ni à l'un ni à l'autre, car il est à

belongs   neither to one nor the other   for   *

moi. Ce jardin est à nous, et de l'autre

on the other

côté, il y en a un pour mes sœurs; le

side   there   * is

leur est plus joli que le nôtre. Lequel de

pretty   *

ces deux colliers trouvez-vous le plus joli,

necklaces do you *think*

le sien (1) ou le mien? Le sien est en corail,

coral

et le mien en perles. Croyez-vous que cette

* pearl. Do you believe

maison soit à elles? Je crois qu'oui. L'hon-

is   believe   so

neur en est à eux, ils l'ont bien mérité.

* well merited.

THÈME X.

DES PRONOMS RELATIFS. (*Grammaire*, pag. 5o.)

NOMINATIF OU SUJET.	POSSESSIF.	ACCUSATIF OU RÉGIME.
Who, *Which,* *That,* } qui.	*Whose,* dont, pour les personnes.	*Whom,* *Which,* *That,* } que.
		of Whom, *of Which,* } dont.

Le pronom français DONT se rend par *whose* lors-

---

(1) N'oubliez pas que *le sien, la sienne*, etc., en parlant
d'une dame, se dit *hers* ou *her*; le premier se dit lorsque le
pronom se met après le nom, ou quand le nom est sous-entendu; l'autre se place devant le nom.

qu'il s'agit de possession ; autrement on le rend par *of whom*. Cette règle ne se rapporte qu'aux personnes, car en parlant des choses on le traduit par *of which*. Le pronom *that* se dit des personnes et des choses, mais *which* ne se dit des personnes que dans le sens de *lequel, laquelle, lequel de, laquelle de, etc.*, pour distinguer l'un de l'autre ou des autres. (Voyez *la Grammaire.*)

Le monsieur qui | vient de sortir | est

gentleman   is just gone out

celui dont je vous ai parlé. Le jeune

he   spoken to.   young

homme que vous m'avez recommandé se

recommended himself

conduit bien. Voilà la demoiselle que nous

behaves   There is   young lady

avons entendue chanter, et dont on nous

to hear   sing

a parlé si avantageusement. Voyez-vous ce

advantageously *ou* highly.

petit serin (1) qui (2) chante? c'est le même

to sing   same

que j'achetai pour dix sous à cet homme

bought   of

qui vend des oiseaux sur le *Boulevard*.

sells   birds

A qui (3) parlez-vous? Qui vous a donné

given

---

(1) Serin, *canary bird.*

(2) N'employez jamais *who* pour les choses ni pour les animaux ; il faut se servir de *that* ou de *which.*

(3) Le pronom qui suit une préposition se met à l'objectif, c'est-à-dire à l'accusatif.

cela ? La dame que nous | avons vue | chez
                                saw   at

ma cousine.
    cousin.

Le *piano* qu'on nous a envoyé | ne vaut
                                   is good for

rien. | Le livre que vous m'avez prêté est
nothing. |

fort intéressant. A qui | désirez - vous |
very   do you   wish

parler ? De qui parle-t-il ? La demoiselle
          does he speak ?   young lady

que vous avez vue | chez moi | va se ma—
                at my house | is going *to be*

rier. Avec qui ? Avec un jeune Anglais
married.   Englisb*man*

qui est bien (1) riche, et qui | l'a vue |
                                saw her

pour la première fois à la soirée de ma—
                         soiree (2)

dame S***, dimanche dernier. C'est donc
       Sunday   last.   then

le mariage dont on parle dans les journaux.
marriage   they speak   newspapers.

Voulez-vous me montrer le livre dont
               shew

vous m'avez-parlé ? Lequel ? Celui qui est

si bien relié, et que vous avez acheté à
       bound

la vente.
   sale.

---

(1) Le mot *bien*, devant un adjectif, se rend par *very*.
(2) Nous avons adopté ce mot depuis quelque temps; on disait ordinairement *assembly* et *rout.*

Qui vous a dit cela? Le domestique que
             told

nous avons amené de la campagne nous a
      brought   country

volé. Le vin que nous avons bu chez vous
robbed (1).   drank   at your house

était très-bon. Il est de six feuilles (2), je
                six years old

l'achetai à une personne qui | a fait faillite.
bought *of* | has   failed.

Lequel de ces livres est le vôtre? Celui
      these   *   That

que vous avez dans la main droite. A qui
             your   right.

l'aviez-vous prêté? A l'élève qui me prêta
did   lend?   scholar

le sien | avant - hier. | Qui que ce soit,
 * | the day before yesterday. | Whoever   may be

je n'ai pas le temps de lui parler à présent.
  *
                              now.

Je | n'y suis pas pour qui que ce soit. |
   * am *not at home to*   any body.

Quelle que (3) soit la personne qui vous
                person

l'ait dit, je ne le crois pas. Connaissez-vous
      do not believe it.

M. C***, dont (4) j'achetai la campagne
                         country-house

---

(1) Voler se dit *to rob* en parlant de la personne à laquelle on a volé quelque chose ; mais si le verbe se rapporte à la chose volée, il faut traduire par *to steal*, qui signifie enlever.

(2) De six feuilles, c'est-à-dire la vigne a été six fois en feuille depuis.

(3) *Quelle que* se dit *whoever*, pour les personnes au nominatif ; pour les choses, on dit *whatever*. Voyez la *Grammaire*.

(4) Quand *dont* marque possession, il se rend par *whose*,

il y a deux mois? Oui, c'est celui à qui
two months ago?   (1)   of

j'ai acheté un cheval; qu'est-il devenu?
                         what   is become of him?

Il | vient de faire banqueroute. | J'ai ren-
   | is just become a bankrupt.

contré ce matin un monsieur avec qui je
met   gentleman

| fis connaissance | à Londres. Est-ce le
| became acquainted |

monsieur dont vous m'avez parlé à votre
                                          on

retour? Oui, celui qui m'a si bien traité,
return?   so well (2) treated,

et qui m'a conduit partout. Il y aura ce
            conducted every where.   will be

soir un bal à l'Opéra, et un autre chez
            Opera house,   at

M. L***, le banquier; auquel irons-nous?
                                 shall we go?

À | celui que | vous voudrez, cela m'est égal.
   which   please,   it is the same to me.

A-t-on apporté les souliers que j'ai com-
Have they brought   or-

mandés? Pas encore. Il faut aller les cher-
dered?   yet.   You must (3)   fetch

---

et se met immédiatement devant le nom de la chose possédée.
Voyez la *Grammaire*, pag. 51.

(1) *Celui*, quand il se rapporte à une personne, se dit *he*
au nominatif, et *him* à l'objectif.

(2) Mettez *so well* après le verbe.

(3) *Il faut* se conjugue en anglais avec toutes les personnes,
tant au singulier qu'au pluriel; *faut* se rend par *must* (pour
le présent), précédé du nom ou du pronom auquel le devoir
se rapporte. Le pronom *il* ne se rend pas. Voyez *la Grammaire*, pag. 77.

cher chez le cordonnier, (1) qui demeure
them   at   shoemaker,   lives

au coin de la rue Saint-Honoré. Le fruit
at the corner   *   St.-Honoré street.

que je mangeai hier m'a rendu malade.
       ate   made   ill.

Ce n'est pas le fruit qui en est cause, c'est
It *   is the

le mauvais vin qu'on nous a donné; car
          they   for

vous savez que je n'ai pas mangé de fruit,
             * did   not   any

cependant j'ai eu toute la nuit un | mal de
however   head

tête | qui m'a empêché de fermer l'œil.
ache | prevented   from closing *my* eyes.

Avez-vous réfléchi sur la *proposition* que
        reflected

je vous fis hier? Oui, mais il me semble
     made   appears to

que c'est une affaire| où il y aura |plus de
              in which there will be| *

peine que de *profit*.
than   *

---

(1) *Shoemaker* signifie fabricant de souliers.

THÈME XI.

DES PRONOMS OU ADJECTIFS DÉMONSTRATIFS.
(*Grammaire*, pag. 53.)

SINGULIER.			PLURIEL.	
This,	celui-ci. ceci. celle-ci.		These,	ceux-ci. celles-ci.
That,	celui-là. cela. celle-là.		Those,	ceux-là. celles-là.

REMARQUEZ bien que *this* et *these* s'emploient en parlant des objets proches, et qu'on se sert de *that* et *those* pour les objets éloignés. Pour plus de détails, voyez la *Syntaxe, Grammaire*, pag. 201.

———

Quel est le prix de cette (1) pendule? La-

price   time piece?

quelle, monsieur? Celle-ci, ou celle-là,

sir? (2)

avec la fontaine? Je vous vendrai celle-ci

fountain?   will sell

trois cent cinquante francs; mais celle-là

for

est plus chère à cause de la fontaine. Ces

dear in consequence of

———

(1) Ces pronoms ou adjectifs ne varient pas pour s'accorder avec le genre du nom.

(2) On dit *sir* quand on n'emploie pas le nom de la personne; autrement on dit *mister*, et ce mot s'écrit toujours en abrégé, Mr.

plumes | ne valent rien, | donnez-moi deux
       | are good for nothing, |

ou trois de celles-là. Où avez-vous trouvé
                                      did

ce beau cheval ? Lequel trouvez-vous le
   fine   (1)

plus beau ; celui-ci, ou celui-là ? Oh ! celui-
     handsome

ci, sans doute. | Ne vous fiez pas trop à | cet
    doubt. | don't confide too much in |

homme, je n'aime pas sa figure ; mais
              like   *face ;*

pour celui-là, oh ! bien sûr, vous pourrez
     that one,   *certainly,*   *may*

vous y fier.
    (2) in him.

Je n'aime pas ce temps, il rend triste.
                       weather,   makes *one* dull.

A qui est cette bague ? elle est à moi, c'est
                 ring ?

celle que je perdis hier au bal ; où l'avez-
              to lose   *ball ;*

vous trouvée ? Qui a fait cela ? Pourquoi
     to find   *to do*   Why

faites-vous cela ? Je n'ai pas dit cela.
    do you do   * *did* not.

Voyez cette malheureuse femme et ces
Look *at*   unfortunate

pauvres enfants. Avez-vous un exemplaire
   poor   child.   *copy*

de cet ouvrage ? Non, monsieur, mais
       work   sir,

---

(1) *Trouver*, dans cette acception, se rend en général par
to think, penser.

(2) Le verbe *se fier* n'est pas essentiellement pronominal
en anglais.

nous pourrons l'avoir ce soir. Voulez-
can

vous l'envoyer au numéro quinze, dans
send   to   number

cette rue? Envoyez aussi deux cahiers du
street.?   also   quires

papier que vous m'avez montré ce matin.
showed

Cette maison me coûte plus qu'elle ne
to cost   *

me rapporte. | A quoi servent | ces murs,
brings. | What is the use of | walls

puisqu'ils ne sont pas entretenus ? Ces
since   *   kept in order ?

vignes sont très-fortes, il me semble que
vine   appears to me

le vin sera bon cette année. Laquelle de
wine

ces deux roses voulez-vous (1); celle-ci ou
rose   will you have

celle-là? Je prendrai, s'il vous plaît, celle-
will take   *

là. Et pourquoi pas celle-ci? Parce que
why

l'autre n'est pas trop (2) épanouie. Ces
the other   *   too much   blown.

livres sont bien reliés, combien | payez-
bound ,   (3) | do you

---

(1) Il est important de faire attention que dans ces sortes de phrases, le mot *will* n'est qu'auxiliaire, et qu'il demande un verbe après le pronom.

(2) *Trop*, devant un nom, se rend par *too much*; devant un adjectif, il se rend par *too*.

(3) *Combien* se dit *how much*, quand il se rapporte à une quantité.

vous | une reliure comme celle-là? Cela
pay for | binding like

me coûte quarante-cinq sous le volume.
a volume.

Et ceux qui sont | dorés sur tranche? |
gilt edged?

Je ne | me le rappelle pas. | Dites au bottier
* don't remember. boot maker

de mettre ces bottes sur la forme, elles me
to last, they

gênent; et rapportez celles que j'ai don-
pinch; bring back

nées à raccommoder. Voulez - vous me
to mend.

tailler (1) une plume, s'il vous plaît? Essayez
make * Try

celle-là. Le bec en est trop long. Je la re-
nib *

taillerai. | Comment trouvez-vous | l'arran-
will mend. How do you like (2)

gement de ce salon? Puisque vous me le
drawing room? Since

demandez, je vous dis franchement que
tell freely

je trouve les rideaux trop clairs. Et ces
think curtains light.

chaises? Elles sont magnifiques. Ce tapis est
chairs? magnificent.

| tout ce qu'il y a de plus beau. | A présent,
the finest that can be had. Now,

___

(1) Tailler une plume, pour la première fois se dit *to make a pen*, faire une plume. Retailler se dit *to mend*.

(2) On peut aussi dire *what do you think of?* que pensez-vous de?

venez voir (1) le billard, et dites ce que vous
billiard *table*   what

en pensez.
think of it.

Par ces moyens vous réussirez. On dit
means   will succeed.

que cet homme-là est un mouchard, mais
*   *   spy,

je ne le crois pas, car il n'en a pas l'air.
*   don't believe,   *   appearance.

Il ne faut pas | juger par cela. Ces gens
You must not   people

sont peut-être nécessaires dans l'état
perhaps   necessary   state

actuel des choses; mais je ne connais point
actual   don't know   *

de profession que je ne préférerais pas à
a   that   should not prefer

celle-là. Qu'est-ce qu'on va faire avec ces
What are they going   to do

hommes-là? On va les mettre au carcan. |
They are going   in the pillory.

Celui qui porte une redingote blanche
He   wears (2)   great-coat   white

est le fameux filou. D'où vient cette lettre?
pick pocket. Whence

Le facteur l'a laissée (3), c'est sans doute
post-man   left,

---

(1) Après les verbes *to come*, venir; *to go*, aller; *to stay*,
rester; et quelques autres dans le même sens, on met le mot
and devant le verbe qui suit.

(2) *Porter*, en parlant des habillements, se dit *to wear* :
dans le sens ordinaire, on dit *to carry*.

(3) *Laisser*, dans ce sens, se dit *to leave* : dans le sens de
permettre, il se rend par *to let* ou *to permit*.

celle que vous attendiez hier. Mettez-la
　　　　　　　expected (1)

sur cette *table*, et donne-moi | du papier
　　　　　　　　　　　　　　 some　　post

à lettre. | Portez ces deux lettres à la poste,
paper　　 | Carry　　　　　　　　　　 post-office,

affranchissez celle-ci, et mettez celle-là
　 pay

dans la boîte : c'est celle pour Londres
　　　 box :

qu'il faut affranchir.
you must (2)　　 pay.

THÈME XII.

DES PRONOMS INDÉFINIS, DISTRIBUTIFS, ETC. (Voy.
Grammaire, pag. 54 et suiv.)

Les pronoms généralement appelés indéfinis sont :

One,	un, on.	*All*,	tout, tous.
Some,	quelques.	*Such*,	tel, telle.
Any,	quelques.	*Other*,	autre.

Le possessif de *one* est *one's*, ses, de soi. Le possessif
de *other* est *other's*.

On est très-bien au parterre. On y voit
　　 very *comfortable*　　　 pit.　　　　　 sees

très-bien. On peut aller de Paris à Londres
well.　　　　　　　　　 from　　　 to

---

(1) *Attendre* et *s'attendre à* se rendent par *to expect*;
mais quand le verbe *attendre* signifie qu'on reste dans un
endroit, attendant l'arrivée de quelqu'un, on dit *to wait for*.

(2) *You must*, il faut que vous, *ou* vous devriez. Voyez
Thème sur Falloir.

en moins de trois jours, mais on voyage
    than   *to travel*

nuit et jour. On a bien tort | de ne pas | pro-
               is very wrong   not to

fiter de toute occasion pour s'instruire.
    by every   opportunity   *   learn.

J'ai besoin d'un *appartement*, en avez-
  *   want   *   *

vous un grand? Avez-vous un *piano* à
       large (1) ?

vendre? Oui, monsieur; en voulez-vous
  sell ?   *   do you wish

un neuf, ou d'occasion? J'en prendrai un
    * second hand ?   *

neuf, pourvu qu'il ne soit pas trop cher.
    provided   *   be   not

Touchez un peu celui-ci. Il est trop dur.
 Try (2) * *   harsh (3).

Je vous en montrerai d'autres. On doit
       *   will shew   (4) should

faire valoir son talent.
make the best of   talents.

C'est ma manière; les autres peuvent
      manner ;

faire comme ils veulent. Que peut-on faire?
 do   What   do ?

---

(1) Mettez le pronom *one* après l'adjectif dans ces sortes de phrases.

(2) *Toucher*, dans le sens ordinaire, se dit *to touch*.

(3) *Dur* se dit généralement *hard*; mais en parlant des sons, on dit *harsh*.

(4) *On* se dit quelquefois *we*, nous; c'est dans les cas où l'on pourrait, sans nuire au sens de la phrase, employer *nous* en français : si le *on*, au commencement de la phrase, a été traduit par *one*, le possessif *son* ou *ses* se rend par *one's;* mais quand on a commencé par *we*, le possessif se rend par *our*, notre, nos.

Si vous avez besoin d'aiguilles, j'en ai de
        want   any (1) needle,   some

très-bonnes. Celles-ci sont trop grosses,
                                               thick,

en avez-vous de plus fines? Oui, vous en
  *   *

trouverez d'autres dans ma petite boîte.
will find   box.

Quelqu'un a pris mon chapeau, aussi j'ai
  Somebody   therefore (2)

pris | celui d'un autre. | On ne peut guère se
      another person's.   hardly   *

mêler des affaires d'autrui sans négliger (3)
meddle with   neglecting

les siennes (4). J'ai besoin de monnaie,
                  *   want   *change,*

en (5) avez-vous? Voulez-vous me donner

des | pains à cacheter? |
       wafers   ?

Je n'en ai point, mais voilà de la (6)
  *   there is

---

(1) On se sert de *any* dans le sens de *quelques*, dans les phrases interrogatives, négatives et dubitatives : autrement on dit *some*.

(2) *Aussi*, dans le sens de *c'est pourquoi*, se dit *therefore*.

(3) L'infinitif se rend par le participe présent, quand il est précédé de toute autre préposition que à, *to*.

(4) Traduisez par le possessif de *one*, et ajoutez-y le mot *own*, propre.

(5) *En*, dans le sens de *quelque*, se rend par *some* dans les phrases démonstratives, et par *any* dans les autres; mettez-le à la fin de la phrase.

(6) *De, du, de la, des*, dans le sens de *quelque*, se disent *some* ou *any*. Le dernier s'emploie dans les phrases négatives et interrogatives.

cire (à cacheter). Quelqu'un vous demande.
sealing wax.   asks *for.*

Y a-t-il quelqu'un chez-vous ? Non, il n'y
Is there   any body

a personne. Allez-vous quelquefois au
   nobody.   *Do* you go   to the

spectacle? Avez-vous quelque chose (1)
   play ?

à me dire? On m'a dit que vous aviez
   to say to ?   told

quelque chose à me dire. Tout cela est
               to tell.

facile à dire. J'ai fait tout | ce que | vous
easy   say.   done   that

m'avez dit de faire. Nous passerons tout
   to tell to (2)   shall pass

le mois de mai chez ma tante à Marseille.
       May   Marseilles.

J'ai eu le plaisir de voir le roi et toute la
Have had   of *seeing*

famille royale. Tous mes frères sont à
       royal.   in

l'armée.
army.

J'ai perdu tout espoir. Il a mangé toute
       hope.   *spent* (3)

sa fortune. Je | ne m'attendais pas | à une
       did not   expect

---

(1) *Quelque chose* se dit *something* ou *anything*, selon que la phrase est affirmative ou interrogative.

(2) Quelle que soit la préposition devant l'infinitif en français, il faut la traduire par *to* si vous mettez le verbe à l'infinitif en anglais.

(3) *Manger*, dans le sens propre, se rend par *to eat.*

telle (1) réponse. Telles sont les nouvelles

news (2)

qu'on m'a rapportées. Il m'a frappé avec

related.   struck

une telle violence, que je tombai à la ren-

*   fell   back-

verse. Je n'ai jamais entendu un tel bruit.

wards.   *   never   heard   noise.

Chacun (3) sera récompensé selon son mérite.

according to

Chacune de mes sœurs a gagné un prix.

to gain   prize.

On leur donne à chacun un habillement.

suit of clothes.

Lequel de ces deux livres voulez-vous?

will you *have* ?

L'un ou l'autre (4), cela m'est égal. Je | ne

is it the same to me. | will

veux | ni de l'un ni de l'autre. Vous ne

not have| *   *

pouvez pas sortir | tous les deux. | J'au-

go out | both.

rai besoin de vous ou de votre frère..

shall want   *   *

Voulez-vous un | fiacre, | ou un ca-

|hackney coach| ca-

briolet? L'un ou l'autre. Avez-vous trouvé

briolet ?

---

(1) Transposez les deux mots *une telle*.

(2) *News* demande un verbe au singulier.

(3) *Chacun* se dit *each* ou *every one :* on se sert du premier quand l'idée s'attache à chaque individu séparément; on emploie *every one* dans un sens plus collectif.

(4) L'un ou l'autre se rend par *either*, par *either the one or the other*.

les deux porte-feuilles que vous aviez
     pocket books (1)

perdus? Je n'ai trouvé ni l'un ni l'autre (2).

Avez-vous vu l'un ou l'autre de mes do-
                            ser-

mestiques? Oui, je les ai vus sortir tous
vants?

les deux (3). Ni l'un ni l'autre | n'a voulu |
                          would

accepter le porte-feuille de la| guerre. |Il
              (1) |war department.|

n'est ni (4) bon ni mauvais. Je croyais avoir

deux bons domestiques, et l'un et l'autre
               servants,

m'ont volé. Ils me demanderont peut-être
              will ask for

des certificats, mais je n'en donnerai ni à
   certificates (5),

l'un ni à l'autre, car ils sont tous deux

également coupables.
     guilty *ou* culpable.

---

(1) Un gros porte-feuille se dit *port-folio*.

(2) Ni l'un, ni l'autre, se dit *neither* ou *not either*, ou *neither the one nor the other*.

(3) Placez, dans la traduction, *tous les deux* immédiatement après le verbe *voir*, parce que c'est le régime.

(4) La première de ces conjonctions se rend par *neither*, les répétitions se rendent par *nor*.

(5) Certificat, dans ce sens, se dit aussi *character*.

THÈME XIII.

DU VERBE (1). (*Grammaire*, pag. 65.)

DE l'infinitif, dont la marque distinctive est TO.

Ex. *To read*, lire. *To write*, écrire. *To walk*, marcher.

Je vais lire. Nous allons écrire. J'espère
am going (2).   are going   hope
réussir. Cet enfant commence à marcher.
begins   * (3)
J'apprends à dessiner. Il va dormir. Il
learn   *   is going
a voulu me frapper. Je | n'aime pas | à me
wished   . | do not like | *
plaindre (4). Aimer ses parents, c'est la loi
one's   *
du ciel et de la terre. Je dois aller ce
of heaven   *   ought
soir visiter la mariée. Comme j'étais
bride.   as
étranger, on croyait me tromper. J'ai
a foreigner,   they thought   deceive.

---

(1) Il sera peut-être nécessaire de prévenir l'élève que ce n'est pas dans cette partie du cours qu'il doit s'attendre à trouver le développement complet du verbe. Les *Thèmes* qui précèdent la *Syntaxe* ne sont que préparatoires.

(2) Une chose qui va se faire s'énonce par le verbe *être* joint au verbe *aller*, en français, qui se met au participe présent ; le verbe qui suit doit être à l'infinitif.

(3) Nous avons supprimé la préposition, parce que l'infinitif entier se trouve dans le verbe lui-même en français.

(4) *Se plaindre* n'est pas réfléchi en anglais.

oublié de (1) répondre à la lettre de ma
sœur. Tromper les autres, c'est mériter
d'être trompé par eux. Je vous prie de le

beg

faire. | J'ai l'intention | de m'abonner à un

I intend · subscribe

journal.

newspaper.

THÈME XIV.

PRÉSENT DE L'INDICATIF. (*Grammaire*, pag. 69.)

Je vous entends. Elle vous aime (2). Il vous

to hear. · to love.

voit. Nous dînons dans le réfectoire, et

to see. · to dine · refectory,

nous dormons dans le dortoir. Vous

to sleep · bed room *ou* dormitory.

lisez mal. Ils craignent le froid. Il me prête

badly. · to fear · to lend

son journal | tous les | jours (3), et je lui prête

every

---

(1) Puisque l'infinitif anglais s'énonce par la préposition *to*,
on supprime généralement la préposition qui précède l'infinitif français.

(2) Les verbes à la troisième personne du singulier, au présent de l'indicatif, se terminent toujours par une *s*.

(3) Après le mot *every*, chaque, tous les, on met le nom
au singulier.

N. B. Pour indiquer que l'action se prolonge et qu'elle

le mien. Aimez-vous les *melons*. Je n'aime
      Do   don't

pas l'hiver. Ma montre va bien. Vous lisez
                watch   to go

trop. Il me doit cinq cents francs. Nous
too much.   to owe

attendons le | maître de danse. | Dansez-vous
to expect   dancing master.   To dance (1)

tous les jours ? Non, nous dansons trois

fois par semaine, et les trois autres jours,
   a   week,   day,

nous avons le maître d'anglais qui vient
           english-master   to come

à la même heure. Quels livres lisez-vous?
   same   What   do

THÈME XV.

TEMPS PASSÉ (2). (*Grammaire*, pag. 70.)

J'écrivis hier à ma sœur. Vous êtes
to *write*

---

dure au moment où l'on parle, on se sert du présent du verbe
to be avec le participe présent. L'imparfait ou présent relatif
suit la même règle ; on se sert du passé de *to be* avec le participe présent du verbe principal. (Voyez *la Syntaxe*.)

(1) Voyez aux interrogations.

(2) En anglais, nous n'avons qu'une forme pour l'imparfait et le prétérit. Ces temps se forment en ajoutant *ed* à
l'infinitif (pour les verbes réguliers).

Ex. *To walk*, marcher ; *I walked*, je marchais ; *I walked*,
je marchai. Les verbes en italique sont irréguliers.

arrivé avant moi. J'ai vu votre frère. Je
to arrive   have *seen*

le vis hier. Il tomba du haut en bas de
to *see*   to *fall*   top   to bottom

l'escalier. J'examinai hier le thème de
staircase.   to examine

votre frère, et ce matin j'ai examiné le

vôtre. Je le fis avant-hier. Je lisais quand
           to *do*   was

vous m'avez appelé. J'ai entendu hier la
            *   to call.   *   to *hear*

musique (1) du nouvel *opéra*. J'ai appris au-
                new   to learn

jourd'hui, pour la première fois, que vous
                                time,

êtes père. J'étais mal placé, je ne voyais
   a (2)   did not to *see*

pas bien (3). Mais vous avez bien entendu?
                                    to hear ?

Je n'entendais pas (4) bien non plus. Il a
    *   neither.   It

plu toute la matinée. Il pleuvait encore
to rain   was   still

quand je suis sorti; on m'offrit un para-
         went out;   to offer   um-

---

(1) Les mots français terminés en *ique* sont terminés généralement en anglais par *ic*.

(2) Les Anglais emploient l'article indéfini devant les noms
qui désignent les qualités et les professions des personnes.

(3) Mettez l'adverbe après le verbe.

(4) Employez l'auxiliaire *to do* dans les phrases négatives,
en l'absence de tout autre auxiliaire.

pluie, mais je pris un fiacre, et dès que
brella, to *take* hackney-coach, as soon as

j'y fus monté, la pluie cessa.
in it, to cease.

THÈME XVI.

IMPÉRATIF. (*Grammaire*, pag. 67 et 80.)

JE ne reconnais que les secondes personnes à ce
mode : elles se forment de l'infinitif en retranchant
le signe *to*. (Voyez pag. 67 de *la Grammaire*.)

Apprenez le verbe être. Conjuguez-le
To learn   To conjugate *it*

dans tous ses modes et dans tous ses temps.
  its mood   tense.

Prêtez-moi votre grammaire. Prenez du
To lend   grammar. To take

raisin. Viens ici. Pardonnez-moi. Écoutez,
  To came To pardon To listen,

on vous appelle. Jouons aux cartes. Allons
  to call. To play (1) To go

au bois de Boulogne. Attendez un instant.
 wood   To wait

Qu'il attende. Qu'ils s'en aillent.
 to wait.   go away.

---

(1) En traduisant l'impératif français de la première et des
troisièmes personnes, il faut employer, pour signe, le verbe
to let, laisser, qui se met devant le nom ou pronom, en place
du *que* français : le pronom doit être à l'objectif ; aux secondes
personnes, le verbe a la même forme qu'à l'infinitif, en supprimant la préposition *to*.

THÈME XVII.

POTENTIEL (1). (Voyez *la Grammaire*, pag. 68.)

Vous pouvez | vous en aller. | Puis-je sortir
go away. go out
aujourd'hui? Il ne peut pas nager. Pou-
to-day to swim.
vez-vous porter cela? Oui, je le peux.
to carry
Vous ne pouvez pas le faire. J'aurais pu le
could have
faire hier, si j'avais eu le temps. Je ne
had had
pouvais pas venir plus tôt. Vous devriez
soon. should
m'écrire trois fois par mois. Je le voudrais
a would
bien, mais je ne (2) puis trouver le temps.
willingly, find
Pourquoi n'êtes-vous pas couché? Parce
Why in bed?
que papa m'a dit que je ne le pouvais pas
to tell

---

(1) Pour exprimer le pouvoir moral, la permission ou la probabilité, on se sert de *may* pour le présent, et de *might* pour le passé. Pour le pouvoir physique, la possibilité, on se sert de *can* au présent et de *could* au passé.

(2) Mettez la négation après.

avant d'avoir appris ma leçon, et je ne
      *   to learn

puis la dire.   *
    to say.

THÈME XVIII.

SUBJONCTIF (1). (*Grammaire*, pag. 69.)

Quoiqu'il soit instruit, il ne doit pas se
Though   *be*   *   ought   *to*

moquer de moi. Pourvu que vous soyez
laugh   at   Provided

raisonnable, vous aurez ma pratique. A
                       custom.

moins qu'il ne fasse | amende honorable, etc.
Unless * * to make | an apology,

Qu' il vienne ou (qu'il ne vienne) pas, nous
Whether   * * *   *

dînerons à six heures.
to dine   o'clock.

(1) Les Anglais n'emploient que rarement le subjonctif; on traduit ce temps par l'indicatif anglais : on peut cependant employer le subjonctif quand la phrase est dubitative; la forme en est la même que l'infinitif sans *to*. (Voyez *la Seconde partie* et la page 218 de *la Grammaire*.)

THÈME XIX.

PRÉSENT DE L'INDICATIF.

———

Que faites-vous là ? J'écris. Comment
    to do (1)

passez-vous le temps à la campagne ? Nous
  to pass   in

chassons (2), nous nous promenons dans
  to hunt,   *   to walk (3)

les bois, nous labourons nos terres. Et les
          to cultivate   grounds.

dames, comment s'amusent-elles (4) ? Elles
                     themselves ?

dessinent, brodent, pincent de la harpe, et
  to draw,   to embroider,   to *play* (5)

lisent. Ma sœur aînée fait une pièce de
         eldest   to make

———

(1) Quand l'action se fait et continue au moment où l'on parle, ou dans le temps dont on parle, il faut employer le temps correspondant du verbe *être* et le participe présent du verbe principal.

    Ex. Que faites-vous ? *what are you doing ?*

(2) On se sert de l'indicatif, comme en français, en parlant de ce qu'on a l'habitude de faire.

(3) *To walk* ne se dit que pour se promener à pied, marcher; autrement on dit *to ride.*

(4) Interrogez par l'auxiliaire *to do*, et commencez par comment, *how.*

(5) On dit *to play*, jouer, pour tout instrument de musique.

tapisserie pour la fête de maman, et moi
tapestry   birth-day

je lui fais une charmante bourse. Je lis
                    charming   purse (1).

maintenant le dernier roman de Walter
now   romance

Scott, et cela m'amuse beaucoup. L'avez-
             it   very much.

vous acheté? Non, je | suis abonné | à un
     to buy?   subscribe

cabinet littéraire. Combien payez-vous
circulating   library.   to pay

par mois? Nous allons voir la revue, y
a (2)   to go   to see

allez-vous? Vous venez bien *à propos*, on
                    to come

parle de vous. Vous ne pouvez deviner ce
to speak   to guess

qu'on dit.

THÈME XX.

DE L'IMPARFAIT. (*Grammaire*, pag. 70.)

Les passés de tous les verbes réguliers se terminent en *ed*. Ceux qui sont en italique sont irréguliers.

A mon arrivée, j'étais si endormi, qu'il
arrival,   to be   sleepy,

---

(1) La bourse du commerce se dit *the exchange*.
(2) La préposition *par*, dans le sens de chaque, se rend par
l'article indéfini en anglais.
Ex. Par mois, *a month* ; par semaine, *a week* ; par tête, *a
head*.

me fut presque impossible de m'éveiller.
almost — *to wake.*

Il faisait mauvais temps hier. C'était au
to be (1)

Palais-Royal que je le voyais si souvent.
to see — *often.*

J'avais hier quelque chose à vous dire. Il
to have — *to say.*

avait | bien de la | peine à le faire. On
much — *to do.*

m'assurait hier que la guerre | allait |
to assure — * — *war* — *was about*

éclater. Il me fournissait tous les ans
to break out. — *to furnish* — *every*

dix voies de | bois à brûler. | Je prenais
fathom — *fire-wood.* — *to take*

une tasse de café sur le *boulevard*, au mo-
cup

ment où le cortége passait. L'année der-
when — *procession* — *to pass.*

nière je dînais tous les jeudis chez M. D***,
to dine — *thursday* — *at*

mais il n'est plus à Paris. On travaillait au
no longer. — *to work*

pont sous la Tamise, quand j'étais à Lon-
tunnel (2) — *Thames,*

dres. Vous aviez un fort bon cheval l'année
to have — *very* (3)

dernière.

---

(1) En parlant du temps, il faut traduire le verbe *faire* par le temps correspondant du verbe *to be*, être.

(2) *Tunnel* signifie passage couvert. *Pont* se rend par *bridge*, et en parlant du pont d'un vaisseau, on dit *deck*.

(3) *Fort*, comme adverbe, se dit *very*; comme adjectif, il se rend par *strong*.

THÈME XXI.

PARFAIT OU PRÉTÉRIT COMPOSÉ. (*Grammaire*, pag. 70.)

LES temps composés se forment, comme en français, à l'aide de l'auxiliaire avoir ; on ajoute le participe passé du verbe principal. (*Grammaire*, p. 214.)

Il m'a demandé mon nom. J'ai écrit
    to ask   to write

trois pages. Vous avez manqué à votre
                to break   *

parole. Nous avons travaillé depuis six
            to work   since

heures du matin. Elle a terminé son ou-
   in the   to accomplish

vrage. Elles ont commencé leurs études.
         to recommence   study.

J'ai tué aujourd'hui trois lièvres et trois
  to kill   hare

couples de perdrix. Mon frère a encore
 brace (1)   yet

eu plus de succès que moi. D'après le
     *   1.   From

calcul que j'ai fait, je n'ai rien gagné par
calculation   to make,   *   to gain

cette entreprise ; j'ai cependant réussi
   undertaking;   to succeed

---

(1) Le mot *brace* n'a pas de pluriel ; on s'en sert en parlant des oiseaux (terme de chasse) et des pistolets ; autrement *couple* se dit *pair* ou *couple*.

dans tous mes plans. Il a loué une voiture
                to *hire*

à raison de cinq cent cinquante francs par
at the rate   and   a

mois. J'ai demeuré douze ans en *France.*
      to *live* (1)

Le roi m'a accordé la jouissance des droits
       to grant   enjoyment

civils.

THÈME XXII.

DU TROISIÈME PASSÉ, DIT PLUS-QUE-PARFAIT.
(*Grammaire*, pag. 70.)

CE temps se forme du passé de *to have*, avóir,
et du participe passé du verbe principal. (*Grammaire*, pag. 68.)

J'avais été trois jours à Berlin, quand
                at   when

le *choléra-morbus* s'y manifesta. Nous
                to shew ou to manifest.

avions eu beaucoup de pluie avant l'orage
                * rain

qui inonda la ville. J'avais cherché ce
to inundate   *to seek*

livre pendant trois jours, lorsque je le
                when

trouvai sur ma table. J'avais | déjà | donné
to find |already|

---

(1) *To live* signifie *vivre* : c'est le mot que l'on emploie
ordinairement pour demeurer ; on peut dire aussi *to dwell.*

cent sous à cet homme, quand il se rendit

five francs (1)   *to go*

chez ma femme pour en demander encore.

to   wife

Nous avions loué un hôtel sur le *boulevard*

      to hire

avant l'arrivée de la famille. Je vous avais

      arrival

déjà averti du *danger* qui vous menaçait.

to inform   to menace.

Aviez-vous fini votre lettre quand on

      to finish

sonna l'heure du dîner? J'avais à peine

to ring   the   dinner - bell ?   scarcely

lu votre lettre lorsqu'on vint m'annoncer

to read   to come   to announce

votre arrivée.

THÈME XXIII.

DU FUTUR.

Ce temps demande beaucoup d'attention de la part des commençants, à cause des auxiliaires *will* et *shall*, à l'aide desquels on le forme. Nous croyons avoir levé toute difficulté par les exemples que nous avons donnés. (Voyez *la Grammaire*, pag. 70 et 215.)

J'irai (2) demain à la Chambre des députés,

to go   House   of   commons,

---

(1) Pour cent sous , on dit *five francs*, cinq francs.

(2) Pour désigner un événement futur, sans prétendre y avoir influence, on se sert de *shall* à la première personne,

et la semaine prochaine j'aurai un billet
next   ticket

pour la Chambre des Pairs. Ma sœur aura
lords.   to be (1)

demain vingt et un ans. Vous apprendrez
      to learn

bientôt, si vous voulez vous donner la peine
soon,   yourself to give   trouble

d'étudier. Quand (2) j'irai en Angleterre,
to study.   to

j'achèterai un beau cheval anglais. Vous
to buy

aurez le droit d'entrée à payer quand vous
import-duty

débarquerez en France. Irez–(3) vous ce
to land

soir à l'*Opéra*? Viendrez-vous dîner avec
To come   to dine

nous? | Je le veux bien. | Alors nous irons
Willingly (4).   Then

ensemble à l'Opéra? Quelle *pièce* nous
together   to

donneront-ils? Ce sera, je crois, la Muette.
to give   Dumb *Girl.*

---

et de *will* aux autres ; mais quand la personne qui parle pré-
tend que la chose se fera, parce qu'elle le veut, il faut employer *will* à la première personne, et *shall* aux autres.

(1) En parlant de l'âge d'une personne, on se sert du verbe
to be, être.

(2) Les Anglais emploient généralement le présent au lieu
du futur après l'adverbe *quand*, *when*, dans le style familier, si la phrase est affirmative.

(3) Pour interroger au futur, il faut employer *shall* à la
première personne : pour la seconde et la troisième, on se
sert aussi de *shall*, à moins qu'on ne veuille s'informer de la
volonté ou de la détermination de ces mêmes personnes.

(4) On dit aussi *with all my heart*, de tout mon cœur.

Nous aurons demain un *concert* chez nous,
at our house,

viendrez-vous? Je réfléchirai sur ce que
to reflect

vous venez de (1) me dire, et demain je
to say,

vous donnerai une réponse. Je vous pro-
to give   answer.   to

mets qu'il ne le fera pas. Je bénirai le jour
promise   *   to do.   to bless

où je vous | ai vu | pour la première fois.
when | saw |

Je conserverai toujours le souvenir d'un
to preserve   remembrance

ami si cher. Vous trouverez beaucoup
beloved.   to find

de (2) propreté dans les maisons de Londres;
*   cleanliness   house

mais la cuisine ne vous plaira pas. Dites-
cookery (3)   to please   To tell

lui qu'il ne sortira pas aujourd'hui. Vous
*   to go out

le ferez avant de sortir. Il ne vous paiera
before   *   *   to pay

pas. Il me paiera bientôt, ou je le pour-
soon,   to

suivrai. Vous n'y gagnerez rien. Il ira donc
sue (4),   *   to gain

---

(1) VENIR DE, suivi d'un verbe, se dit *to have just.*

(2) Après les adverbes de quantité, on supprime le *de* qui est suivi immédiatement d'un nom.

(3) Cuisine au propre se dit *kitchen*; *cookery* signifie cuisson.

(4) Poursuivre ne se rend par *to sue* qu'en parlant des procès; autrement on dit *to pursue.*

en *prison.* Cela vous coûtera encore (1) de
to   to cost   more   *

l'argent. Mais j'aurai la *satisfaction* de le
money.

punir. Vous n'en serez pas content. Vous
to punish.   *   *atisfied.*

raisonnerez d'une autre manière quand
to *argue*   in   manner

vous serez dans le commerce. J'aurai tort.
in   *   trade.   To *be*

Vous n'aurez pas votre argent avant
*   money   before

d'avoir terminé votre ouvrage. Il ne viendra
*   to finish   work.

plus (2) ici qu'il ne sache mieux se (3) com-
till   *   knows   to

porter. Nous n'achèterons plus de bas chez
behave.   to buy   any more   *   at his

lui. Vous apprendrez cela avant le déjeûner.
shop.   to learn   *

Ils ne me tromperont plus, car je ne me
to deceive   *

fierai plus à eux. J'ai dit la vérité, je la
to *trust*   to tell

dirai encore, personne ne m'empêchera
nobody   *   to prevent

de la dire. L'*expérience* vous prouvera
(4)   to prove

---

(1) *Encore,* dans le sens de *plus* ou *davantage,* se dit *more.*

(2) Quand *plus* est employé avec une négation, et qu'il n'y a pas comparaison, on le rend par *no more,* ou *not any more;* et s'il a rapport au temps, il se dit *no longer* ou *not any longer.*

N. B. La négation y est comprise.

(3) Placez le mot *how,* comment, devant l'infinitif anglais.

(4) *De,* indiquant séparation ou empêchement, se dit *from.*

la nécessité de réfléchir avant de parler,
necessity   to reflect   *

et encore plus avant d'écrire. Postillon,
yet   * to write.   Post-boy,

vous mènerez plus vite, ou je ne vous
to *drive*   fast,   or   *

donnerai rien. Mais, monsieur, nous ar-
to give   sir,

riverons | de bien bonne heure. |
to arrive | very early. |

    Je crains les voleurs. Vous ne serez pas
     to fear   robbers.   *

volé, monsieur, je vous en réponds. Arri-
to rob,   to answer.

verons-nous avant la nuit ? Oui, monsieur,
      before   sir,

nous y serons dans deux heures. Serai-je de-
            hours.   To be (1)

main à *Oxford* ? Serez-vous ce soir à l'*Odéon* ?
at

Aurai-je le temps de le faire ? Auront-
to have   time   to do ?

elles du monde ? Parlerez-vous anglais
      company ?   To speak

ce soir ? Jouerons-nous au | Colin-Maillard ? |
    To play | Blind Man's buff ? |

Aurez-vous assez (2) de *courage* ? Aura-
      enough   *

t-elle fini à cinq heures ? Achèterai-je un
to finish   o'clock ?

cheval à Londres ? Me coûtera-t-il cher ?
            to cost

---

(1) On ne se sert pas de *will* pour interroger à la première
personne ; c'est une faute que font souvent les Irlandais.

(2) Après *assez* supprimer *de*, quand un nom le suit.

Combien donnerai-je? A quelle heure
(1)   *o'clock*

irons-nous? Aurons-nous le temps de dîner
to go   *time*

avant? Votre livre, quand sera-t-il fini? En
first?   (2)

prendrez-vous quelques exemplaires? Quel
to take   *copy* (3)?

en sera le prix? Vendrai-je mon | fusil de
price?   *To sell* | *fowling-*

chasse? | Jouera-t-il ce soir au *concert?*
piece? | *To play*

Viendrez-vous avec mon frère? Aurez-
To come

vous assez d'argent pour le voyage?
money   *journey?*

THÈME XXIV.

SUR LE FUTUR ANTÉRIEUR.

Ce temps se forme du futur de l'auxiliaire *to have*, avoir, et du participe passé du verbe principal. (Voyez *Grammaire*, pag. 71.)

____

Vous aurez été un an à Londres avant
to be   *year*

---

(1) Combien, pour quantité, se dit *how much*; pour un nombre, *how many*; pour une distance, *how far*; et pour un espace de temps, *how long*.

(2) Commencez par *quand sera*, et supprimez le pronom.

(3) Les mots qui, au singulier, se terminent par *y* précédé d'une consonne, forment leur pluriel en changeant l'*y* en *i* et en y ajoutant *es*.

Ex. *copy, copies.*

de bien (1) parler anglais. Il n'aura pas

été quinze jours à Paris avant de faire des
　　　　　　　　　　　at　　　　　　　　* to make

connaissances. Quand nous aurons été
acquaintance (2).

trois jours chez lui, nous y serons comme
　　　　at his house,　　　　　　　　　as

chez nous. Aurai-je été six mois en France
　at　home.　　　　　　　　month

avant de parler français? Aura-t-il passé
　　　　*　　　　　　French?

six semaines à la campagne avant de
　　week　　　in　　country　　before (3) *

nous écrire? J'aurai eu trois mois de leçons
to write (4)?　　　　　　　　　　*　lessons

avant d'aller en (5) Angleterre. Elle aura
* to go　to

eu le bonheur d'embrasser son (6) père.
happiness　　to embrace

---

(1) Mettez l'adverbe après le verbe.

(2) Connaissance intellectuelle se traduit par *knowledge*, et n'a pas de pluriel.

(3) L'infinitif se rend ordinairement par le participe présent après une préposition, excepté *to*. On peut aussi se servir du présent de l'indicatif en prenant le nom ou le pronom pour sujet.

　　　　Ex. *Before he writes*, avant qu'il n'écrive.

(4) Le verbe *to write* demande la préposition *to* devant son régime.

(5) La préposition *en* se rend généralement par *in* ou par *into*; mais elle se rend ici par *to*, parce que l'idée se rapporte plutôt au voyage de tendance *vers* qu'à l'action d'*entrer*.

(6) N'oubliez pas que le pronom possessif des troisièmes personnes du singulier s'accorde en genre avec la personne qui possède, et non avec la chose possédée. On dit donc toujours *her* ou *hers* pour une femme, et *his* pour un homme.

Vous aurez eu deux *concerts* avant mon

arrivée. Aura-t-il eu sa leçon avant midi ?
arrival.   noon ?

Nous aurons du moins eu le plaisir de, etc.
              at least   pleasure

J'aurai travaillé dix ans avant de me (1)
        to work   *   *

retirer du commerce. Nous verrons, à la
to retire from   *trade*.   to see

fin de l'année, qui aura appris le plus.
                              to learn

Vous aurez dépensé cent (2) mille *francs*
              to spend

avant de recevoir cent *sous*. Aurez-vous
        *   to receive

fini ce soir ? Il a commencé son discours
                      to begin   speech

à quatre heures, et il ne l'aura pas terminé
        o'clock,   *   to finish

à neuf (3) heures. Auront-elles (4) fini leur
                              they

tapisserie pour | le jour de l'an? |
tapestry | new year's day ? |

Dans deux mois il aura fini ses études, et
                                        studies,

je l'enverrai voyager. Je compte que dans
   to send   to travel.   reckon

---

(1) *Se retirer* n'est pas réfléchi en anglais.

(2) Devant *cent*, *mille* et *million*, employez l'article indéfini *a*, et surtout quand ils ne sont pas suivis d'autres
nombres.

(3) On peut sous-entendre *o'clock* dans le second membre
de la phrase.

(4) Le pronom personnel de la troisième personne du pluriel ne varie pas.

quatre ans il aura visité les principales cours
　　　　　　　　to visit　　　　　　　　　　　　court

de l'*Europe*. Vous aurez perdu votre temps,
　　　　　　　　　　　to lose

et moi j'aurai pris beaucoup de peines
　　　　　　to take　　　　　　　　　　trouble

inutiles, si à la fin de l'année vous ne
useless,

savez pas traduire | à livre ouvert. | Dans
can　　　　　to translate |　at sight. |

trois jours nous aurons déchargé notre
　　　　　　　　　　　to unload

cargaison, et, puisque nous partirons
cargo,　　　　　　　　as　　　　　　　to sail (1)

| de suite, | nous aurons fait la moitié de
directly, |　　　　　　　to do　　　half

notre voyage avant votre départ. Ces vais-
voyage　　　　　　　departure.

seaux auront fini leur *quarantaine* dans
　　　　　to finish

huit jours.

Aussitôt (2) que j'aurai lu ce livre, je
As soon　　　as　　　to read

vous l'enverrai. Vous n'en aurez pas par-
to send.　　　　　　　　　　　　　　　to

couru dix pages avant d'en reconnaître
look over　　　　　　　　　　　to recognize

l'auteur. Elle aura reçu ma lettre trois
author.　　　　　　　to receive

---

(1) *Partir* ne se rend par *to sail*, faire voile, qu'en parlant des vaisseaux ; autrement on dit *to go away*, *to depart*, *to set off*, *to start*, etc.

(2) Après *aussitôt que*, on emploie généralement le présent pour le futur.

jours avant de partir pour la Suisse; elle
to set off   Switzerland;

aura donc eu le temps d'y (1) répondre. Ils
to answer.

auront tout préparé pour notre arrivée.
to prepare   arrival.

L'armée aura terminé l'affaire avant l'ar-
army   to finish

rivée de la flotte. Attendez un moment,
fleet.   wait

j'aurai bientôt fini. Il aura mangé la moi-
soon   to spend

tié de sa *fortune* avant de l'hériter.
* to inherit.

Postillon, dépêchez-vous (2), car il y
to make haste

a beaucoup de voyageurs sur la route,
a great many   *   traveller   road,

et ils auront peut-être pris tous les
to take

chevaux de la poste. | Nous aurons perdu
post horses.   to lose

notre argent, si ces numéros ne sortent
money (3),   numbers   * *to be drawn*

point. J'ai envoyé le courrier en avant, et
to send   forward,

il aura commandé le dîner; ainsi nous
to order

---

(1) N'ayant pas de mot pour rendre l'*y* en anglais, il faut,
avant de le traduire, trouver le mot qu'il représente, et puis
le traduire : dans la phrase *y répondre*, l'*y* représente A CELA,
to it; mais nous supprimons la préposition en disant *answer it.*

(2) *Se dépêcher* n'est pas réfléchi en anglais.

(3) Argent se dit *silver* en parlant du métal.

n'avons pas besoin de nous presser. Il aura
* have   no   *need*   *to hurry.*

barbouillé beaucoup de papier avant
to blot   *

d'écrire comme sa sœur. Ils auront discuté
to write   to discuss

cette *question* avant | de lever | la séance.
                   to break up | sitting.

Aura-t-il eu assez de *prudence* pour ne
          enough.   *

pas parler de ce malheureux événement?
to speak   event?

Elle aura eu le plaisir de voir cette superbe
                 to see

ville.
city.

THÈME XXV.

EMPLOI DE SHOULD ET WOULD. (*Grammaire*, pag. 82.)

SIGNES dont on se sert en traduisant le temps conditionnel du verbe français, mais dont la signification radicale est *devoir* et *vouloir*. *Should* est le passé de *shall*, et *would* est le passé de *will*.

Vous ne devriez rien cacher à votre père
     *   (1)   nothing to hide from (2)

ni à votre mère. Un homme d'honneur
     *   honour

---

(1) Pour marquer fortement le devoir, on se sert de *ought,* suivi de l'infinitif.

(2) Le verbe *to hide*, cacher, veut après lui la préposition *from* au lieu de *to*, à, comme en français.

doit tenir sa parole. Vous devriez vous
should to keep   word.   (1)

conduire autrement, si vous voulez vous
to conduct   otherwise,   would

faire respecter. On devrait apprendre les
to make to respect.   to learn

langues des pays avec lesquels on a des
         country   which

rapports. Je lui ai dit que s'il voulait me
connexions.   to tell

donner une voiture pour cinq cents francs
                carriage

par mois, je m'arrangerais (2) avec lui.
 a   *   to arrange

Je l'aurais fait hier si j'avais su que vous
         to do   to know

en | auriez besoin. | Je devais écrire aujour-
          to want.   to write

d'hui à ma sœur, mais je n'aurai pas le
                                    to have

temps.

Je serais (3) désolé si vous ne ve-
        in despair   *

niez pas. Vous feriez beaucoup plus de
          to make   *

---

(1) Changez le pronom personnel en possessif, et ajoutez
le mot *self* pour le singulier, et *selves* pour le pluriel.

(2) Traduisez par *would*, quand il s'agit de la volonté de
la personne qui est le sujet du verbe, en n'oubliant pas que
les deux signes *would* et *should* exigent après eux le verbe
qui indique l'action, etc., et que ce verbe se met à l'infinitif
en supprimant la préposition *to*.

Ex. J'irais, *I would go*. Je serais fâché, *I should be sorry*.

(3) En parlant ou de l'effet que produirait un événement
s'il arrivait, ou d'une condition; on se sert généralement de
should à la première, et de *would* aux autres personnes.

progrès si vous vouliez travailler. Vous
progress   to *study*.

auriez eu du plaisir si vous étiez (1) resté
    * pleasure   to stay

avec nous à la campagne. Si vous aimez
    in   country.   to like

les égards, vous devriez (2) en avoir pour
 * respect,

les autres. On ne doit pas | s'affliger |
    We *   to be cast down |

en voyant ceux qui sont plus heureux que
  to see   happy

soi (3); on devrait plutôt se consoler par la
           rather   to console

réflexion qu'il y en a qui sont beaucoup
        there are some

plus à plaindre.
    to *be pitied*.

J'irais souvent | à la chasse (4) | si je
             a   shooting

demeurais à la campagne. Vous auriez
  to *live*   in

perdu votre porte-feuille, si je ne vous
  to lose   *pocket-book,*

eusse averti à temps. Une chose promise
  to warn *in*   promised

---

(1) Devant le verbe *rester*, on traduit *être* par *to have*, avoir.

(2) Le devoir se désigne par *should* ou par *ought* à toutes les personnes; quand on se sert de *ought*, il faut employer l'infinitif avec le signe *to*, mais avec *should* on supprime *to*. Ex. Vous devriez le faire, *you should do it*, ou *you ought to do it*.

(3) Soi, *oneself*.

(4) La chasse aux oiseaux se dit *shooting*, du verbe *to shoot*, tirer. Pour la chasse aux bêtes, on dit *hunting*, de *to hunt*, chasser.

doit être regardée comme une chose sacrée,
   considered   sacred,

qu'on ne (1) peut se dispenser d'acquitter :
     can to dispense with *to pay* :

on ne devrait donc pas promettre légère-
     then   inconsi-

ment. Vous me rendriez plus de *justice* si
derately.   to do

vous me connaissiez mieux. Sachant mes
    to know   to know

moyens, vous devriez être moins exigeant.
means,   exigent.

Je voulais (2) lui parler, mais il ne voulait
      to speak,   * would

pas m'écouter. Il nous aurait écoutés si
 to hear.

vous eussiez attendu le moment favorable.
   to wait   favourable.

 Il n'a pas voulu me prêter son histoire de
 * *   (3) to lend   history

Londres. J'en achèterais une, mais on ne
  *   to buy   *

la trouve pas facilement. On dirait que
 to find   easily.   to say

vous | avez passé la nuit. | Effectivement,
   to be up all night.   In fact,

c'est vrai, car je | ne fais que de rentrer.
true,   have but just come home.

---

(1) Mettez la négation après le verbe.

(2) Si vous pouvez remplacer *vouloir* par *désirer*, vous pouvez le rendre par *to wish* ; ou si la volonté est fortement marquée, vous pouvez traduire par *to want*.

(3) Le passé indéfini se traduit par *would* ou *should* ; ne rendez pas *avoir*.

Si vous saviez le mal que cela vous fera,

harm   to do,

vous ne le feriez pas. Si vous voulez plaire

to do   to please

dans la *conversation*, je vous conseille

to advise

d'écouter beaucoup, et de parler peu. Si

to listen (1)   little.

je ne l'avais pas vu, je ne l'aurais pas cru.

to see,   to believe.

Votre frère m'a offert deux mille francs

to offer

pour mon cheval anglais, mais je ne le

donnerais pas pour trois mille. Si vous

to give (2)

vouliez me rendre ce *service*, je vous en

to do (3)

serais très-reconnaissant. Je ne m'étonne

grateful.   not to be astonished (4)

pas que vous | fassiez | si peu de progrès,

            | should make |

c'est que vous ne travaillez pas. Je serais

because   to study

content si j'en savais autant que vous. Vous

satisfied   as much as

seriez comme moi, vous désireriez en

I am,   to desire

---

(1) On se sert de *to listen* et non de *to hear*, dans le sens de *écouter avec attention*.

(2) On peut dire *to sell*, vendre.

(3) On dit aussi *to render a service*.

(4) On peut employer le verbe *to wonder*, s'étonner, avec l'auxiliaire *to do*, au lieu de *to be*.

Ex. *I do not wonder.*

apprendre encore. Avec un peu plus d'atto learn   more.   little   *

tention, vous auriez remporté le prix d'hon-
       to bear off   prize

neur.

Raynal a dit qu'il y a entre les hom-
             among (1) *

mes une inégalité originelle à laquelle
   inequality   original   *

rien ne peut remédier; on devrait donc
   *   remedy;   one

être content de son sort, ou du moins, en
   with one's fate,   at   least

tâchant de l'améliorer, on ne devrait avoir
     to ameliorate,   * (2)

recours qu'à des moyens louables. Que me
   but   laudable.

conseilleriez-vous de faire? Je n'aime pas
   to advise   to like

donner des conseils. Mais que feriez-vous
   *   advice.   to do

dans une telle position? Pour moi, je per-
   such a   For my part,

drais une petite somme plutôt que de
      small   rather

poursuivre un homme qui paierait, s'il en
   to sue   to pay,

avait les moyens.
     means

---

(1) *Entre* se rend par *between* quand il s'agit de deux objets.

(2) On retranche ici la négation *ne* parce qu'elle est suivie de *que* dans un sens restrictif.

THÈME XXVI.

EMPLOI DES AUXILIAIRES OU VERBES DÉFECTIFS.

DE *can* et *may*, dont les passés sont *could* et *might :* auxiliaires employés pour désigner le pouvoir physique, le pouvoir moral et la permission. (Voyez *Grammaire*, pag. 76, etc.)

Pour le pouvoir moral, pour la permission et pour la probabilité, on se sert de *may* et *might;* pour le pouvoir physique et la possibilité, on emploie *can* et *could*.

———

On peut voir l'avenir dans le passé. Je
    to see future

ne puis pas le faire. Vous pouvez du moins
       to do.   at least

essayer. Sait-(1) il écrire? Pouvez-vous me
  to try.

traduire cette lettre? Elle est si mal écrite,
to translate   badly,

que je ne puis la déchiffrer. Peut-on pas-
           to decipher.

ser par le guichet? Nous ne pouvons pas
       gateway ?

sortir aujourd'hui, il fait trop mauvais
to go out   to be (2)

———

(1) *Savoir faire quelque chose* se rend par *can*, pouvoir.

   Ex. Savez-vous monter à cheval? *Can you ride?*

(2) En parlant de l'état de l'atmosphère, on se sert du verbe *to be*, être, au lieu du verbe faire, *to make*.

temps. Nous pourrons donc nous (1) amuser

then   to amuse

à la maison. On peut vivre fort agréable-

at   home.   to live   very

ment en France. Je ne pouvais pas bien

comprendre les acteurs anglais, j'étais

understand   actors

trop éloigné de la scène.

far   stage.

Je suis entré dans une boutique à

to *go*   into   shop

Londres, mais je n'ai pas pu me faire

not   to be able   to make

comprendre (2). Si je puis vous être utile,

to *understand.*   to be of service

vous n'avez qu'à me le dire. Vous pou-

but (3)

vez | vous fier à | lui sans crainte. Si

   confide in   fear.

je pouvais vous rendre ce *service*, je ne

to render

vous refuserais pas. Quel plaisir peut-

to refuse   pleasure

---

(1) Le pronom qui est le régime doit se mettre après le verbe, et si un pronom de la même personne sert pour sujet et pour régime, il faut ajouter à celui-ci le mot *self*, s'il est au singulier, et le mot *selves*, si c'est au pluriel.

Ex. Elle s'amuse, *she amuses herself;* nous nous amusons, *we amuse ourselves.*

Faites bien attention que, pour les premières et les secondes personnes, c'est aux pronoms possessifs qu'on ajoute *self* et *selves;* et qu'aux troisièmes, c'est aux pronoms personnels à l'objectif.

(2) Mettez le verbe au passé.

(3) Le *que* (dit restrictif) se rend par *but* ou par *only.*

on trouver dans des (1) *amusements* si
    to find

frivoles? Vous ne pouvez pas aller en
frivolous?   to go

Angleterre sans (2) passe-port; mais une

fois dans ce pays, vous pouvez voyager
    that   travel

partout sans en avoir besoin.
every where   to want.

Peut-on trouver facilement à Londres
              easily

un domestique qui sache le français? Oui,
             to know

mais il ne faut pas prendre le premier qui se
    you must not

présente. Que puis-je donc faire, moi qui
             to do,   I

ne sais pas trois mots d'anglais? Vous pouvez
           word

vous en rapporter au maître de l'*hôtel* où
       refer   landlord (3)

vous allez loger. L'*absence* ni le temps
    to lodge.   time

ne (4) peuvent me faire oublier mes amis.
        to make forget

Avez-vous demandé à papa si nous pou-
    to ask

---

(1) *De* et *des*, lorsqu'ils ne désignent que *telle ou telle sorte de choses*, se suppriment.

(2) Employez l'article indéfini devant le nom.

(3) *Landlord* se dit aussi pour propriétaire de maisons et de terres; autrement propriétaire se dit généralement *owner*.

(4) Le génie de la langue anglaise n'admet pas deux négations dans une proposition; le *ne* se supprime dans cette phrase à cause de la conjonction négative *ni* qui le précède.

vions sortir? Oui, mais je | n'ai pas pu
              could not

en obtenir la permission; il m'a dit cepen-
  to obtain   how-

dant que nous pourrons (1) sortir quand
ever

nous aurons répété nos leçons.
     (2) to say

  Avez-vous commandé les | chevaux de
       to order   post

poste? | Oui, je les ai commandés, mais on
horses?

ne pourra pas les envoyer avant | trois heu-
        to send   half past three

res et demie. | Nous ne pourrons donc pas
  o'clock.

dormir cette nuit à Amiens. Nous ne le
to sleep   to night

pourrions pas même en partant à midi
       even   to set off.   noon

comme vous aviez proposé. Si je ne puis
       to propose.

arriver ce soir à Amiens, je ne partirai pas
    this

aujourd'hui : mais nous pourrions passer la
  to day   to pass

nuit en voiture, et nous y (4) arriverions
  (3)

---

(1) On se sert aussi de *may* pour le futur, et surtout quand l'époque est désignée.

(2) Employez le présent de l'indicatif au lieu du futur après quand, *when.*

(3) Traduisez comme s'il y avait *dans la*, au lieu de *en.*

(4) Cherchez le mot qui est représenté par l'*y*, et tradui-sez-le.

| de bonne heure | demain matin. Oui,
early

cela serait très-bien pour vous, qui dormez
that   to sleep

aussi bien en voiture qu'au lit ; mais moi, je
(1) carriage   bed ;

n'y pourrais pas fermer l'œil. Ne pourrait-
to close (2)

on pas apprendre l'anglais | tout seul? |
to learn   alone?

On pourrait apprendre à traduire et à lire
to translate

dans les livres faciles ; mais pour la *con-*
easy ;

versation, pour le *style* élevé, et pour la

poésie, on ne peut rien faire sans le secours
poetry,   to do   assistance

d'un habile maître. Puisque vous avez
able   As

bien (3) travaillé, vous pouvez aller ce soir
to work,

au spectacle. Pourrai-je, au lieu de sortir
play (4).   instead

aujourd'hui, aller demain voir la revue?
to see   review?

Je vous ai dit hier que vous pourriez y
to tell

---

(1) Mettez l'article indéfini devant *carriage*.

(2) Employez le pronom possessif au lieu de l'article.

(3) L'adverbe se place après le verbe.

(4) On distingue facilement *the play*, le spectacle, de *to play*, jouer, à cause de l'article *the*, qui se met devant le premier. Le mot anglais *spectacles* signifie *lunettes*.

aller. Puis-je aussi y mener mon frère?

also   to take (1)

Cela se peut. Il pourrait peut-être arriver

may be.   perhaps   to *happen*

que, etc. Pourriez-vous me dire l'heure

to tell what *o'clock*

qu'il est? Il ne peut être plus de six heures.

it is?   than

THÈME XXVII.

FALLOIR.

IL FAUT, *Must.*

Must prend pour sujet le nom ou le pronom de la personne qui suit la conjonction *que*, et qui forme le sujet de la proposition subjonctive. Lorsque *il faut* est suivi de l'infinitif, on doit prendre pour sujet de *must* la personne à laquelle le verbe se rapporte le plus. Pour trouver le sujet dans ce cas, donnez à la phrase la tournure subjonctive. Quand *il faut* s'emploie dans un sens général, prenez pour sujet le pronom *we*, nous, ou bien le pronom indéfini *one*, on. (Voy. *Grammaire*, pag. 77.)

Il faut que (2) j'aille bientôt en Angle-

to go   to

---

(1) *Mener une personne* se dit *take* ou *conduct;* il se rend aussi par *to lead*, *to drive*. Pour plus de développements sur *can, may,* etc., voyez *la Grammaire*, pag. 240, article *Pouvoir*, et *Cours de Thèmes*, même article.

(2) La conjonction *que* qui suit *il faut* ne se rend pas, ou pour mieux dire les trois mots *il faut que* se rendent par le seul mot *must.*

terre. Il ne faut pas y rester |long-temps,|
                     to stay   long

car vous savez que les *élections* vont
                                   to be about

commencer, et il faut que vous y soyez.
to commence,

Faut-il (1) demander un passe-port? Oui,
           to ask

il faut en prendre un | chez l'ambassadeur
         to take   at the English

d'Angleterre. | Il faut étudier quand on est
ambassador's.   to study

jeune. Il faut qu'il s'en aille, et dites-lui
                to go away,   to tell

qu'il ne faut pas me demander de certificat.
                 to ask   character (2).

Il faut rougir de commettre des fautes, et
to blush   to commit.

non de les avouer. A quelle heure faut-il
       to confess.   o'clock

que nous y soyons? Pour avoir une bonne
            to be?

place, il faut y être avant six heures. Il
                          o'clock.

faut que les Français soient braves pour
                         to be

avoir pris, en si peu de temps, une ville
to take,   so *short* a   town

---

(1) *Il faut* peut se rendre par *it is necessary*, devant un infinitif.

(2) *Certificat*, dans ce sens, se rend généralement par le mot *character* ou *written character*. Le mot français *caractère* se dit *temper*.

qui a si souvent résisté aux autres puis-
often   to resist (1).   *   power

sances (2). Il faut, autant qu'il est *possible*,
                        as much   *   *

obliger tout le monde (3). Il faut que vous
to oblige

le fassiez. Oui, je sais bien qu'il faut le
   to do.   to know

faire, mais je vous demande s'il faut que
to do,   to ask   *

je le fasse | tout-de suite. | Pour bien (4)
              directly.

prononcer, il faut écouter quelqu'un qui
to pronounce,   to listen to

prononce bien. Il faut que chacun fasse
                          *   every one

son devoir. Il faut que vous ayez bien
   duty.   *

étudié pour avoir fait tant de progrès. Il
to study   to make   *

faudra (5) que j'aille demain chez le | mar-
          *   to

chand de nouveautés. | Dites à la couturière
linen   draper's.   *dress maker*

qu'il faut qu'elle vienne demain matin
            *   to come

essayer mes robes. Il faudra aussi m'acheter
to try   dresses.   to buy

---

(1) Le verbe *to resist* ne veut pas de préposition devant
son régime.

(2) Alger, pris en 1830 par le maréchal Bourmont.

(3) *Tout le monde*, dans ce sens, se dit *every body*.

(4) Placez l'adverbe après le verbe.

(5) Remarquez que *must* ne s'emploie qu'au présent et au
futur : pour les autres temps de *falloir*, voyez la *Grammaire*, pag. 230.

des gants. Pour vous donner un | aplomb |
gloves.   to give   easy carriage

et un *air* gracieux, il faut apprendre à
graceful   to learn

danser et | à faire des armes. | Comment
to dance   to fence.   How

faut-il rendre en anglais le président de la
(1)   render   speaker (2)

chambre des députés? Que faut-il faire?
House   of   Commons?   to do?

C'est une manière de parler qu'il faut éviter
manner   to avoid

avec soin. Parce que vous négligez vos étu-
neglect

des, faut-il que je néglige les (3) miennes?

On ne réfléchit pas que pour soutenir un seul
to reflect   to support   single

mensonge (4), il faut souvent en dire plu-
often   to tell

sieurs autres. Il n'y a personne qui soit (5)
nobody

plus méprisable que le menteur; il faut
contemptible   than

---

(1) Si vous voulez faire rapporter *faut-il* à la première personne, vous traduirez par *must I* : si vous voulez exprimer une idée moins définie, rendez-le par *must one*.

(2) *Speaker*, orateur, titre du président en Angleterre.

(3) L'article se supprime devant les pronoms possessifs.

(4) *Mensonge* se dit *lie* et *falsehood*; le dernier est le moins choquant des deux mots.

(5) Dans cette phrase on peut commencer par le mot *personne*, en supprimant *il n'y a* et *qui* : *soit* se rend par la troisième personne (du singulier) du présent de l'indicatif. On peut aussi commencer la phrase par *il n'y a*; mais, dans ce cas, il faut supprimer *qui soit*.

donc éviter le mensonge. Si vous voulez
    *   lying.   would

jouir d'une bonne santé, il faut que vous
to enjoy *   health,   *

vous leviez toujours | de grand matin, | et
   to rise   very early,

pour cela, il faut nécessairement vous
             necessarily

coucher de bonne heure. Il faut être utile
to *go to bed.*   early.   useful

aux hommes pour se faire distinguer parmi
         to distinguish one's self   among

eux. Il ne faut jamais | manquer à sa parole, |
                to break one's word,

même envers les enfants ; que (1) vous
 even   *with*

leur promettiez une récompense ou une
    to promise   reward

punition, il faut que vous teniez (2) parole.
punishment,   *   to keep

   Faut-il que je recopie ma traduction ?
      *   to re-copy   translation ?

Oui, mais il faut d'abord retailler votre
           first   to *mend*

plume (3). Combien de ces vers faut-il
                 verses

apprendre par cœur ? Il en faut apprendre
 to learn   heart ?

---

(1) *Que*, dans le sens de *soit que*, se dit *whether.*

(2) *Tenir parole* demande un pronom possessif entre le verbe et le nom.

     Ex. Keep *your* word.

(3) *Plume pour écrire* se dit *pen* ; mais avant d'être taillée, elle s'appelle *quill. Plumes en général* se dit *feathers.*

au moins vingt. Avant de commencer la
at least   (1) *   to commence

traduction d'une *phrase*, il faut tâcher
                              to endeavour

d'en concevoir tout le sens. Dites à vos
to conceive   To tell

camarades qu'il ne faut pas jeter des pier-
play-fellows   *   to throw * stones

res. Il ne faut pas vous en rapporter aux
                *   *   to refer

livres pour la prononciation (2) des mots
                   u

d'une langue étrangère, c'est-à-dire d'une
       tongue   foreign,

langue vivante.

N. B. L'élève trouvera un développement plus détaillé de ce verbe à la p. 230 de *la Grammaire* et *au Thème XXXVI*, seconde partie, sur le verbe *il faut.*

THÈME XXVIII.

Développement de l'emploi des verbes *to let*, laisser, permettre; et *to leave*, laisser, abandonner, quitter, léguer par testament. (Voyez *Grammaire*, pag. 80 et 90.)

———

Voulez-vous me laisser (3) sortir ce soir?
                        to go out

---

(1) N'oubliez pas que les prépositions gouvernent le participe présent.

(2) Presque tous les mots français terminés en *tion* s'écrivent de même en anglais; il y en a environ deux mille.

(3) Quand *laisser* signifie *permettre*, on le rend par *to let* ou *to permit;* quand il est employé dans le sens de *quitter*, d'*abandonner* ou de *léguer*, il se rend par *to leave.* Ils sont tous les deux irréguliers.

La dernière fois que je vous ai laissé(1) sor-
last   time

tir, vous êtes rentré tard. Il ne veut pas me
to return late.

laisser tranquille. Laissez-lui faire son de-
quiet.   to do

voir. Il arrive presque tous les jours des
lesson. There arrive   every

navires venant du *Levant;* mais on ne les
ships

laisse pas entrer pour décharger avant de
enter   to *unload*

faire *quarantaine.* Pour combien voulez-
to perform

vous me laisser(2) cela? Je vous le laisserai
to let have

au prix coûtant.
prime cost.

Laissez-moi parler. Je vous ai laissé parler
to speak.

déjà pendant un quart d'heure, et je ne sais
already   (3)

pas encore ce que vous voulez dire. Enten-
yet   what   to mean.   To hear

dez-vous le chien qui crie à la porte? Oui,
to howl

mais il ne faut pas le laisser entrer. Ne (4)
to come in.

---

(1) Après *let*, on supprime *to* devant l'infinitif.

(2) *Laisser*, dans le sens de *céder*, se dit *to let have*.

(3) Entre la préposition *de* et le mot *heure*, il faut employer l'article indéfini *an*.

Ex. A quarter of *an* hour.

(4) Dans le style familier on se sert de *do* à l'impératif;
on le place devant la négation.

laissez monter personne (1) chez moi (2), je
    to go up

n'y serai pas avant trois heures. Laissez-
not to be at home   To let alone

moi (3), s'il vous plaît; je suis occupé.
                      busy.

Nous laissons les enfans jouer tous les
                    to play

jours dans la cour. Il a | lâché | son gros
               to let *loose*   great

chien contre moi. J'ai laissé tomber ma
     upon   (4)   to fall

montre. On ne vous laissera pas entrer
     *   in

sans un ordre ou un billet (5).
     order

Je lui | ferai connaître | mon projet. Il
       to let know   plan.

ne veut pas pour cela vous faire connaître
  *   on that account   to let

le sien. Elle m'a fait voir (6) son *portrait.*
          to let see

Un mot qu'il a lâché par hasard lui a
            to *let fall*   chance

| valu | la perte de sa *place.* Laissez cela,
to cause   loss

---

(1) S'il y a une négation dans la phrase, il faut rendre
personne par *any body.*

(2) Chez moi, *to my apartment.*

(3) *Laissez,* dans le sens de *ne tourmentez pas* ou *ne touchez pas,* se dit *to let alone,* et quelquefois *to leave alone.*

(4) Mettez le sujet *watch* avant le verbe *tomber.*

(5) *Billet d'entrée* se dit *ticket* ou *order.*

(6) *Faire voir* se dit aussi *to show,* montrer.

il ne faut pas le toucher. Voyons (1) ce
to touch.

que nous avons ici. Laissez-moi | serrer |
to put away

mes papiers, et je suis | à vous. | Dans
papers, | _at your service._

les théâtres, à Londres, on vous laisse
theatres,

entrer à moitié prix à huit heures et demie.
half price (2).

J'ai laissé échapper mon joli petit char-
to let (3) _escape_ _gold-_

donneret. Je vais louer (4) une maison à
finch. _to be going to hire_

Versailles. J'y en ai une très-jolie que je
one

vous louerai. Combien la louez-vous par

mois ?

LAISSER.

Dans le sens d'*abandonner, quitter, oublier, léguer
par testament :* dans ce sens on se sert du verbe irrégulier *to leave*, dont le passé est *left*.

Celui qui laisse ses affaires au soin de
_He_ _business_ _care_

----

(1) Aux premières et aux troisièmes personnes à l'impératif, il faut employer *let*, suivi du pronom et du verbe ;
celui-ci se met à l'infinitif sans préposition.

(2) Il faut d'abord annoncer la partie fractionnaire de
l'heure suivie du mot *past*, passé, et puis l'heure.

Ex. Trois heures et demie, *half past three o'clock.*

(3) Mettez le sujet devant le verbe *escape.*

(4) *Louer, donner en louage*, se dit, *to let;* dans le sens

ses domestiques, aura tôt ou tard à se
his   soon or   late

plaindre (1). Il | est mort | dans la misère,
to complain.   died

et il a laissé une femme (2) et trois enfants
                      wife

dans la plus grande détresse. Cependant
                    distress.   However

son père lui laissa, à sa mort, une *fortune*
                            death,

assez (3) *considérable*. Il faut espérer que
                                    to hope

les parents de sa veuve ne la laisseront
    relations (4)

pas dans le malheur. Fénelon nous a laissé
            distress.

de bons préceptes. Je vous laisse à penser
        precepts.

si j'en suis content. Mon frère a laissé sa
if   satisfied.

montre à l'auberge.
            inn.

Cela ne laisse rien à désirer. Il faut
                              to desire.

---

de *prendre à louage*, on dit *to hire*. Quand il signifie *faire des éloges*, on le rend par *to praise*.

(1) *Se plaindre* n'est pas réfléchi en anglais, supprimez le pronom *se*. Plaindre quelqu'un se dit *to pity*.

(2) *Femme*, dans le sens d'épouse, se dit *wife*; autrement on le rend par *woman*.

(3) Devant un adjectif, le mot *assez* se rend souvent par *pretty*. On le rend aussi par *enough*; mais ce mot se place après l'adjectif.

(4) On dit aussi *parents* en anglais, mais seulement en parlant de pères et mères.

laisser votre canne à la porte, autrement
   cane   otherwise

on ne vous laissera pas entrer. Si vous
  *   to let   If

m'aviez laissé cette affaire, vous n'auriez pas
     affair,   *

eu à vous plaindre. Je n'ai rien touché,
 * to complain.   to touch,

vous trouverez tout comme vous l'avez
  to find   all

laissé. Laissez, s'il (1) vous plaît, la fenêtre
   if *   window

un peu ouverte. Je vous laisse à choisir.
 little   to choose.

Ils se sont enfuis en nous laissant leurs
  * to flee *

canons et leur bagage. Il ne faut pas laisser
cannons   baggage.

vos livres | comme cela. | Les tortues cachent
     so.   turtles to hide

leurs œufs sous le sable, et les laissent
      sand,

éclore par la chaleur du soleil. Comment
to hatch   heat

avez-vous laissé toutes nos connaissances
          acquaintances

à Lyon? Je les ai laissées toutes en bonne
    them

santé. J'ai laissé | tout | comme je l'ai
     every thing

trouvé. Où avez-vous laissé votre frère?
to find.

---

(1) *S'il vous plaît* se dit *if you please;* il n'est pas impersonnel comme en français.

Je l'ai laissé au lit, il a | mal à la tête (1). |

     in   bed,   the head-ache.

Il faut donc le laisser dormir.

         to let   to sleep.

THÈME XXIX.

DU VERBE *to do* DANS SA QUALITÉ D'AUXILIAIRE.

(Voyez *la Grammaire*, pag. 78, 88, etc.)

Vous m'avez dit que vous (2) n'enten-

    to tell   to under-

diez pas l'anglais, mais je vois que vous

stand   to see

l'entendez bien. Je (3) vous aime, ma chère

   do   to love,

---

(1) Avoir mal à la tête, *to have the head-ache.* | Le mot *ache,*

     — aux dents, — *the tooth-ache.* | qui nous vient

     — à l'oreille, — *the ear-ache.* | du grec Αχος,

     — au ventre, — *the stomach-ache.* | s'écrit aussi

     — au cœur, — *to be sick.* | *ake* et *ach;* ce

dernier s'em-ploie en com-position.

Autrement, *avoir mal* se dit *to have a pain in*, en y ajoutant le nom de la partie du corps où l'on sent la douleur.

(2) Dans les phrases interrogatives et négatives, on se sert de *do* au présent et de *did* au passé, quand il n'y a pas d'auxiliaire. Les auxiliaires sont *to be, to have, will, shall, would, should, can, could, may, might, must, ought.* Dans les interrogations, on commence par *do* ou par *did;* dans les phrases négatives, on les met après le sujet du verbe, et immédiatement après ce *do* ou *did*, on place la négation *not.*

(3) On emploie quelquefois *do* et *did* dans les phrases affirmatives, pour rendre le style plus énergique; sa place est devant le verbe.

maman, en vérité, je | vous aime. | Il ne
    indeed,   do (1).

sait pas | ce qu' | il veut dire, mais moi je
to know   what   to mean,

le sais. Comprenez-vous ce qu'il dit? Non,
      To understand

je ne le comprends pas. Allez-vous quelque-
                   To go

fois à la chasse (2)? Je n'y vais pas souvent,
   a shooting?

je ne l'aime pas beaucoup. Aimez-vous
       to like

la pêche? Je n'aime pas | pêcher à la ligne. |
fishing?   angling.

Ne touchez pas ce fusil, il est chargé.
   to touch   gun,   loaded.

Mais ne laissez pas, je vous en prie, un
     to leave .   to beg,

fusil chargé dans votre chambre. Êtes-
    loaded   room.   Did

vous allé à la Tour de Londres? Oui,
         Tower

deux fois. Qu'en pensez-vous? Il y a des
        to think?   There are

choses curieuses. Le croyez-vous? Je n'en
        to believe?

crois pas un mot. Connaissez-vous cette
          To know

dame? Laquelle? Ne voyez-vous pas cette
lady?

---

(1) Souvent on emploie *do* ou *did* à la fin de la phrase pour
la rendre plus énergique; c'est en quelque sorte un résumé
de ce qu'on a déjà énoncé.

(2) *La chasse aux bêtes sauvages* se dit *hunting*; on dit
aussi *the chase.*

dame en *satin* blanc ? Oui, c'est ma-

dame (1) la comtesse de ***. Avez-vous
*   countess

entendu madame P***? Oui, une fois.
     to hear

| N'est-ce pas qu' | elle chante bien? Oui,
  Does   not   to sing

délicieusement.
     delightfully.

Et comment trouvez-vous M. C***?
          how   to *like* (2)

Il ne me plaît point du tout. Que dites-
*   to please   at   all.   to say

vous? Je ne dis pas que je l'ai vu moi-

même, mais on m'a assuré que c'est vrai.
   self,   to assure

Savez-vous le prix des chevaux de poste
To know   price

en Angleterre? Je voyageais par la
                        to travel

malle-poste; ainsi je ne l'ai pas demandé.
   mail;   * to do   to ask.

Croyez-vous qu'ils soient plus chers qu'en
                    (3)   than

France? Je ne crois pas qu'il y ait un prix
        *   is

---

(1) Les mots *madame*, *monsieur*, etc., qui précèdent les titres, ne se rendent pas; mais quand ces mots précèdent immédiatement les noms des personnes, *madame* se rend par *mistress*, et *monsieur* par *mister*; remarquez bien que ces deux mots s'écrivent toujours en abrégé.

Ex. *Mrs.* pour *mistress*, et *Mr.* pour *mister*.

(2) *Trouver* se rend par *to like* dans ce sens.

(3) Traduisez par le présent de l'indicatif.

établi, car on m'a dit que c'est plus ou
fixed,   to tell

moins cher (1), selon le prix des céréales.
cheaper   according to   grain.

Quand comptez-vous aller à la campagne ?
to calculate

Je n'y vais pas cette année. Fait-on du vin
                                     year.   To make   *

en Angleterre ? Non, on n'en (2) fait point;
                                *   not ;

le raisin y (3) est trop cher. Connaissez-vous
grapes   To know

un remède pour les cors aux pieds (4) ?
remedy   *   corns   *   *

Je n'en connais d'autre que les souliers
                                than

larges. Quel livre anglais lisez-vous à pré-
easy.   to read

sent ? Je lis (5) un des (6) romans de Walter
                              romance

Scott. Le comprenez-vous ? Je ne com-
to understand ?   *

prends pas tout à la première lecture,
                                     reading,

aussi je ne m'arrête pas là. Que faites-vous
therefore   *   to stop   to do

---

(1) Plus ou moins cher, *dearer or cheaper.*

(2) Le pronom *en*, dans le sens de *de cette chose*, se rend
par *any* dans les phrases négatives et interrogatives; dans
les autres, il se dit *some.*

(3) *Y*, adverbe de lieu, quand il signifie *là*, se rend par
there; quand il est dans le sens de *ici*, il faut le traduire par
here.

(4) Cors aux pieds, *corns on the feet.* Les Anglais disent
généralement *corns*, en sous-entendant les autres mots.

(5) Employez le participe présent avec le verbe *to be.*

(6) Des, devant un nom défini, se dit *of the.*

donc? Je le *compare phrase* par *phrase* avec

la traduction.
translation.

De quelle traduction vous servez-(1)
to use

vous? De celle de Defauconpret (2). Appre-
To learn

nez-vous la musique? Oui, j'ai un | maître de
music (3) ? music

piano, | mais je ne fais pas beaucoup de
master, to make

progrès. C'est que vous n'étudiez pas assez,
because * to study (4)

car vous ne manquez pas de moyens.
* to want * abilities.

Combien de temps croyez-vous | qu'il faut |
* is necessary

étudier tous les jours? Une heure au moins;
every at least;

mais vous levez-vous (5) | de bonne heure |
to rise early

le matin? Je ne me lève pas avant huit
*

heures.
o'clock.

Savez-vous (6) donc que vous perdez tous
then to lose

---

(1) Se servir de, *to use*, n'est pas réfléchi en anglais.
(2) On peut tourner par le génitif avec *'s*.
(3) Les mots français qui sont terminés en *ique* se terminent en anglais par *ic*, règle assez générale.
(4) Dans ce sens, c'est-à-dire en parlant des instruments
de musique, on dit ordinairement *to practise*.
(5) Se lever, *to rise*, n'est pas réfléchi.
(6) Les verbes *savoir* et *connaître* se rendent tous les deux

les jours deux heures d'étude ? Apprend-on
to learn
le français dans les pensions en Angleterre ?
schools
Oui, on le regarde comme une partie
to consider · part
essentielle de l'*éducation*. Que faites-vous
essential · * · to do
quand vous êtes à Londres ? Vous logez-
to lodge
vous dans un *hôtel* ou dans une famille
*
particulière ? Je ne reste jamais dans un
private ? · * · stay
hôtel. Que fit-on hier à la Chambre ? Je
House ?
ne le sais pas. Êtes-vous allé hier voir la
Did · to go
revue ? Non, je ne suis pas sorti, je ne
review ? · * · did · to go out, · *
savais pas qu'il y aurait une revue.
to be

THÈME XXX.

EMPLOI DE L'AUXILIAIRE *Ought.*

On s'en sert pour marquer le devoir : il le
marque plus fortement que *should*. Le verbe qui
suit *ought* se met à l'infinitif avec la préposition *to ;*
mais quand on traduit DEVOIR par *should*, il faut

---

par *to know :* il y a quelques exceptions pour *savoir ;* l'élève
les trouvera dans le *Thème* sur les auxiliaires.

supprimer la préposition. On ne doit pas employer *ought* en traduisant le temps conditionnel des verbes français, excepté pour le verbe DEVOIR. (*Grammaire*, pag. 84.)

Je conviens que je devrais consulter mon
   to own   ought

père avant de me décider. Vous devriez
      *   * to decide.

être plus poli (1) envers vos sœurs. Elles
     polite   to

ne devraient donc pas | se moquer de | moi.
  *   to laugh at

Ne devrions-nous pas | faire notre toi-
  *   to dress

lette (2) | avant de sortir ? Vous ne devriez
                      *

pas | vous coiffer | comme cela ; ce bonnet
   to dress one's hair   so   cap

ne vous va pas du tout. Comment de-
 *   to *become* (3)

vrais-je me coiffer ce soir ? Je ne devrais
                      *

certainement pas mépriser les conseils que
      to despise   advice (4)

------

(1) *Poli*, dans le sens de *luisant*, se dit *polished*.

(2) Faire sa toilette, *to dress* ou *to dress one's self*.

(3) On se sert de *to become* dans le sens de *seoir*, en parlant de l'effet ou de l'air que donne quelque vêtement ; mais dans le sens de *va bien* ou *mal*, par rapport à la largeur, etc., on le rend par *to fit*.

Ex. Cette coiffure ne vous va pas bien, *that head-dress does not* become *you*. Mes bottes ne me vont pas bien, *my boots don't fit me well*.

(4) *Advice*, dans le sens de conseil, n'a pas de pluriel.

vous me donnez ; mais je n'ai rien à craindre.
to fear.

Dites à votre frère qu'il devrait acheter
to buy

un livre neuf pour remplacer celui qu'il
new to replace which

a abîmé. Vous ne devriez pas croire, et
to spoil.

vous devriez encore (1) moins répéter tout
still to repeat

ce qu'on vous dit. Il me semble qu'on ne
that to tell. to seem to

devrait pas aller en pays étranger avant
into foreign

d'en savoir la langue. Mais ne savez-vous
to know

pas que c'est le moyen que l'on devrait
means

employer pour apprendre une langue
to employ to learn

étrangère ? J'en conviens, mais on devrait
foreign ? to acknowledge,

au moins en savoir assez pour se (2) faire
at least enough to make

entendre.
understood (3).

---

(1) *Encore*, lorsqu'il est employé comme conjonction, se dit généralement *still*. Quand il est adverbe, et dans le sens de *jusqu'à présent*, il se rend par *yet* : quand il signifie *de nouveau*, il faut traduire par *again*.

(2) *Se*, employé avec le pronom indéfini *on*, se rend par *one's self*, soi-même ; mais si le pronom *on* a été rendu par la première personne du pluriel (*we*), il faut rendre *se* par *ourselves*, nous-mêmes.

(3) Après *se faire* il faut mettre le verbe au passé en anglais.

Ex. *Elle se fait aimer*, she makes herself *loved*.

Vous demandez mon avis, je vous le

                           opinion,
donne franchement, c'est que vous ne de-

     frankly,
vriez pas vous battre. Que dois-je donc faire?

    to fight.   to do?
Vous devez (1) tâcher d'avoir un éclaircis-

      to endeavour   explana-
sement. Nous devons préférer l'utile à

tion.   to prefer   useful
l'agréable. Il devrait rougir de sa mauvaise

                   to blush at
conduite. Vous ne devriez pas vous fâ-

  conduct.   *   *   to be
cher (2) contre moi; c'est une chose que

angry   with
j'ai cru devoir (3) vous dire. Vous avez

  to think I   to tell.
fait plus que vous | n'auriez dû faire. | De-

                 ought to have done (4).
vrions-nous donc le laisser mourir faute

               him   for want
de secours? Pour se faire respecter, on doit

of   help?   respected,
se faire aimer.

  to like.

---

(1) Quand le verbe *devoir* a pour régime un nom ou pronom, il faut traduire par le verbe régulier *to owe*.
Ex. Je dois deux mille francs, *I owe 2,000 francs.* Vous me devez cent sous, *you owe me five francs.*

(2) *Se fâcher* n'est pas réfléchi en anglais; il gouverne la préposition *with*, avec.

(3) Il faut répéter le pronom devant *devoir*, c'est-à-dire devant le verbe qui le représente, puisqu'il y a deux propositions. Il faut donc répéter le pronom *je.*

(4) Remarquez que dans les temps composés on met l'infinitif de l'auxiliaire et le participe passé du verbe principal.

Vous ne m'écrivez point aussi (1) sou-
        *   as

vent que vous le devriez. J'ai trouvé une
 as   *

bourse pleine d'or, que dois-je en faire?
 purse   gold,

Vous devez en chercher le propriétaire.
           to seek   owner (2).

Devrais-je le faire annoncer dans les jour-
      to *advertise*   news

naux? Ne devrait-il pas nous écrire tous
papers?   *

les samedis? Ne devraient-elles pas tra-
   Saturday?   they

vailler davantage à l'aiguille? J'aurais dû le
     more   with needle (3)? ought to have

faire hier. Il aurait dû être récompensé
                       rewarded

pour son dévouement. Vous auriez dû lui
      devotion.

témoigner votre reconnaissance pour les
to express   gratitude

peines qu'il a prises (4).
trouble   to take.

Vous avez fait ce que vous n'auriez pas
                       *

dû faire. Il n'aurait pas dû me faire atto do.   *   to make to

tendre. N'auriez-vous pas dû vous attendre
wait.   *   to expect

---

(1) *Aussi* et *que*, séparés par un adjectif ou par un adverbe, se rendent par *as* et *as*.

(2) En parlant des propriétaires de *maisons* et de *terres*, on dit *the landlord*.

(3) Ou *do more needle work*.

(4) Les participes en anglais sont invariables.

à (1) un tel résultat. Je ne sais ce qu'elle a
    result.

fait; mais je sais bien ce qu'elle aurait dû
to do;   well   what

faire. On ne devrait être ni (2) avare
                        avaricious

ni prodigue. Nous ne devrions pas juger
   prodigal.   *

mal de ceux que nous ne connaissons pas.
badly   *   to know

N'auriez-vous pas dû le prévenir du *danger*
               to warn

qui le menaçait? Ne devraient-ils pas suivre
  to threaten?   *   to follow

la méthode que je leur ai prescrite? On ne
            to prescribe?   (3) *

doit jamais interrompre une personne qui
      to interrupt

parle, cela est malhonnête. Vous ne de-
        impolite.   *

vriez pas taquiner vos camarades. Devraient-
    to teaze   play-fellows.

ils donc prendre mes affaires? On doit
             things?

profiter de toute occasion pour s'instruire.
   by   opportunity

Ne devrions-nous pas suivre la même
*   to follow

méthode?
method?

---

(1) S'attendre à, *to expect*; il n'est pas réfléchi.

(2) Après une négation, le premier *ni* se rend par *either*, et les suivants par *or*; quand ils ne sont pas précédés d'une négation, le premier se dit *neither*, et les autres se traduisent par *nor*.

(3) On supprime la négation, parce qu'il est suivi de *jamais*.

THÈME XXXI.

DES AUXILIAIRES ÊTRE, *to be*, ET AVOIR, *to have.*
(Voyez *la Grammaire*, pag. 92.)

Je suis malade. J'ai gardé la chambre
     ill (1).   my (2) room
toute la journée. Où est votre sœur? Elle
    day.
est | en train d'étudier | sa leçon. Vous
      studying
êtes de mauvaise humeur, qu'avez-vous
    in a bad humour,   what is the matter
donc (3)? J'ai été contrarié toute la jour-
with you?   vexed
née. Êtes-vous donc fâché contre moi?
        angry. *with*
Pas du tout. La poste est-elle arrivée?
    at all.   (4)   *
Nous sommes sur le point | de partir |
                      of setting off |
pour l'Italie. Vous y serez mieux qu'à
   *   t there   than
Paris pendant l'hiver. Avez-vous été à
    during

---

(1). On dit aussi *to be sick*, mais cela signifie *avoir mal au cœur*.

(2) *Garder la chambre, le lit, etc.*; l'article se rend par le pronom possessif.

(3) On peut dire *what ails you?* qu'avez-vous?

(4) Commencez par l'auxiliaire, et supprimez le pronom *elle.*

Rome? Pas encore, mais j'ai l'intention
                yet,

d'y aller. C'était autrefois la plus belle ville
              formerly   city

du monde.
in the.

Où étiez-vous pendant l'orage d'hier?
              during   storm

J'étais | à faire ma toilette | quand il éclata,
           dressing   to begin(1)

mais je fus tellement effrayée par les éclairs,
        so   alarmed   lightning (2),

qu'il m'a été impossible d'achever. Nous
               to finish.

avons été hier à la Chambre des députés.
             House   of   Commons.

Qu'y avez-vous entendu? Nous n'avons
  (3)   to hear?   *

rien (4) entendu d'intéressant. Serez-vous ce
    *   interesting.

soir chez madame de B***? Si je ne me
    at   *

porte pas mieux, je ne serai pas disposée
to be (5)

à y aller, car j'ai une migraine affreuse.
there   head-ache   terrible.

Nous serions tous désolés si vous ne veniez
          in despair   *   to come.

pas. Avez-vous lu le *Paradis Perdu* de Mil-
           Paradise   lost

---

(1) *Éclater* se dit aussi *to break out* ou *to burst*, surtout en parlant d'un incendie, de la peste, ou du choléra.
(2) Ce mot ne prend que très-rarement le signe du pluriel.
(3) On peut employer le passé de *do* et l'infinitif sans *to*.
(4) Placez le régime après le verbe.
(5) *Se porter bien, mal, etc.*, se rend par *to be well, ill.*

ton? Je crois que c'est trop (1) difficile
                   too   *difficult*
pour moi.

Je suis occupé dans ce moment à lire
      at   *with reading*
les Saisons de Thomson. Quand vous aurez
  Seasons   *When*   (2)
lu cela vous serez à même de lire Milton.
               able   *to*
Ce serait un plaisir pour moi que de lire et
                      to
de comprendre un poète si renommé. Croyez-
  understand   *poet*   *celebrated.*
vous qu'il y en ait une bonne traduction?
       (3)   *translation?*
Il y en a plusieurs, mais une traduction,
     several,
quelque (4) bonne qu'elle soit, | ne vaut pas |
however   *it* | *is not equal to* |
l'*original.* Soyez (5) persuadé que le plaisir
de lire les auteurs anglais vous dédomma-
        authors   *to recom-*
gera de toutes les peines que vous aurez
pense for   *pains*   (6)
prises.

---

(1) *Trop,* devant un adjectif ou un adverbe, se dit *too.*
Trop de se dit *too much.*

(2) Le verbe se met au présent après *when.*

(3) Traduisez par le présent de l'indicatif de *to be,* être.

(4) *Quelque,* devant un adjectif, se rend par *however;* devant un substantif, on le rend par *whatever.*

(5) A la seconde personne de l'impératif, le verbe est le même au singulier et au pluriel.

(6) On peut traduire par *may have,* ou par *have* tout simplement.

Nous aurons demain soir une petite

réunion de famille, seriez-vous disposé
party   *   *disposed* (1)

à venir? J'en serais charmé, mais mal-
     delighted,   un-

heureusement il m'est *impossible*, puisque
fortunately   *

je dois partir demain matin pour rejoindre
   to be (2)   *rejoin*

mon *régiment*. J'avais été deux ans | à la
               at

pension | quand mon frère arriva. Nous
school

aurions été vous voir si nous avions été
       to see

prévenus (3) de votre rétour. Vous auriez
   informed   *return.*

été plus avancé si vous n'aviez pas été
            *

paresseux. Mes sœurs auront été six se-
   idle.

maines à la campagne avant que je | puisse
week   *in*   * |*shall be able*|

les rejoindre.
   to join.

Il est juste que vous soyez prudent. Je
     just   *should be*

---

(1) On dit aussi *to be inclined.*

(2) Quand le verbe *devoir* est employé pour annoncer ce qu'on doit faire d'après convention, on le traduit par le verbe *to be*, être.

(3) *Prévenir*, dans le sens d'empêcher, se dit *to prevent* ou *to hinder*, et demande la préposition *from*.

ne crois pas qu'il soit aussi industrieux
* to believe   (1)   so   industrious

que son cousin. Quoique je sois malheu-
as   Though   (2)   unfortu-

reux, je ne veux pas faire une chose indigne.
nate   *   do   *base.*

Les enfans me demandent s'ils auront congé
to ask   a holiday

demain. Oui, pourvu qu'ils soient sages.
provided   (3)   *good.*

Je doute qu'il fût du nombre des | enfants
forlorn

perdus, | et qu'il y fût blessé. Croyez-vous
hope (4), | wounded.

qu'il soit *possible* à un Français de bien
for   to

prononcer l'anglais. J'en suis sûr. Pour-
pronounce   *   of it

quoi donc | y en a-t-il | si peu qui le font?
are there | few   to do?

S'ils ont eu un maître, c'est probablement
a master,

de sa faute, et s'ils n'en ont pas eu, c'est
*   *   (5)

naturellement la leur.
of course   *   own.

Il me semble que j'aurais beaucoup de
to seem   *

---

(1) Tournez par l'indicatif, parce qu'il n'y a pas doute ou incertitude.

(2) Tournez aussi par l'indicatif, pour la même raison.

(3) Employez le subjonctif, parce qu'il y a doute.

(4) *Forlorn hope,* terme militaire, qui signifie les premiers qui montent à l'escalade.

(5) Ajoutez le pronom *one* ou *any,* ou supprimez le verbe *avoir.*

peine | à y parvenir. | Vous n'en auriez pas
      to accomplish it.   *

autant que (1) vous croyez, pourvu que
so *much*   as   *

vous ayez de la *patience*. Je crois en (3) avoir
    (2)   *   *   to think

assez, puisque j'ai déjà appris le grec. Je
    since   * Greek.

croyais être (4) votre ami, mais je me
                    friend,   to

suis trompé. Et moi je croyais avoir un
be *mistaken*.   *

ami en vous, mais il paraît que nos
    in   to appear

caractères s'y opposent. C'est pour avoir
temper   * it   to oppose.   for (5)

été gourmand, que vous n'avez pas de
   greedy,   *   any

fruit aujourd'hui. Je serai malade d'avoir été
                         with

trop long-temps sans manger.
    *   without eating.

---

(1) *Autant que*, dans les phrases négatives, se dit *so much as;* dans les démonstratives, on le rend par *as much as.*

(2) Traduisez par l'indicatif, car le subjonctif est peu usité en anglais.

(3) Rendez l'infinitif par la première personne de l'indicatif présent *I have.*

(4) Si on veut par *être* énoncer une idée de l'avenir, par rapport au verbe *croire*, on peut rendre l'infinitif par l'infinitif anglais, ou par le participe présent précédé de *of.* Si, au contraire, l'idée s'attache au passé, il faut traduire par la première personne de l'imparfait, *I was*, etc.

(5) Voyez à l'article *infinitif*, pag. 221 et 222 de *la Grammaire*, pour la manière de traduire l'infinitif lorsqu'il est précédé d'une préposition : la règle générale est de traduire par le participe présent après toute autre préposition que *à, to.*

Ayant été votre élève, je serai toujours
                pupil,   *always*

reconnaissant de vos bontés. Si c'était vous
grateful   *for*   (1)

qui l'eussiez fait, j'en serais fâché. Auriez-
      to do,   *angry.*

vous eu la première place au collége sans
       first   *at*

avoir bien travaillé ? Ne sommes-nous
    (2) *to work ou to study ?* *

pas aussi avancés qu'eux ? Sont-ce là vos
   as   *as*   *those*

occupations journalières ? Serais - je ré-
            daily ?   *re -*

compensé sans l'avoir mérité ? Avez-vous
warded

été voir l'exposition des tableaux ? Nous
      exhibition   *pictures ?*

n'avions pas été trois jours à notre château,
*
                     country house

que (3) nous reçûmes la nouvelle que notre
      to receive   *news*

| maison de ville | était brûlée.
   town house   *to burn.*

Auriez-vous été deux ans dans le mal-
                      *   *dis-*

heur, si je l'eusse connu ? J'ai eu beau-
tress   *to know ?*

coup de peine à le faire. Nous avons eu une
*
      trouble   *to do.*

dispute. Ma sœur aurait eu le premier

---

(1) Traduisez par l'imparfait du subjonctif, *were.*

(2) Placez l'adverbe après le verbe.

(3) *Que,* dans le sens de *lorsque,* se dit *when.*

prix, si elle était restée à la pension. Au-
prize (1)   _to have_ to stay

rait-il eu tant de succès sans la trahison
    so much *   _but for_   treachery

de deux généraux de l'ennemi? Il aurait
                enemy?

eu au contraire à déplorer sa témérité.
   on the contrary   to deplore   (2).

Avant mon arrivée, vous aurez eu le
        arrival,

plaisir de voir votre fille. Ayons la _pru-_
   of   daughter.   (3)

dence de ne rien dire. Ayez la _complaisance_
       *   to say.

de remettre (4) cette lettre à M. ***. Sois
   to _deliver_

du moins raisonnable. J'eus hier une _con-_
 at   least   reasonable.

versation en anglais.

Avec un Anglais? Non, c'était avec une

Anglaise. L'avez-vous bien comprise?
English _woman._   _did_   to understand?

Oui, assez bien, parce qu'elle a eu la _com-_
       pretty

---

(1) _Prix_ de récompense, se dit _prize._ _Prix_ de quelque chose qui se vend se dit _price._

(2) La plupart des noms français terminés en _té,_ se terminent par _ty_ en anglais.

(3) On emploie le signe _let_ devant le verbe à l'impératif, excepté aux secondes personnes; on le fait suivre du pronom personnel à l'accusatif.

(4) _Remettre_, dans le sens de différer, se dit _to postpone,_ ou _to put off._

     Ex. Le bal est remis, _the ball is put off._

plaisance de parler lentement. J'ai remar-
     slowly.   to remark

qué souvent que les dames parlent plus
 often (1)   ladies

distinctement que les messieurs. C'est
 distinctly than gentlemen.

peut-être parce qu'on les | écoute | avec
 perhaps   to listen to

plus de plaisir. Le général a eu trois

chevaux tués sous lui. On dit (2) que nous
  killed

aurions eu la guerre sans la fermeté du
    war but for firmness

gouvernement. Notre ambassadeur a eu
 government.   ambassador

un rôle bien difficile à jouer à la cour
 part   to play court

de....

Nous n'aurions eu rien (3) à craindre
        to fear

avec une armée telle que la nôtre. Je ne
     as

crois pas que nous ayons jamais eu une
to think   (4) ever

plus belle armée, cependant nous | avons
     however   to

---

(1) Les adverbes *often*, souvent ; *always*, toujours ; *never*, jamais, se mettent ordinairement devant le verbe.

(2) On dit, *they say* ou *it is said*.

(3) *Rien* se rend par *nothing* quand il n'est pas précédé d'une négation qui se rend en anglais. Si la négation se traduit, il faut rendre *rien* par *anything*.

(4) Traduisez par l'indicatif présent.

besoin | de repos pour le rétablissement
want | re-establishment

du *commerce.* C'est bien vrai. J'avais
of

toujours été bien traité dans cette auberge,
always   treated   inn,

mais elle a changé de maître. J'aurais eu
it

un voyage très-agréable, si la voiture n'eût
journey (1)   carriage

pas versé. Ayez, | je vous en prie, | un peu
overturned. | I beg of you,

de *patience.*

THÈME XXXII.

DU VERBE FAIRE, *To Do* ET *To Make.*
(*Grammaire,* pag. 99, 103.)

LORSQUE *faire* est suivi d'un verbe, il se rend
généralement par *to make,* et jamais par *to do.*
Faire se rend aussi par *to make,* lorsque l'idée se
rapporte à l'action ou à l'opération de fabriquer
ou de façonner. Dans le sens indéfini de AGIR,
on le rend par *to do.* (Voyez, pour les exceptions
et pour plus de développement, *la Grammaire,*
pag. 102.)

Voulez-vous me faire un habit? Oui,
to make   coat ?

---

(1) *Voyage sur terre* se dit *journey; sur mer,* on dit
voyage.

monsieur. Comment | voulez-vous qu'il
                will   you   *have*

soit | fait? Il faut le faire un peu plus aisé
it (1)   You must   easy

que le dernier que vous m'avez fait. Je
     last

le ferai comme vous voulez. Quand sera-
     as   please.

t-il fait? Je ne vous ferai pas attendre.
  (2)   to make   to wait.

Faites-moi le plaisir de me donner votre
to do

adresse. Si vous voulez bien apprendre, il
address.   to learn,

faut faire choix d'un bon maître, et puis
  to make choice   then

faire tout ce qui dépend de vous | pour
               (3) *on*

faire valoir | ses leçons.
 to *profit by*

C'est | comme cela | que vous ferez des
     by those means   make

progrès(4). Que faites-vous là, ma chère? Je
        to be doing

fais une bourse pour mon frère. Elle sera
     purse

bien jolie. Quand elle sera (5) faite, je vous
  pretty.

en ferai une. Qu'avez-vous fait aujourd'hui?
    What   to day?

---

(1) On peut aussi tourner par *wish it to be.*
(2) Pour le participe passé on peut se servir de l'un ou de l'autre, c'est-à-dire de *done* ou de *made.*
(3) Le verbe *to depend* gouverne la préposition *on.*
(4) *Progress* n'a pas de pluriel en anglais.
(5) Mettez le premier verbe au présent après *quand, when.*

J'ai fait tout ce que vous m'avez donné à
          that
faire. Vous avez très-bien fait. | Que vou-
              very well   What
lez-vous que je fasse | pour la prochaine
   shall   *   I   do   next
fois? Vous ferez un thème, une *version*,
                                     exercise,
et une *composition*. Je le ferais si j'avais le
temps; mais j'ai beaucoup d'autres choses
 time ;   many (1)   *
à faire. Faites donc autant que *possible*.
                      as much *as*
Que faisiez-vous | tout à l'heure | dans
   to be doing (2)   just now (3)
le jardin? Je faisais une raquette, pour ma
                              battledore
sœur. L'avez-vous faite? Pas | tout-à-fait, |
                                        quite
mais | il n'en reste pas | beaucoup à faire.
      | there does not remain |
Vous | ne faites que (4) | sortir et rentrer.
      | do nothing but |
Vous m'avez fait manquer un rendez-vous.
          to make to miss   appointment.

---

(1) *Beaucoup* se rend par *many* pour le pluriel, et par *much* pour le singulier; il se rend aussi au singulier par *great deal*, et dans ce cas la préposition *de* se traduit par *of*.

(2) Traduisez par le participe présent, parce que l'action durait au moment dont on parle.

(3) Quand *tout à l'heure* se rapporte au temps passé, on le rend par *just now*; quand il se rapporte au futur, on dit *presently*.

(4) *Ne faire que de* se rend par *to have but just.*

Comment cela? En me faisant attendre
   so ?   *to wait*

trois quarts d'heure. Mais qu'auriez-vous
   quarters of an hour.

fait dans ma position? Ne me faites pas
       situation ?   *   * *to*

de reproches, je vous en prie. Je ferais
   reproach,   * to beg.*

tout pour vous plaire. Je ne l'ai pas fait
 all (1)   *

exprès. Pourquoi ne faites-vous pas *atten-*
 on purpose.   *to pay (2)*

tion?

Je vais faire faire une bibliothèque en
 to be going   *(3)*   *library*

bois d'acajou. Pourquoi ne la faites-vous
 mahogany.

pas faire en noyer? Parce que l'ébéniste
       walnut-tree?   *cabinet-maker*

m'a dit que cela ne ferait pas beaucoup
 to tell   *to make*

de *différence.* J'ai fait tout ce que j'ai pu
 *   to be able*

faire. Vous n'auriez pas dû faire cela. Cela
       ought not to have

me fait peur. Prenez garde, cela vous
   to frighten.   *care,*

fera du mal. On va faire | un chemin de
 to hurt.   *an iron rail way*

---

(1) On peut aussi traduire par *every thing* ou par *any-thing.*

(2) On ne dit pas *make* (faire) *attention.*

(3) *Faire,* suivi d'un infinitif, se rend par *to cause to be,* ou par *to have,* et l'infinitif se rend par le participe passé. Pour plus de détails, voyez *la Grammaire,* pag. 221.

fer | de Paris à Orléans. On fait de bons
　　　to

canifs et de bons rasoirs en Angleterre.
penknife (1)　　*　　　　razor

On en fait aussi de très-bons à Saint-Es-
　　　also　　*

prit. Oui, mais la trempe n'en est pas si
　　　　　　　　　　temper　　*

bonne.

Je ferai bientôt un voyage en Angleterre,
　to make　　　　　　journey

et j'y en achèterai une paire. Il vaut mieux
　　to buy　　　　　　　　to *be*　better*

faire des *concessions* que de se faire des
to make　*　　　　　　than　　　　to make

ennemis. Je trouve qu'il fait froid, a-t-on
enemy.　　　　　　　　　to *be*　cold,

fait du feu dans le salon? On en fait dans
　　　　　　　　　parlour?　　to be making

ce moment. Voyez avec quel soin les
　　　　　　　　　　　what

oiseaux font leurs nids. C'est une femme
　　　　　　　nest.

très-instruite, elle a | fait l'éducation | d'une
well informed,　　　　　　educated　　　*

princesse.
princess.

Il est plus facile de se faire aimer que
　　　　　　　　to make one's self

de se faire haïr. On se fait rarement aimer
to hate. One　　　　rarely

---

(1) *Penknife* et les autres noms en *fe* changent *fe* en *ves*
pour le pluriel.

en se faisant craindre. Vous me faites tort.
        to fear (1).   wrong.

Cela me fait de la peine. Je ne vous ai
      to   * hurt.

donné que | peu de chose | à faire | pour
    but   little   in order

que ce fût | bien fait, et vous n'en avez
that it might be

pas fait la moitié. Je ferai mieux pour la
       half.   good

première fois. Nous allons faire une pro-
  next   to *take* (2)

menade. Vous faites bien de profiter du
walk.   well   to profit *by the*

beau temps. Il a fait un temps superbe
               to be *   beautiful (3)

ces jours-ci. Il fera beau aujourd'hui. On
  these few days.

vient de faire une nouvelle loi. Pourquoi
to have just

faites-vous des difficultés? Je vais faire
         *   to be going

un voyage en Angleterre. Ne faites pas des
      to   *

excuses. Cela me fait de la peine. Voulez-
       to give * *

vous en faire un essai ? Maman m'a fait
          trial ?

un très-beau cadeau. Faisons le marché.
      present.   bargain.

---

(1) Mettez le passé du verbe après *faire*.

(2) Les Anglais disent *prendre une promenade*.

(3) *Superbe* se rend par *superb*, mais on ne s'en sert pas
en parlant du temps.

THÈME XXXIII.

DES VERBES RÉGULIERS.

(Voyez pour un modèle de conjugaison *la Grammaire*, pag. 107 et suiv.)

———

Je dîne (1) à six heures.   Mon frère dîne
to dine   * o'clock.

en ville. | Elles déjeûnent dans leur
out.   to breakfast

chambre. Nous recevons le journal tous
               to receive   *news-paper.*

les matins. Vous adoptez la mode anglaise.
               to adopt   fashion

Je dînai (2) hier avec un Anglais, il nous
                               Englishman,

raconta plusieurs *anecdotes* bien amu-
to relate   very

santes. A la campagne nous déjeûnions
In   to breakfast

sur le gazon. Nous avons reçu des nouvelles
grass.   -   *   news

———

(1) Le présent de l'indicatif se forme de l'infinitif en supprimant la préposition *to*; à la seconde personne du singulier, on ajoute *est*, ou seulement *st* si l'infinitif est terminé par un *e*; à la troisième personne du singulier, on ajoute une *s*; ou si l'infinitif est terminé par un son sifflant ou par un *o* précédé d'une consonne, on ajoute *es*.

(2) Le passé de tous les verbes réguliers se forme de l'infinitif en ajoutant *ed*, ou seulement un *d*, si l'infinitif est terminé par un *e*; à la seconde personne du singulier, on ajoute de plus *st*.

très-importantes. En hiver, l'*atmosphère*
winter,

de Londres est toujours chargée des va-
to charge with *smo-*

peurs du | charbon de terre, | et la ville est
ke | pit coal |

souvent enveloppée de brouillards si noirs
to envelop in fog so (1)

et si épais, qu'on ne peut marcher dans
thick, - to walk

les rues sans courir le *danger* d'être ren-
to run to

versé par les voitures; les marchands et
knock down dealers

les boutiquiers sont obligés d'éclairer leurs
shop-keepers to light up

boutiques.
shop.

Toutes les sociétés policées ont coutume
civilized

de récompenser la vertu et de punir le
to reward * to punish *

vice. Le criminel devrait certainement
ought

être puni; mais l'homme vertueux | n'a

pas besoin | d'autre *récompense* que la
has no need than

satisfaction d'avoir rempli ses devoirs.
to fulfil duty.

Le nouveau roman paraîtra | sous peu. |
to appear shortly.

(1) *Si*, dans le sens de tellement, se dit *so*.

On ne s'instruit pas beaucoup en lisant
*   *   to learn   to read (1)

les romans. Il vaut mieux étudier l'histoire
romance.   *is* better   to study

de son pays, et les *actions* des grands
one's

hommes qu'il a produits. On dit que notre
it   to produce.

ambassadeur à la cour de France sera
ambassador   court

bientôt rappelé.
to recall.

Par qui sera-t-il remplacé (2)? On ne
to replace ?   (3)

le remplacera pas. La jeunesse ressemble
youth   to resemble

à la cire molle, qui reçoit facilement
*   easily

toutes les *impressions;* on devrait donc
all   *

éloigner tout ce qui pourrait en produire
to remove   *   to produce

de mauvaises. Les querelles ne dureraient
bad ones.   *   to last

pas | long-temps, | si le tort n'était que
long   fault   *

d'un côté. Comment arrive-t-il que les
side.   *to happen*

---

(1) Les participes présents de tous les verbes, réguliers
et irréguliers, se forment de l'infinitif en ajoutant *ing.*
Voyez Remarques sur l'orthographe des verbes, *Grammaire,*
pag. 121.

(2) En langage diplomatique, *être remplacé* se rend aussi
par *to be superseded.*

(3) Tournez par le passif, *he will not be, etc.*

nations voisines | les unes des autres | puis-
neighbour | to each other |

sent se (1) haïr et se mépriser? C'est que
to hate — to despise? — because

dans les temps de guerre, elles se font
war, — to do

réciproquement tout le mal *possible;* et
reciprocally — harm

pour exciter et entretenir un sentiment
to excite — to maintain — feeling

de haine et de *vengeance,* les gouverne-
hatred

ments connivent aux mensonges les plus
to connive — falsehoods

grossiers qui se répandent | sur le compte
gross — * to circulate | concerning

de | leurs adversaires.

Soyez persuadé qu'on ne peut se former
to persuade — * to form

une juste idée d'un peuple sans avoir
idea — people

vécu long-temps chez lui. Les maîtres
to live a — among *them* (2).

devraient adapter leurs raisonnements à
to adapt — explanations

l'entendement de leurs élèves. Ses pré-
understanding (3) — pre-

---

(1) *Se*, comme régime des verbes réciproques, se rend par *each other* ou *one another;* on les place après le verbe. Quand il y a deux verbes réciproques de suite, on ne met leur régime commun qu'après le dernier.

(2) Le mot *people* est généralement considéré comme nom collectif au pluriel; ainsi, nous donnons un pronom de ce nombre.

(3) On peut le rendre par *capacity,* portée.

ceptes sont adaptés à la jeunesse. Il a été
cepts   youth.

admis membre de l'Académie. L'*éducation*
to admit   academy.

adoucit les mœurs ; aussi les hommes les
to soften   (1)

plus instruits sont généralement les plus
    learned   generally

modestes. Qui est-ce qui vous a aidé à
                                      to assist

faire votre thème ? Personne, je l'ai traduit
                                        to translate

sans demander un mot.
     to ask

Cet enfant est si aimable, qu'il est
                          amiable,

aimé de | tout le monde. | Ma mère fut
  by | every body. |

attaquée hier d'une fièvre qui nous fit
to attack   *by*   fever

craindre pour ses jours (2) ; nous ap-
to fear   *life ;*

pelâmes un médecin, et elle est beaucoup
to call *in*   doctor,

soulagée aujourd'hui. Mon dessin serait
to relieve   drawing

fini, si l'on ne m'eût pas interrompu.
                                to interrupt.

Croyez-vous qu'il soit fini pour la fête de
            (3)   birth day

---

(1) *Aussi*, dans le sens de *c'est pourquoi*, se dit *therefore*.

(2) *Jours* au propre se dit *days* ; mais dans ce sens, les Anglais se servent du mot *life*, vie.

(3) Traduisez par le futur.

papa ? Oh ! oui, car je ne m'occuperai que
                 * (1)   to occupy   only

de cela. Quand je l'aurai fini, je recom-
with   When   (2)   to recom-

mencerai mon anglais, que j'ai négligé
mence   that

trop long-temps. Vous en serez content,
        long.   glad,

n'est-ce pas ? Bien sûr.
will you not ?   Certainly.

THÈME XXXIV.

DU CONDITIONNEL DONT LES SIGNES SONT *Should* et *Would*. (Voyez *la Grammaire*, pag. 82 et 215.)

Je me baignerais (3) tous les matins,
    *   to bathe

---

(1) La négation se supprime à cause de l'idée privative énoncée par *only*, seulement.

(2) Traduisez par le présent à cause de l'adverbe *when*.

(3) Le temps conditionnel s'énonce en anglais par l'emploi des deux signes ou verbes défectifs *would* et *should* ; ils ne sont, en effet, que les passés de *will* et de *shall*, leur signification est *vouloir* et *devoir*. Lorsque, par le conditionnel français, on entend que la personne ferait, de sa propre volonté, telle ou telle chose, sous certaines conditions, on se sert du signe *would*; mais si, par le conditionnel français, on entend que la personne devrait faire une chose à une condition exprimée ou sous-entendue, on se sert du signe *should*.

Lorsque le conditionnel français énonce l'état, la *position* où se trouverait une personne ou une chose, l'effet que produirait quelque chose, ou un événement qui serait nécessairement le résultat des conditions exprimées ou sous-entendues, on doit (dans ces cas) se servir de *should* à la première personne, et de *would* aux autres.

si je demeurais près de l'eau. Vous de-
  to live
vriez vous baigner au moins | une fois
should   at   least | once
par semaine en été. Un véritable ami est
  a   true
celui qui, dans un moment d'embarras,
he   trouble,
vous ouvrirait sa bourse. Cet enfant a un
  to open   purse.
mauvais caractère; | pour peu qu'on le
      temper; | if one scold him ever so
gronde, | il se met à bouder. Si j'avais le
  little, | to begin   to pout.
temps, je broderais une pélerine pour ma
          to embroider   tippet
mère. Danserez-vous ce soir au bal? Je
      To dance   evening
danserais si je n'avais pas mal au pied.
                               a pain in my (1) foot.
J'ai trop dansé hier, et aujourd'hui je suis
  too much (2)
encore fatigué.
  still
    Je ne me fierais pas à cet homme.
            to confide   in
Pourquoi pas? Parce qu'il m'a déjà trompé,
  Why?   to deceive,
et | je ne veux pas qu'il | me trompe une
   | he shall not

(1) En parlant des parties du corps, on se sert généralement du pronom possessif au lieu de l'article. (Voyez la
Grammaire, pag. 168.)
(2) Mettez l'adverbe après le verbe.

seconde fois. J'aurais désiré que vous eus-
time.   to desire

siez bien étudié les règles avant de traduire
to study   rules   *

ce thème. Plus de *déférence* et de *respect*
exercise.   *   *

pour vos *parents* et vos maîtres vous ren—
for   (1)   to ren-

drait plus aimables, et | en même temps |
der   at the same time

vous procurerait l'estime de tout le monde.
procure   every body (2).

Vous m'aviez assuré que je pouvais comp-
to assure   to

ter sur votre parole, vous y avez manqué,
rely   word,   to fail

et cela m'a causé beaucoup d'embarras.
to cause   * trouble.

Demeurant à dix lieues d'ici, je | n'ai
To live   league

pas pu | arriver plus tôt. | J'aime à
could not | soon. | To flatter

croire que vous vous appliquerez avec
one's self   to apply

plus d'*attention* à vos études; vous n'êtes
study;   to be no

plus enfant, et vous devez réfléchir sur
longer a   ought   to reflect

l'*importance* de chaque *moment*. Il n'est
every

pas difficile de réussir dans l'étude des
to succeed   of the

---

(1) En anglais, le mot *parents* ne s'emploie que pour père
et mère; les autres s'appellent *relations*.

(2) Voyez *la Grammaire*, pag. 196.

7

lettres; il suffit pour cela de s'y appliquer
classics; (1) (2)

avec *discrétion*, de faire choix d'un bon
to make

maître, et de s'exercer soi-même. Celui
one's self. He

qui désire la guerre civile, ne mérite pas
to desire

d'être regardé comme citoyen.
to consider a citizen.

Il n'est rien (4) que les hommes désirent
(3)

plus de conserver, et qu'ils | ménagent
more to preserve, take less

moins | que leur propre vie. Tant (5) que
care of. own While

les hommes pourront mourir et qu'ils dé-
are subject to die

sireront vivre, le médecin sera raillé et
to live, doctor to joke

bien payé. C'est votre faute, si un faux
fault,

ami vous trompe après qu'il vous a une
to deceive

fois trompé. Que mérite un homme qui

nuirait à la *réputation* d'un autre pour
to injure

____

(1) Il suffit, *it is sufficient*.
(2) S'appliquer, *to apply one's self*.
(3) Il est, quand c'est dans le sens de *il y a*, se rend par *there is*.
(4) Rien, *nothing* ou *not anything*.
(5) Tant, dans le sens de *tandis que*, se dit *while* ou *as long as*.

satisfaire à un esprit de raillerie ? On peut
to gratify *

aimer l'*amusement* sans haïr l'étude et le
to like to hate

travail.
work.

Si vous ne pouviez pas l'accomplir,
to accomplish,

vous auriez dû demander conseil à quel-
should have to ask *advice* of

qu'un. Je craignais que l'on ne se moquât
* * to laugh

de moi. Quoique vous soyez plus avancé
at Though (1) to advance

que moi, vous ne devriez pas vous en
I *

vanter, puisque vous êtes plus âgé que
to boast, as old

moi; et vous ayez commencé avant
to commence

moi. S'il n'*arrive* (2) pas aujourd'hui, je

ne l'attendrai pas cette semaine. Pourvu
to expect Provided

que vous récitiez bien les vers que vous
to recite verses

m'aviez promis d'apprendre.
to promise to learn.

On dit que vous êtes invité au bal | de
to invite

la cour. | On m'a invité, mais je suis si
at court.

---

(1) Traduisez par l'indicatif, parce qu'il n'y a pas doute.

(2) *Arriver,* en parlant des événements, se dit *to happen.*

malade, qu'il me serait impossible d'y
ill,   to be   there
aller. Vous ne pourrez donc pas recevoir
                    *   (1)   to receive company
demain. Vous pourriez facilement atteindre,
                                            to obtain,
et vous atteindriez la première place au
                                                                    at
collége, si vous vouliez travailler avec
                                          to work
plus de bonne volonté. Vous serez bientôt
        *   will.   soon
convaincu que si je ne l'obtiens pas, ce ne
to convince   *
sera pas de ma faute.
to be   *   fault.

THÈME XXXV.

SUR LES INTERROGATIONS.

(Voyez *la Grammaire*, pag. 111, 171 et 206.)

Suis-je plus avancé que lui? Es-tu sûr
                    advanced   sure
de cela? Est-il souvent paresseux? Est-
                        often   idle?
elle contente de (2) votre ouvrage? Som-
          satisfied   with

---

(1) Pour *pouvoir* et *devoir*, voyez *la Grammaire*, pag. 75
et 238, et *Thème* sur ces verbes défectifs.
(2) La préposition *de*, qui suit les adjectifs verbaux, se
rend généralement par *with* devant les noms et pronoms.
Ex. Couvert de poussière, *covered* with *dust*.
Pour les exceptions, voyez *la Grammaire*, pag. 259, etc.

mes-nous encore loin de la ville ? Êtes-
     still   from

vous disposés à vous promener ? Sont-ils
   disposed   to walk ?

déjà | de retour | de la campagne ? Votre
      returned   (1)

sœur aînée est-elle mariée ? Votre père
   eldest   *

est-il content de son voyage ? M. B*** est-
  *   with

il nommé secrétaire ? Étais-je en *danger* ?
 * appointed   secretary ?

Fut-il récompensé de sa peine ? Étiez-
    to reward   for   trouble ?

vous | long-temps | à la porte avant l'ou-
     long

verture des bureaux ?
 opening   offices ?

   Étaient-ils déjà arrivés ? Serai-je grondé ?
     already   (2) to scold ?

Sera-t-elle louée ? Serons-nous mieux ici
    to praise ?

que là-bas ? Serez-vous disponible demain ?
  yonder ?   at liberty

Vos deux frères seront-ils de la garde na-
         to be *

---

(1) Quand la phrase interrogative commence par un nom, il faut faire l'inversion, et commencer par l'auxiliaire ; après cela on met immédiatement le nom. Le pronom se supprime.

Ex. Votre père est-il chez lui ? *is your father at home ?* Votre frère parle-t-il anglais ? *does your brother speak english ?* etc.

Le pronom personnel ne se rend pas.

(2) Pour interroger (au futur) à la première personne, employez l'auxiliaire *shall*.

tionale de notre arrondissement? Serais-
        ward *ou* district?

je plus avancé que vous, si je n'avais pas
    advanced

mieux travaillé? Seriez-vous content de
    to work?   satisfied

passer l'hiver en Russie? Serions - nous
    winter   Russia (1)?

mieux en Italie? Serait-il *possible* de vous
    Italy?

contenter? Puis-je être tranquille dans
    to satisfy?   quiet

mon cabinet? Cela se peut-il? Combien
    closet?   (2)

ai-je encore à faire? A-t-il payé le mémoire
    to do?   *bill* (3)?

A-t-elle été contente du spectacle?
    with the play?

Avons-nous le temps de déjeûner avant
    to breakfast.

de partir? Avez-vous vu les tableaux? Vos
    to set off?   to see   picture?

sœurs ont-elles recommencé leur italien?
         to recommence

Aviez-vous un billard à la campagne?
    billiard table

Avaient-ils un spectacle français à Londres
    play

l'année dernière? Aurais-je beaucoup de
    year

---

(1) Pour les noms de nations et de peuples, voyez *la Grammaire*, page 316, et *Manuel de phrases*.

(2) Commencez par le verbe *pouvoir*, supprimez le pronom *il*, en le remplaçant par *be*, être.

(3) La mémoire se dit *the memory*.

peine à le faire? Aurez-vous demain la
trouble   to morrow

nouvelle *publication?* Aura-t-il du succès?
new   *   success?

Aurons-nous deux jours de congé à Pâques?
            * holiday   Easter?

Auront-elles plus d'*encouragement* que
            *

nous? Aurais-je besoin de la monnaie
             need   money

anglaise?

    Aurait-elle appris l'anglais si vous ne
          to learn   if

lui eussiez pas donné des leçons? Aurions-
          to give

nous gagné la bataille sans la défection
     to gain   but for   disaffection

d'une partie de l'armée ennemie? Auriez-
                   (1)

vous acheté une montre sans consulter
    to buy   to consult

votre père? Auraient-ils réussi sans les
               to succeed

secours qu'ils ont reçus? Les Américains
assistance

auraient-ils (2) conservé leur *indépendance*
    *   to preserve

sans l'aide de la France? Aimez-vous le
    aid   To like

---

(1) Traduisez par le génitif anglais, qui exige la transposi-
tion des deux noms.

(2) Commencez par le verbe, et supprimez le pronom
personnel.

printemps ? Mieux que l'automne. Écrit-

To write(1)

il aussi bien que son frère ? Touche-t-elle

To *play*

bien du piano ?

the

Votre père est-il chez lui ? Votre montre

at home ?

va-t-elle bien à présent ? Dînez-vous au-

to go   now ?

jourd'hui à la maison ? Savez-vous l'heure

at home ?   what o'clock

qu'il est ? Attendez-vous une réponse ?

To wait   answer ?

Fait-il mieux ses traductions ? Que fîtes-

To do

vous hier ? Jouïez-vous aux échecs quand

(2)   chess

on vous appela ? A-t-elle bien dansé hier ?

they   to call ?   to dance

Parlé-je bien ? Achetèrent-elles des

To speak   To buy

étrennes ? Vendions-nous beaucoup le

new year's gifts ? To sell

jour de l'an ? Que disait-on aujourd'hui

new year's day ? To say

---

(1) Quand il n'y a pas d'auxiliaire ou de verbe qui se rend par un des auxiliaires anglais, il faut commencer la phrase interrogative par *do* pour le présent, et par *did* pour le passé; n'oubliez pas que *do* se change en *does* à la troisième personne du singulier, et qu'avec un auxiliaire le verbe principal se met à l'infinitif sans *to*.

(2) Si l'action continuait au moment dont on parle, traduisez par *to be*, et le participe présent du verbe principal; commencez par l'auxiliaire.

à la Bourse? Que dit votre papa? Vous
    change (1)?

verrai-je demain? Attendrez-vous sa
to see   To wait

reponse avant de lui écrire encore?
                       again (2)?

Vos sœurs viendront-elles ce soir? Pour-
        to come   *   Why

quoi craindrais-je de lui parler? Crain-
      to fear

driez-vous un éclaircissement si vous
              explanation

n'aviez pas tort? | Prendraient-ils une
  were not wrong? | To take

telle *résolution* sans avoir (3) bien réfléchi?
                            to reflect?

Prêterions-nous serment si nous n'avions
  To take (4)   oath   to have

pas l'*intention* de l'observer religieusement?
                       religiously?

Vendrait-il son fonds, si le commerce
  To sell   stock in trade,   trade

allait bien? L'achèteriez-vous dans ce mo-
  to be good?   To buy   at

ment (5)?

---

(1) Une bourse pour mettre de l'argent se dit *a purse*.

(2) *Encore* se rend par *again*, seulement dans le sens de répétition. Pour interroger avec négation, voyez *la Grammaire*, article Négations.

(3) L'infinitif se rend par le participe présent après les prépositions, excepté *to*.

(4) En anglais on dit *prendre* serment, et non *prêter*.

(5) Pour plus de développement sur le conditionnel et le potentiel, voyez les articles sur Devoir et Pouvoir, *Grammaire*, page 238, et les interrogations; et les *Thèmes* sur Devoir et Pouvoir.

THÈME XXXVI.

SUR LES NÉGATIONS. (Voyez *la Grammaire*, pag. 113.)

POUR le présent et le passé *de l'indicatif* des verbes *to be*, être, et *to have*, avoir, la négation *not* se met après le verbe ; mais dans les autres temps on la met entre le signe verbal (*shall*, *will*, *may*, *etc.*) et le verbe.

Avec les autres verbes, on emploie *do not* au présent, et *did not* au passé, en les mettant immédiatement après le nom ou pronom qui sert de sujet. Pour les autres temps de tous les verbes, la négation se met après le signe. Pour plus de développement, et pour les phrases interrogatives avec négation, voyez *la Grammaire*, pag. 172 et 245.

Je ne suis pas fâché de cela. Il n'est pas
    * (1)   not sorry *for*   *

fâché contre nous. Nous ne sommes pas
angry *with*   *

plus contents que vous. Vous n'êtes pas
   satisfied   *

encore déterminé sur le parti que vous
yet   measure

prendrez. Ils ne sont jamais contents. Je
to take.   *   contented.

ne fus pas de la partie hier. Elle n'était
*   party

pas dans sa chambre. Nous ne fûmes pas
   room.   *

---

(1) Le *ne* et le *pas* sont tous les deux compris dans le mot *not*.

trompés dans notre attente. Vous n'étiez
to deceive   expectation.   *

pas très-sages. Elles ne furent pas beaucoup
       prudent.   *   much

applaudies. Je ne serais pas surpris si cela
to applaud.   to surprise

vous arrivait aussi. Il ne sera pas ici avant
    to *happen*   *

samedi.
Saturday.

Nous ne serons pas prêts à partir avant
    *   ready   to *set off*

la fin du mois. Vous n'en serez (1) pas
   end   month.   *   *

quittes pour cela. Ses frères ne seront
  to come off so.   *

plus au | bureau de la guerre. | Je ne serais
no longer | war office. | *

pas disposé à le faire. Il ne serait pas en
     to do.   *

prison s'il n'avait rien fait. Nous ne serions
        if   *   to do.   *

pas des Français, si nous n'étions pas polis
   *   Frenchmen,   *   polite

et braves. Vous ne seriez pas conséquents,
                   *   consistent,

si vous refusiez à l'un ce que vous ac-
     to refuse   to

cordez à l'autre. Ils ne seraient pas décorés
grant   *   honoured (2)

---

(1) Le verbe *être* ne se rend pàs; le signe du futur avec la
négation se met devant le verbe *come*.

(2) *Décoré*, dans les autres sens, se dit *decorated*.

sans l'avoir mérité. Je ne l'ai pas vu.
to deserve.   *   to see.

Il ne l'a pas reçu.
to receive.

Nous n'avons pas encore déjeûné. Vous
*   yet   to breakfast.

n'avez pas été à la messe. Elles n'ont pas
*   mass.   *

commandé la voiture. Je n'avais pas dé-
to order   *   to

cacheté la lettre. Nous n'eûmes pas un
open (1)   *

très-bon dîner. Je n'aurai pas fini. Il
*   to finish.

n'aura pas le prix. Vous n'aurez point de
*   prize (2).   *   no   *

livre. Ils n'auront point de louanges. Je
*   praise.

n'aurais pas le temps. Il n'aurait pas le
*   time.   *

courage. Nous n'aurions pas de profit.
*   any

Vous n'auriez pas beaucoup de (3) peine.
*   trouble.

Je ne vois pas l'utilité de cela. Elle ne
*   utility   *

mange pas. Vous n'écoutez pas. Ils ne font
to eat   *   to listen   *

pas valoir (4) leurs talents. Nous ne savons
*

---

(1) *To open* signifie au propre *ouvrir*; on peut aussi dire *to break the seal*, briser le cachet, dans le sens de *décacheter.*

(2) *Prix*, dans le sens de *valeur*, se dit *price.*

(3) Quand *beaucoup* se rend par *much* ou par *many*, le *de* se supprime.

(4) *Faire valoir* se dit *to profit by* ou *to make good use of.*

pas encore le nombre de tués et de blessés.
yet number killed * wounded.

Je ne disais rien. Il n'oubliait pas ses
* * to forget

amis. Vous n'alliez pas si souvent à la
* to go a

chasse | l'année dernière. Nous ne tuâmes
shooting * to kill

pas beaucoup de gibier. Ils ne craignaient
game. * to fear

pas le *danger* lorsqu'il s'agissait de sauver
when to be to save

la vie à une femme. Je ne le ferai pas. Il
of to do

ne paiera pas ce prix. Elle ne chantera pas
* price. * to sing

ce soir, parce qu'elle est enrhumée. Nous
to have a cold.

ne retournerons pas à Londres. Vous ne le
* to return *

croirez pas. Ils ne tireront pas le | feu d'ar-
to believe to let off (1) fire

tifice | ce soir à cause du mauvais temps.
works in consequence weather.

Je ne paierais pas sans vérifier la facture.
* to examine bill.

Je connais mon homme, il ne me trom-
to

perait pas. Il ne vous gronderait pas sans
deceive * to scold

cause. Nous ne répondrions pas à une telle
* to reply *

____

(1) *Tirer*, se dit au propre *to draw*; c'est seulement en
parlant de feux d'artifice et d'armes à feu que nous le rendons
par *to let off*.

demande. Vous ne feriez pas mieux si vous
demand.   *   to do

étiez à ma *place*. Ces militaires seraient
      in   soldier

fusillés s'ils étaient dans l'armée anglaise.
shot   army

Ne faites pas cela. N'écrivez pas si fin. Ne
*   *   small.

me dites pas cela. Ne sortons pas aujour-
   to tell   *   to go out (1)

d'hui, il fait un vilain temps.
      to be   *very bad*

Qu'il ne reçoive pas une *récompense*
Let (2)   *

qu'il n'a pas méritée. N'empruntons pas
     *   *   to borrow

d'argent sans avoir bien calculé les moyens
money   to calculate   •means

de le rendre. Ne commencez rien sans
   to repay.   *

avoir un but quelconque. Ne vous en plai-
      aim   of some sort.   *   * (3)   to com-

gnez pas, vous en avez donné l'exemple.
plain

Ne soyez pas surpris, il n'y a rien d'ex-
*   there is   * ex-

traordinaire. N'ayez pas tant d'*amour-pro-*
traordinary.   *   so much

____

(1) A la première et aux troisièmes personnes de l'impératif, on met *let*, puis le pronom personnel à l'accusatif, et
ensuite le verbe. Voyez *Observations sur l'impératif*, p. 67
de *la Grammaire*; voyez aussi *Syntaxe*.

(2) On remplace le *que* de l'impératif par le mot *let*; voyez
la Grammaire, pages 67 et 217.

(3) *Se plaindre* n'est pas réfléchi en anglais. Plaindre quelqu'un se dit *to pity*.

pre, et vous aurez plus d'amis. Ne sois ja-
(1)   friend. *
mais trop sûr.
          sure.

THÈME XXXVII.

SUR LES VERBES IRRÉGULIERS (2) LE PLUS EN USAGE.

(Voyez *la Grammaire*, pag. 115 et suiv.)

J'ai supporté son *insolence* | trop long-
        to bear   too   long
temps, | et je ne veux plus la supporter.
                    *   no longer
Je m'éveille toujours | de bonne heure. |
    * to awake (3) | early. |
Je me suis éveillé au milieu de la nuit.
        *   in the
Pourquoi battez-vous ce chien? Je ne l'ai
            to beat   *
pas battu. Je commence à comprendre.
                    to begin   to understand.
Avez-vous commencé à bâtir? Voulez-
                            to build ?
vous me relier ces *volumes?* Comment
              to bind

---

(1) Ou *self-love*.

(2) On nomme verbes irréguliers ceux dont les passés ne
sont pas terminés par *ed*. Ces verbes ne sont irréguliers qu'à
l'imparfait et au participe passé; ils suivent d'ailleurs les
mêmes règles que les autres verbes et se conjuguent de même.

(3) *S'éveiller* n'est pas réfléchi en anglais.

voulez-vous | qu'ils soient | reliés ? Ce chien
            have them

ne vous mordra pas. Mais il m'a déjà mordu.
    to bite   already

Ne cassez pas ce flacon. Maman, il est déjà
  to break   *smelling bottle.* Mamma,

cassé.

J'achèterai aujourd'hui la pendule dont
  To buy   *time piece*

je vous ai parlé. Je croyais que vous l'a-
   to speak.   to think

viez déjà achetée. M'avez-vous apporté
  already   to bring

mes bottes ? Je les apporterai tout à l'heure.
                   presently.

Vous ne pouvez pas m'attraper. Nous avons
    can   to catch.

attrapé le loup. Si j'avais eu à choisir,
                 to choose,

j'aurais choisi celui-là. Venez demain me
        that.

voir. Je suis venu exprès. Donnez les
        on purpose. To *deal* (1)

cartes, s'il vous plaît. J'ai donné la der-
  cards,   last

nière fois. Savez-vous conduire ? Oui,
       (2)   to drive (3)?

---

(1) Dans les autres sens, *donner* se dit *to give.*

(2) Lorsque *savoir* se rapporte à un verbe, on le rend par le verbe défectif *can*, pouvoir, ou par *know how*, savoir comment.

(3) *Conduire* se dit au propre *to conduct;* c'est seulement dans le sens de *conduire une voiture ou des chevaux*, que l'on doit traduire par *to drive.*

monsieur; j'ai conduit pendant trois ans
during
pour madame de ***.

Avez-vous | chassé | les souris? Boit-
to drive away | mouse? To drink
on du café à Londres? Nous bûmes en
Angleterre beaucoup de thé. Ils ont déjà
tea.
bu quatre bouteilles de | vin de Champa-
four bottle | Champaign.
gne. | Vous ne mangez pas. Je vous de-
to eat
mande *pardon*; j'ai très-bien mangé. La
neige tombe à gros flocons. Cet enfant est
to fall in flake.
tombé dans l'eau. Il tomba | à la renverse. |
water. | backwards. |
Les soldats français se battent bien. Il s'est
(1) to fight
battu avec M.***. Comment trouvez-vous
to find
le climat de France? Je l'ai trouvé plus doux
climate
que celui de l'Écosse.
that

Voyez ce pauvre oiseau; il a si froid,
poor *to be*
qu'il ne peut voler (2). Hier il volait
to fly.

---

(1) *Se battre* n'est pas réfléchi en anglais.

(2) *Voler*, dans le sens de *dérober*, se dit *to steal*.

d'arbre en arbre, mais aujourd'hui il n'a
tree   to

pas volé du tout. Oubliez les injures. J'ou-
at all.   To forget   *   injury.

bliais de vous dire que. Avez-vous oublié
to tell

vos promesses? Je ne vous donnerai plus
promise?   *   to give

de conseils. Il me donna cent écus et son
advice.   crown

cheval pour ma jument. Allez-vous ce soir
mare.   To go

à l'*Opéra?* Quand j'étais à Londres, j'allais
When

tous les soirs au spectacle. Mon père est
(1) evening   play.

allé en Italie. | Le bois d'acajou | croît
to   mahogany   to grow

dans les Indes. L'année dernière, elle
Indies.   last,

croissait | à vue d'œil, | mais cette année
visibly,   .

elle n'a pas grandi du tout.
to grow   at

En Angleterre on pend les condamnés.
to hang condemned criminals.

Votre parapluie est accroché derrière la
umbrella   to hang   behind

porte. Cachez-vous dans le cabinet. Il
To hide   closet.

cacha son argent dans le jardin, mais il
money   garden,

---

(1) N'oubliez pas que *tous les*, dans le sens de *chaque*, se
dit *every*, et le nom qui suit se met au singulier.

paraît qu'il ne l'avait pas bien caché. Gar-
to appear

çon, tenez mon cheval. Il me tenait par
to hold

le bras pour m'empêcher de m'en aller.
arm   to hinder   to go away.

Je le connais bien. Je le savais (1) hier. Il est
to know

bien connu en France. Où me menez-vous ?
to lead

Il a mené ce jeune homme à sa perte. Je
ruin.

laisse mon fils sous votre *protection*. Vous
to leave

a-t-il laissé son adresse ?
address ?

Voulez-vous me prêter votre diction-
to lend

naire pour chercher un mot ? Je l'ai prêté
to seek

à votre frère. Je perds toujours ma plume.
To lose   (2)   pen.

Il a perdu cinq mille *francs* dans une

maison de jeu. | Vous faites trop de bruit.
gaming house.   To make   noise.

Le bottier a fait mes bottes trop justes.
boot-maker   tight.

Que | veut dire | cela ? Il voulait me trom-
to mean   *to mean*

---

(1) *Savoir* et *connaître* se rendent par *to know;* mais si
l'on peut changer *savoir* pour *pouvoir*, il se rend par *can.*

(2) Les adverbes *often*, souvent, *always*, toujours, et
never, jamais, se mettent ordinairement devant le verbe.

per. J'ai rencontré aujourd'hui notre an-
    to meet
cien colonel. Voulez-vous aller faire une
    colonel (1).   *to take*
promenade au bois de Boulogne? Il | fit,
    ride (2)
à cheval, le tour | du Champ de Mars.
  rode   round | *the*
Sonnez, s'il vous plaît. En Angleterre on
  To ring,
sonnait le | couvre-feu | à huit heures du
        curfew   *o'clock*
soir.

L'heure (3) de dîner a sonné. Le soleil
  hour   sun
se leva à cinq heures. Ils ne sont pas en-
 * to rise   *
core levés. Il courut | à toutes jambes. |
yet   To run | with all speed.

---

(1) Ce mot se prononce *cœurnelle*.

(2) *Promenade* se dit *ride* quand on n'est pas à pied, car alors on dit *walk*.

(3) Quand deux noms sont séparés par une préposition, et que le dernier sert à définir l'autre, on fait l'inversion en commençant par le dernier, qui s'emploie alors comme adjectif; il faut aussi supprimer la préposition.

Ex. L'abbaye de Westminster, *Westminster-abbey*. La salle à manger, *the dining room*. La chambre à coucher, *the bed-room*, etc.

Cette règle, assez générale pour les choses ordinaires et familières, a cependant quelques exceptions, car on dit : *The house of Commons*, la Chambre des députés. *The house of Lords*, la Chambre des pairs. *The forest of Compiegne*, la forêt de Compiègne. N'oubliez pas que nous ne parlons ici que de choses : pour les personnes, on se sert du génitif anglais; voyez cet article, *Grammaire* et *Thèmes*.

Nous avons couru de grands *dangers*. On
disait hier que le parlement serait dissous.
to say   parliament   to dissolve.
Je le vis tomber de son cheval. L'avez-vous
to see
vu depuis? Il a vendu son | fonds. | Je
                To sell | stock in trade. | To
viens d'envoyer chez vous. Ne secouez pas
have just to send   to shake
ce prunier. Je ne l'ai pas secoué. Elle
plum tree (1).
brillera partout où elle ira. Leurs baïon-
to shine   (2).   bayo-
nettes brillèrent au soleil. Le maréchal a
net   in the   farrier
mal ferré mon cheval.
to shoe (3)

On a fusillé ce pauvre militaire. Fermez
        to shoot   soldier.   To shut
la croisée. Elle est fermée. Ils chantèrent
window.   to sing
toute la nuit. Vous n'avez pas encore
                                                                yet
chanté. Le vaisseau coula bas. Le nombre
                        vessel   to sink
de tués n'est pas connu. Samson tua mille
        to slay (4)

---

(1) Les noms des arbres fruitiers se forment en ajoutant
au nom du fruit le mot *tree*, arbre. Voyez *Manuel de phrases*.

(2) Traduisez par le présent de l'indicatif.

(3) *To shoe*, chausser; on ne dit pas en anglais *ferrer un
cheval*.

(4) *Tuer* se dit aussi *to kill*. *To slay* est un peu plus fort,
donnant une idée de carnage, comme *égorger*.

hommes avec la mâchoire d'un âne. J'ai
jaw bone

un | mal de dent | qui m'empêche de dor-
tooth ache to

mir. J'ai bien dormi cette nuit. Sait-il
sleep. last (1)

parler anglais? On parlait aujourd'hui
to speak

d'une émeute qui a eu lieu à Londres.
tumult to take place

Avez-vous encore parlé de mon affaire?
yet affair?

Les Anglais dépensent beaucoup d'argent
to spend

à Paris. Il y en a beaucoup qui y mangent
to spend

leur *fortune*. Combien avez-vous dépensé
How much

dans cet *hôtel?* Cette nouvelle se répand,
news to spread,

elle est déjà répandue | partout dans | la
all over

ville. Pendant qu'il me regardait en *face*,
While to look

il vola ma montre. On vient de voler un
to steal (2)

cheval à mon frère. Comme cela pue! Le
from to stink!

---

(1) Les Anglais disent *la dernière nuit* en parlant de celle
qui vient de se passer.

(2) Le mot *voler* se dit *to steal* en parlant d'une chose;
mais pour dire que *quelqu'un a été volé*, on se sert du verbe
to rob, parce que *steal* signifie *emporter, enlever*.

Ex. Il a volé une montre, *he has* stolen *a watch.* Il a volé
mon père, *he has* robbed *my father.*

gibier qu'on nous a donné puait tellement,
game   so

qu'il était *impossible* de le manger. Les

cousins m'ont piqué toute la figure. Enfin,
gnat (1)   to sting all over   face.

le coup décisif est frappé.
blow   to strike.

Il jura par l'Évangile qu'il ne dirait que la
to swear   Gospel   *   to tell

vérité. J'ai juré fidélité au gouvernement.
                                    government.

Où avez-vous appris à nager? J'ai pris quel-
                          to swim?

ques leçons à | l'école de natation. | Il tomba
                swimming school.

dans la mer, mais il y nagea comme un
sea,   *

poisson. Prenez garde, vous allez vous
fish.   To take   (2)

brûler. Nous prîmes la ville par un | coup
to burn. | sur-

de main. | Voici la *résolution* que j'ai prise.
prise. | Such is

Pour enseigner, il faut autant de *patience*
to teach, one must have as much   *

que de connaissances. J'ai enseigné l'an-
as   *   knowledge.   *

glais dans le midi de la France. Pourquoi
         south   Why

déchirez-vous ce papier? Voyez comme
to tear   how

---

(1) Le *g* ne se prononce pas devant *n* dans la même syllabe.

(2) Il faut traduire par le futur des phrases telles que *vous allez faire*, etc. Le verbe *aller* ne se rend pas.

vous avez déchiré ma robe. Elle se mit
                dress.   to put

en colère, et déchira la lettre en mille
one's self in a passion,   a thousand

morceaux.
    piece.

Je vous dirai franchement tout ce qu'il
       to tell (1)   frankly

m'a dit. Que pensez-vous de cela? Avez-
           to think

vous pensé à (2) moi? Il ne faut pas jeter
      of   to throw

des pierres. La reine, en passant, jeta de
    stone.   queen,

l'argent aux pauvres. Une pauvre femme
   money

s'est jetée dans l'eau. Vous marchez sur (3)
to have   to tread

mes pieds. Après l'avoir déchiré, il le
    feet.

foula aux pieds. En Angleterre, on porte
to tread under foot.   to wear

le grand deuil pendant six mois pour les
  deep mourning

proches parents. Elle portait le deuil de
  near   *relations.*

son frère. Voilà un manteau que j'ai porté
   There is   cloak

---

(1) On se sert de *tell* dans le sens de *raconter, communiquer* et *ordonner;* autrement, le verbe *dire* se rend par *to say* avec la préposition *to* devant un pronom personnel ou un nom de personne.

(2) Après le verbe penser, *to think*, la préposition *à* se rend par *of.*

(3) *Marcher sur,* se dit *to tread on. Marcher* au propre se dit *to walk,* ou *to march,* en parlant des militaires.

déjà trois hivers. Je ne gagne jamais aux
                              to win (1)

cartes. Il avait d'abord gagné mille francs,
cards.   at first

ensuite il a tout perdu. J'écris tous les jours
afterwards   to lose.   To write

trois ou quatre *pages* d'anglais ; l'année pas-

sée je n'en écrivais que deux. Je lui ai écrit
                        only

deux lettres.

THÈME XXXVIII.

SUR LES ADVERBES. (Voyez *la Grammaire*,
               pag. 124, etc.)

Quand viendrez-vous me voir ? Vous
          to come

n'êtes jamais (2) chez vous. Où demeurez-
                  at home.   to live

vous à présent ? Nous déménageons de-
                             to remove

main. Vous le trouverez là, dans le coin.
              to find   corner.

Non, il n'est pas ici, j'ai cherché partout.
                                  to seek

---

(1) *To win* signifie *gagner* au jeu, *en pariant*, etc. ;
autrement on se sert de *to gain.*

(2) L'adverbe se met ordinairement après le verbe, excepté
dans les interrogations. Les adverbes *never*, jamais, et *always*,
toujours, se placent ordinairement devant les mots auxquels
ils se rapportent.

Regardez au-dessus et au-dessous. C'est là-
To look

bas. Encore, s'il vous plaît. Il est toujours

dehors. Vous avez mal (1) fait. Je ferai
out.   badly

mieux une autre fois. Lisez couramment.
                        To read

D'où vient cela? Je l'ai connu autrefois.
    to come   to know

Mais parlez donc franchement. Allez dou-
        to speak

cement, pour ne pas faire de bruit.
                        to make

   Combien en avez-vous? Combien de
      (2)

plumes y a-t-il? Combien y a-t-il d'ici à
  pens

Saint-Cloud? Tenez vos livres propre-
              To keep

ment. J'en ai à peu près autant que
                                   as

vous. Vous en avez plus. Je le vois de temps
                                   from

en temps. Je ne l'ai pas fait exprès. Encore
to   on purpose.

---

(1) Les adverbes de manière se terminent généralement
par *ly*, qui répond à la terminaison *ment*.

   Ex. *Soft*, doux; *softly*, doucement.
   Un grand nombre d'adjectifs et de noms deviennent adverbes en ajoutant *ly*.

   Ex. *King*, roi; *kingly*, royalement.
   (2) *Combien* se dit *how much* au singulier, et *how many*
au pluriel. Pour *distance*, il se rend par *how far*, et pour
temps par *how long*.

une fois, s'il vous plaît (1). Vient-il sou-
once · if * · To come

vent vous voir? Un peu plus à droite.
· little

Prenez la seconde rue à gauche. Il de-
To take

meure dans l'*hôtel* en face de nous. Je
to live · opposite * us.

suis à vous tout à l'heure. Ne pouvez-
at your service *

vous pas jouer tranquillement? Allez bien
to play · To go

vite, car vous n'avez | tout au plus |
* · at most

qu'une demi-heure.
half an hour.

Est-ce tout-à-fait fini? « La garde im-
guard im-

périale meurt plutôt que de se rendre. »
perial · rather * surrender.

Je n'ai pas de ses nouvelles depuis le mois
* news of him

de janvier. J'avais à peine armé mon fusil
January. *to cock* (2)

qu'il partit. Aurons-nous bientôt le plaisir
when to go off.

de voir madame? Je vous remercie pour
your lady? to thank

elle, je l'attends sous peu. Je l'ai vu quel-
to expect shortly.

---

(1) **Plaire**, *to please*, n'étant pas unipersonnel en anglais,
il faut supprimer le pronom *il*, et traduire si vous PLAÎT.

(2) On dit *to cock*, armer, parce que cette partie de la
batterie a quelquefois la forme d'un *coq*.

que part, mais je ne me rappelle pas où.
somewhere   to remember (1)

Tant mieux pour vous. Tant pis pour
the better   the worse

lui. Tôt ou tard vous finirez par vous
to finish

brouiller. Nous ne sortons que rarement.
to quarrel.   but

Il faut aller tout droit jusqu'à la barrière.
You must   as far as   barrier.

Son cheval s'arrêta tout à coup, et il manqua
to stop   to be near

de tomber.

Que fit-il alors? Il | piqua des deux, | et
to spur on

aussitôt le cheval partit au galop. Par ici,
to set off at a

s'il vous plaît. N'allez pas par là, c'est un
To go

mauvais chemin. Vous le ferez demain, il
road.   to do

est trop tard pour le faire aujourd'hui.
to   to do

Vous l'aurez, au plus tard, à midi. Vous
noon.

parlez trop. C'est trop petit. Il y a trop
(2).   small.

peu. J'en suis parfaitement content, c'est
little (3).

---

(1) Se rappeler, *to remember*, n'est pas réfléchi en anglais.

(2) Quand *trop* se rapporte à un adjectif, il se rend par *too*; mais quand il se rapporte à un verbe ou à un nom, il se rend par *too much* ou par *too many* si le nom est au pluriel.

(3) Au pluriel, *peu* se dit *few*.

très-bien fait; si vous ne l'aviez pas fait
to do;

comme cela (1), j'en serais fâché. C'est
sorry.

bien loin, c'est au-delà de la barrière. C'est
(2) beyond

tout près de l'abattoir. Tandis que vous
slaughter-house.

écrivez votre lettre, j'irai là-bas.

Partout où je vais, je n'entends que
Every where to hear

cela. Par où sont-ils entrés? Ils | sont en-
to enter ? enter-

trés | par ici, et sortis par là. Je ne vois
ed

pas cependant comment cela se fait. Pour-
however to be done.

quoi faites-vous cela? Comment a-t-elle

chanté? Délicieusement, je ne l'ai jamais
to sing ?

entendue chanter si bien. Ne parlez pas
to hear to speak

si haut. Ce n'est pas | comme cela | que vous
loud. so

| devriez vous comporter | envers vos
ought to behave to, ou towards

amis. Vous avez suffisamment travaillé
to work

aujourd'hui.

Je le verrai peut-être ce soir, mais cer-
to see evening,

---

(1) *Comme cela* se rend par *so* ou par *in that manner*.
(2) *Bien*, devant un adjectif ou un adverbe, se dit *very*.

tainement il viendra demain. Vous le
to come

trouverez plus souvent au café que chez
to find   coffee-house

lui. Comment se porte votre frère? Comme
to do   Mid-

cela, pas trop bien. | Est-ce que je |
dling,   Do   I

marche trop vite? Non, je vous remercie,
to thank,

je n'aime pas marcher trop lentement.
* to like

L'hiver approche rapidement. Il faut vous
Winter   You must

couvrir plus chaudement cet hiver que le
to dress

dernier, parce que vous avez été bien ma-
last.

lade.
ill.

THÈME XXXIX.

SUR LES PRÉPOSITIONS.
(Voyez *la Grammaire*, pag. 130 à 154.)

Nous allons | tous les | jeudis au (1) Jar-
every   Thursday

din des Plantes. Allez-vous demain à (2)
of

---

(1) N'ayant pas un mot pour rendre *au* et *aux*, nous tra-
duisons l'un et l'autre par *to the*.

(2) Avec les verbes qui marquent mouvement ou tendance

Versailles? Non, je resterai à (1) *Paris.*
         to stay

J'écris à votre cousin; avez-vous quelque
 am writing   any

chose à lui dire? Dites-lui de (2) venir
 thing   To tell

nous voir. Il pense à me tromper, mais
    to think (3)   to deceive,

on m'a prévenu de ses projets. Les gardes
   to *inform*   project.

nationaux coururent aux armes au son
    to run   arms

du rappel. J'ai cherché dessus et dessous
 roll call.   To seek

sans rien trouver.
 (4)   to find.

C'est à environ six lieues d'(5)ici. Il y en
   about   leagues

---

vers un endroit, une personne ou une chose, la préposition *à* se rend par *to.*

(1) Quand la préposition *à* est suivie d'un régime qui désigne l'endroit où *est* la personne ou la chose, ou l'action que fait la personne, on la rend par *at;* ou devant un infinitif, on la supprime en traduisant l'infinitif par le participe présent.

Ex. Il est à Madrid, *he is* at *Madrid.* Il est à écrire, *he is writing.*

(2) La préposition *de* se supprime quand l'infinitif français se traduit par l'infinitif anglais avec *to.*

(3) Le verbe *to think,* penser, gouverne la préposition *of, de,* devant une personne; mais devant un infinitif, on peut supprimer la préposition française, en rendant par l'infinitif anglais; on peut aussi rendre la préposition par *of,* mais dans ce cas l'infinitif se rend par le participe présent.

Ex. Pensez à moi, *think of me.* Vous pensez à me tromper, *you think to deceive me,* ou *you think of deceiving me.*

(4) Après *sans,* il ne faut pas de négation; il faut donc rendre RIEN par *anything.*

(5) Quand *de* marque séparation, on le rend par *from.*

avait dix pour le projet, et huit contre. Il
to be   project,

y a parmi nous un mauvais sujet. Entre
    among   bad   *fellow*.

nous soit dit, je le connais. Mettez-vous
   be it   To place

à côté de moi. Outre cela, je lui donnais
                             to give

dix francs par mois pour ses | menus plai-
      a   pocket-mo-

sir. | Par quel moyen a-t-il réussi à (1)
ney. | means   to succeed

l'adoucir? Par la promesse de se corriger.
to soften?   By   to   correct.

Ne vous mettez pas devant moi. Vous ne fi-
*   to

nirez pas avant dîner. Vous pouvez très-bien
finish   can

voir de par-derrière, puisque vous êtes plus
to see from *   as

grand que moi. Pour avoir menti, on ne vous
tall   I (2).   to lie,

croira plus. Nous sommes bien loin de cela.
to believe

Il est parti de Paris dans une | chaise de
   to set off   post

poste. | C'est le meilleur de tous les enfants.
chaise. | child.

Vous le trouverez dans sa chambre. Allez
       to find   room.

dans mon cabinet, je suis | à vous. | As-
    closet,   at your service.

---

(1) Réussir, *to succeed*, prend la préposition *in*.

(2) Il faut employer le pronom *I*, je, parce que le verbe *être* est sous-entendu.

seyez-vous auprès de (1) moi. Nous de-

meurons près de Passy. Je vais me pro-
to live

mener sur la terrasse. Il est sur le point de
to walk   terrace.

partir. Mettez vos livres sur votre pupitre.
to set off.   desk.

La foudre gronde (2) sur nos têtes. Paris
thunder   to roar

est sur la Seine, et Londres sur la Tamise.
          Seine,   Thames.

Nous arriverons sur (3) | les quatre heures |
to arrive   four o'clock

à *Calais*.

Il est ici depuis trois jours. Pourquoi
Has been   *these*   Why

courez-vous toujours après moi? Après la
to run   always

pluie vient le beau temps. C'est | à cause de |
rain   *weather.*   through

vous, que je n'ai pas fait mon devoir. Il
                                    to do

a voulu passer à travers la forêt. Je l'ai lu
would have

| d'un bout à l'autre. | Attendez jusqu'à
        throughout   To wait   (4)

---

(1) Après le mot *auprès*, on supprime généralement la préposition ; on la rend quelquefois par *to*, mais jamais par *of*.

(2) *Gronder*, en parlant des personnes, se dit *to scold*.

(3) SUR, dans le sens de *vers*, se dit *about*; quand il est
pour *au-dessus de*, on le rend par *over* ou *above*; mais avec
contact, on le rend par *on* ou *upon*.

(4) Quand *jusqu'à* se rapporte au temps, il se rend par
till; quand il se rapporte à un endroit, il se dit *to*, ou *as far
as*, aussi loin que.

8.

midi. Nous descendîmes la *Seine* jusqu'à
noon.　　　to go down

Rouen. Où est votre frère? Il est en haut..
　　　　　　　　　　　　up-stairs.

Il devrait rester en bas. Notre pension est
should　　　　　　　　　　school

hors la barrière. Nous demeurons en
　　　barrier.

dedans des murs.
within　*the*　wall.

Vers le commencement du dix-septième
　　　　　　　　　　seventeenth

siècle, la littérature éprouva de grands
century,　　　　to experience　*

changements. Je l'ai vu courir vers le jar-
changes.　　　　　　to run

din. Il arriva vers les quatre heures
　to arrive　　　　　*

Nous devons être obligeants envers tout le
ought　　　　obliging　　　*every*

monde, et *charitables* envers les pauvres.
body,

On construit des *fortifications* autour de
to construct　　*

Paris. Au milieu des affaires, il trouve
　　　　　business,

des *moments* à donner à ses amis. Nous
some　　　　to devote

sommes au milieu de l'été. L'*éducation* est
summer.

très-soignée chez (1) les Français. Chez
attended to　　　　　French.

---

(1) CHEZ, dans ce sens, se dit *among*, parmi.

les sauvages même, on reconnaît un Dieu.
savages   even (1)   to acknowledge

Sans une étude assidue, on ne peut ac-
assiduous   cannot   to

quérir la connaissance des langues. Cette
acquire   languages.

pension est sous la *protection* de la reine.
school

On dit qu'il est à présent hors de danger.
They say   at present

Voulez-vous rester avec moi? Mais vous
to stay

parlez contre votre *conscience*. Le goût de
to speak   taste

l'*occupation* est un remède contre l'ennui.
remedy   ennui.

Aurions-nous congé? C'est selon. Quant à
a holiday?   (2).   *As for*

moi, je ne suis pas de cet avis. Les *Amé-*
opinion.

ricains sont célèbres par leurs bateaux
for   boats

à vapeur. Il m'a frappé avec un manche à
(3) steam.   to strike   broom-

balai.
stick.

---

(1) On peut commencer par *even.*

(2) Il y a différentes manières de rendre cette locution ; la plus en usage est *that depends on circumstances,* cela dépend des circonstances.

(3) Il faut supprimer la préposition, et commencer par le dernier mot : voyez *la Grammaire*, page 257.

THÈME XL.

SUR LES CONJONCTIONS.

(Voyez *la Grammaire*, pag. 154.)

Soit (1) par *caprice*, soit par mégarde,
mistake,
il a fait ce qu'on lui avait commandé.
what   to order (2).
Afin de bien apprendre, il faut bien étu-
one must
dier. Il n'est ni (3) riche, ni pauvre, mais
rich,
il est à son aise. Quoiqu'elle ne soit pas
well off (4).   is
jolie, elle est fort intéressante. A moins
interesting.
que (5) vous ne me prêtiez votre diction-
to lend
naire, je ne finirai pas ma traduction.
to finish
Si (6) l'on me demande, dites que je
any one   to ask for,

---

(1) Le premier *soit* se rend par *either*, et l'autre par *or*.

(2) *Commander*, dans le sens militaire, se dit *to command*.

(3) Le premier *ni* se dit *neither*, et l'autre se rend par *nor*.

(4) Ou *in easy circumstances*.

(5) *A moins que* se rend par *unless*, après lequel on supprime la négation *ne*.

(6) Ne confondez pas *si* conjonction avec *si* adverbe, qui
signifie *tellement*. La conjonction se rend par *if*, et l'adverbe
par *so*.

n'y suis pas. Cet enfant n'est pas si méchant
not to be at home.   *   wicked

que (1) vous le croyez. | Pourvu que | vous
       Provided

me promettiez de ne pas en parler.
   to promise   *

     Pourquoi n'êtes-vous pas venu hier?
      * to do

Parce que j'étais malade. Croyez-vous qu'il
           ill.

pleuvra, aujourd'hui? Je crois que non.
  to rain   (2)   not.

Je crois qu'oui. Je suis content que vous
     * so.   glad

soyez venu. Il a pourtant beaucoup d'esprit.
   (3)   a good deal   wit.

Il y a cependant un | je ne sais quoi | que je
           something

n'aime pas, si toutefois je puis me per-
  *   however   to

mettre cette *expression*. Quoiqu'elle soit
allow   (4)

très-vive, elle est néanmoins fort sage.
   lively,   prudent.

Hier, comme je me promenais (5) avec
         *   to be walking

---

(1) Le *que* qui suit *si* adverbe se rend par *as*, mais quand c'est dans le sens de *aussi que*; autrement on le rend par *that*. Ex. Je ne croyais pas qu'il fût si méchant *que* cela, *I did not think he was so wicked* as *that*. Il est si méchant *qu'on* désespère de le corriger, *he is so wicked* that *they despair of correcting him.*

(2) Supprimez la conjonction de cette phrase et de la suivante.

(3) Tournez par le présent de l'indicatif.

(4) Traduisez par l'indicatif, quand il n'y a pas de doute; et par le subjonctif, s'il y en a.

(5) *Se promener* n'est pas réfléchi en anglais.

mon père, nous | avons vu | un pauvre
saw

homme | écrasé | par une voiture. On
run over carriage.

se fait aimer lorsqu'on est aimable.
to make amiable.

Quand vous aurez lu ce livre, vous me
(1)

le prêterez peut-être? Comment! vous
to lend

ne l'avez donc pas encore lu? Vous ne
* yet to read? *

le trouverez pas, car je l'ai vu sortir.
to find for to go out.

Aussitôt qu'il m'aperçut, il courut | au
to perceive,

devant | de moi. Autant (2) que j'en puis
to meet * can

juger, je le crois homme honnête. Je vous
to judge, honest.

le prête, bien entendu que vous me le
on condition

rendrez après-demain (3) | au plus tard. | Il
to return at latest.

n'a pas pu réussir, | de sorte qu'il fut con-
* to succeed, so that

traint de s'en aller. Parle-t-il aussi bien
obliged to go away. To speak

---

(1) Tournez par le présent après *quand*.

(2) *Autant que* se rend par *as much, as*, en parlant d'une quantité; mais dans le sens de *aussi loin que*, *jusqu'au point où*, on le rend par *as far as*.

(3) *Après-demain* se dit *the day after to-morrow*, le jour après-demain.

que (1) son frère? Tant que je vivrai, je
(2)   to live,
m'en souviendrai.
   (3)   to remember.
Le voilà tel que (4) vous le voyez. Je
   There it is
l'ai fait tellement, que vous en serez
   to do   so
content. Je vous le dis, afin que vous
satisfied.   to tell,
sachiez | à quoi vous en tenir. | Pour que (5)
        | what you have to expect. |
vous n'ayez pas sujet de vous plaindre de
      *   cause   to complain
moi. Je fais toujours mes devoirs d'avance,
                                       before *hand*
| de peur que | quelque chose ne m'empê-
     lest   to hin-
che de les faire. | Pour peu que | vous
der from   However   little
l'instruisiez, il fait de grands progrès.
to teach ,

---

(1) Aussi et que, séparés par un adjectif ou par un adverbe, se rendent l'un et l'autre par *as*.

(2) Quand *tant que* a rapport au temps, il se dit *as long
as* ou *while*; pour quantité, il se dit *as much as*.

(3) Voyez *la Grammaire*, page 189.

(4) *Tel que* se dit *such as*; mais si le complément de la
phrase énonce un résultat produit par la personne ou par
la chose qu'on décrit, on doit rendre *tel que* par *such that*.

Ex. Je ne l'ai pas trouvé *tel que* je le croyais, *I have not found
it such as I thought*. Sa conduite est *telle que* je ne puis
le garder chez moi, *his conduct is such that I cannot
keep him at my house*.

(5) Pour que et afin que se rendent par *in order that* ou
par *that*.

| Tant s'en faut que je lui réponde, | que
So far from answering him,

j'ai renvoyé sa lettre.
to send back

Faute de parler, j'ai manqué une belle
For want of   to miss

occasion. Loin de le dire, je ne l'ai pas
opportunity.   to say,

même pensé. Ni l'or ni la *grandeur* ne
to think.

nous rendent heureux. Ou parlez vous-
(1)   happy,   (2)   to speak

même ou laissez-moi parler. Vous ou lui,
to let

vous m'avez trompé. Il est jeune, mais il
(3)   to deceive.   young,

est bien rusé. On est souvent un sot avec
cunning.   fool   (4)

de l'esprit; mais on n'est jamais un sot avec
wit

du jugement. Dès qu'on sent que l'on est
judgment.   As soon as   to feel

| en colère, | il ne faut ni parler ni agir.
angry,   (5)   to act.

J'ai fait aussi le thème que j'avais oublié.
exercise   to forget.

---

(1) La conjonction *ni* demande un verbe au singulier, si
les pronoms, etc., sont de ce nombre.

(2) Le premier *ou* se dit *either;* les suivants se rendent
par *or*.

(3) Supprimez ce pronom, et faites accorder le verbe avec
la seconde personne du pluriel.

(4) On peut rendre ce mot par l'adjectif *foolish*, mais dans
ce cas il faut supprimer l'article *un*.

(5) Le premier *ni* se rend par *neither*, et le second par
nor.

Quel âge a-t-elle? Elle n'a que (1) quinze
to be? — to be but

ans. Comme elle est grande pour son âge!
How (2) — tall

Il me semble qu'il a plus d'*ambition* que de
*to seem to — * — than ***

talent. Je crains que vous ne lui fassiez
*to fear — * - — (3)

mal. Ne craignez-vous pas qu'il ne vous
*

trompe? Entre deux amis, il est bien doux
to deceive (4)? — agreeable

de se confier ses plaisirs et ses peines. Ce
** to confide one's — pain.*

serait un *crime* que de manquer à sa
(5) — to fail — in

parole. Quelle lâcheté que d'insulter les
word. — cowardice

malheureux! Que (6) ne vient-il? Que (7) je
unfortunate! — Why

réussisse ou non, je le tenterai.
to succeed. — to attempt.

---

(1) Que, dans le sens de *seulement*, se dit *but* ou *only*.

(2) Mettez l'adjectif immédiatement après *comme* dans les exclamations.

(3) Traduisez par le futur, ou par le potentiel avec *may* pour auxiliaire.

(4) Traduisez par le futur.

(5) Dans ces sortes de phrases, le *que de* se supprime, et le verbe se rend par l'infinitif. Voyez, pour plus d'explications, *la Grammaire*, pag. 267 et suiv.

(6) Que, mis pour pourquoi, se dit *why*.

(7) Que, dans le sens de soit que, se traduit par *whether*, et le ou qui suit se dit *or*.

L'Élève doit être maintenant assez fort pour n'avoir
plus besoin de la traduction interlinéaire : nous allons donc le laisser à ses propres forces. Il trouvera
cependant, dans la seconde partie, des renvois et des
explications sur les difficultés qu'il n'aurait pas encore
vues ; les verbes qui se rendent par des verbes irréguliers sont indiqués par les lettres *irr.* ; et nous nous
flattons qu'après avoir traduit, avec soin, ce *Cours de
Thèmes*, il sera en état de traduire à livre ouvert.

SECONDE PARTIE.

SYNTAXE.

THÈME I.

SUR L'ARTICLE INDÉFINI *An.*

(*Voyez la Grammaire*, pag. 159.)

Les mots entre parenthèses ne se rendent pas en anglais.
Les mots en italique s'écrivent de même en anglais.

Ex. *Fortune.*

Les verbes qui sont suivis de *irr.* sont irréguliers en anglais.

Ex. Donner *irr.*

Une jolie petite maison de campagne, une aimable femme, trois ou quatre enfants, et un revenu (1) suffisant, formeraient, pour moi, un paradis terrestre. C'est un homme pauvre, mais qui appartient à une famille très-riche ; il a épousé une femme de la basse classe, et ils ont mangé *irr.* * une *fortune* d'une centaine (de)

---

(1) *Revenu*, en parlant des particuliers, se dit *income ;* autrement on dit *revenue.*

* *N. B.* Les verbes irréguliers en anglais ne le sont qu'à l'imparfait et au participe passé ; aussi ils ne sont pas indiqués aux autres temps. *Grammaire*, page 115.

mille *francs*. Une *action* indigne est une tache pour l'âme. Comme une maison inhabitée (1), une âme vide de *réflexion* se remplit d'ordures (2) et (d')insectes, et menace ruine. Un faux ami ressemble (à) l'ombre d'un cadran solaire (3), qui paraît si le temps est beau, et disparaît s'il est nébuleux. L'amour-propre est une *préfé-rence* de soi aux autres, comme l'honnê-teté (4) est une *préférence* des autres à soi.

Avec une rente (5) de cent mille livres par an, on (ne) manque pas d'amis. N'attendez pas un *service* du négligent, un conseil de l'envieux, une amitié sincère d'un égoïste. L'un des premiers moyens d'être heureux, (c')est de s'occuper du bonheur de ceux qui nous entourent. Un peu de bon sens vaut mieux que beaucoup d'esprit. On peut avoir une foule de connaissances (6) sans posséder un seul ami. Combien de leçons prenez-vous par semaine? Combien payez-vous par leçon?

---

(1) Inhabité, *uninhabited*.

(2) Ordures, *filth*; ce mot s'emploie toujours au singulier.

(3) Cadran solaire, *sun-dial*.

(4) Honnêteté, *politeness* ou *civility*.

(5) Rente, *income*.

(6) Connaissance, dans cette acception, se dit *acquaintance*; dans les autres sens, il se dit *knowledge*.

On nous a donné un assez (1) bon dîner pour quatre francs par tête. Un enfant qui tue un insecte doit être puni avec sévérité ; c'est par là que commence l'*homicide*. Le meilleur moyen de se défaire (2) d'un ennemi, (c')est d'en faire (3) un ami. Que feriez-vous si vous étiez dans une telle (4) position ? Je vous déclare que je n'ai jamais vu *irr.* un coup d'œil (5) si magnifique. Nous avons une demi-heure pour déjeûner, une demi-heure pour souper, et une heure et demie pour dîner.

Le thon mariné est bien cher ; pour une demi-livre, j'ai payé *irr.* deux francs et demi. Le fameux Napoléon était (6) natif de Corse, (6) île de la Méditerranée. Le prince de Saxe-Cobourg épousa Charlotte, princesse anglaise. Mais quel malheur (et) pour lui et pour l'Angleterre ! elle est morte bientôt après son mariage. Quel beau coup d'œil ! C'est un climat trop chaud. Ne

---

(1) *Assez*, devant un adjectif, se dit *pretty* ou *tolerably*.

(2) Se défaire de, *to get rid of*.

(3) Il faut employer *to make*.

(4) Il faut faire l'inversion en traduisant *telle une*.

(5) Coup d'œil, *sight* ou *prospect*.

(6) Employez l'article indéfini devant les mots qui désignent les qualités et les professions.

croyez-vous pas que ce soit pour moi une trop grande entreprise (1)?

On dit qu'il est Anglais, mais je le crois Allemand. Je sais cependant que son frère est médecin à Londres. Voyez-vous cette femme qui est bien mise (2)? elle est blanchisseuse. Nous irons demain à la chasse, s'il fait (3) beau. J'aimerais mieux (4) aller à la pêche (5). Une vingtaine de voleurs attaquèrent hier la diligence de Lyon; ils ont pris (6) mille écus à (7) un commis voyageur (8), et cent au conducteur (9). Disputer avec un sot, (c')est une perte de bon sens. Un des *vices* les plus odieux, un de ceux dont les effets sont le plus redoutables, (c')est l'hypocrisie.

(1) Entreprise, *undertaking* ou *entreprise*.
(2) Bien mise, *well dressed*.
(3) *Faire*, en parlant *du temps*, se rend par *to be*, être.
(4) Aimer mieux, *to prefer*.
(5) Aller à la pêche, *to go a fishing*.
(6) PRENDRE, dans ce sens, demande la préposition *from*, de.
(7) Prendre quelque chose à quelqu'un se dit *to take from*.
(8) *Travelling clerk*, ou *commercial traveller*.
(9) *Guard*; sur les voitures anglaises, le *guard* est sur un siége derrière.

THÈME II.

SUR L'ARTICLE PARTITIF *de, du, de la, des.*

CES mots, quand ils signifient *une partie de*, ou *quelques*, se rendent par *some* dans les phrases affirmatives; dans les autres, ils se rendent par *any*. (Voyez *la Grammaire*, pag. 162.)

Celui qu'on aime n'a point de défauts; si l'on vient à le haïr (1), il n'a pas de vertus. Avez-vous des amis? Je ne sais pas; j'ai desconnaissances, mais pour savoir si j'ai des amis, il faut leur demander des faveurs. C'est un homme qui possède certainement des *talents;* mais, comme beaucoup d'autres, il a de grands défauts. Avez-vous de ces gravures (2) dont vous m'avez parlé? *irr.* Non, mais j'en ai de nouvelles. J'ai des nouvelles (3) à vous communiquer. Sont-elles bonnes? J'en ai de bonnes et de mauvaises; lesquelles voulez-vous d'abord? Oh! les mauvaises sans doute, car les

---

(1) Vient à le haïr, *should happen to hate.*

(2) *Engravings* ou *pictures;* on dit aussi *plates*, planches, en parlant des gravures dans un livre.

(3) *Nouvelles*, comme substantif, se dit *news;* il est considéré du nombre singulier.

bonnes m'offriront peut-être de la *conso-lation.*

Avez-vous des plumes taillées (1)? Non; mais dans ce tiroir vous trouverez des plumes non taillées. Y a-t-il aussi des pains à cacheter? Oui, et de la cire. Avez-vous du vin en Angleterre? Pas du pays, mais nous avons de très-bonne bière. On y boit cependant beaucoup de vin. Mon père m'a dit que si j'apprends bien, il me donnera pour mes étrennes (2) des livres anglais et italiens.

Prêtez-moi, s'il vous plaît, de vos plumes. N'en avez-vous pas? J'en ai de mauvaises que je ne puis pas tailler (3). Je vous prêterai une de celles-ci. Aurez-vous assez de papier? Prenez-vous de la soupe? Je vous remercie (4). Vous n'avez point de *fruit.* Donnez une grappe (5) de raisin à votre sœur et des amandes à votre cama-

---

(1) *Pens;* il y a en anglais différents mots pour les différentes espèces de plumes. Les plumes non taillées se disent *quills;* les plumes en général se nomment *feathers.* Mais en parlant des panaches, on dit *plume.*

(2) Étrennes, *new year's gift,* ou *Christmas box :* ce dernier signifie *étrennes de Noël.*

(3) *Tailler une plume* se dit *to make,* faire ; *retailler* se dit *to mend,* raccommoder.

(4) Il faut y ajouter une négation : la phrase, telle qu'elle est, signifie oui.

(5) Une grappe, *a bunch.*

rade (1). Avez-vous du gibier à votre campagne (2)? Oui, notre parc est plein de faisans, et nous avons, à peu de distance, un bois rempli d'écureuils et de *pigeons.* Il y a aussi des loups et des sangliers.

Vous êtes toujours dans l'embarras, c'est parce que vous n'avez pas de prévoyance. Il faut beaucoup d'esprit pour soutenir le rôle de railleur (3), et peu de bon sens pour l'entreprendre. Peu (de) richesses, ménagées avec soin, valent mieux (4) que de grands trésors mal (5) employés. Heureuse la famille qui ne possède pas trop de richesses, et qui ne souffre pas de la pauvreté!

---

(1) Parmi les enfants, *camarade* se dit *play-fellow;* les militaires disent *comrade,* et les marins disent *shipmate;* autrement on dit *companion.*

(2) *Country-house* ou *country-seat.*

(3) *Jester* ou *punster.*

(4) Valoir mieux, *to be better.*

(5) Mal, comme adverbe, se dit *badly.*

THÈME III.

SUR L'ARTICLE DÉFINI *The*, LE, LA, LES.
(Voyez *la Grammaire*, pag. 164, etc.)

Le roi, la reine, et les autres membres de la famille royale se promènent souvent dans le parc de Saint-Cloud. La vanité, l'amour-propre, l'orgueil et la fierté (1) sont les *parents* de la plupart des *actions* des hommes. La vanité de cet homme le rend ridicule. L'orgueil des sots est le plus *insupportable* de tous. L'amitié est un contrat tacite entre deux personnes sensibles et vertueuses. L'amitié que vous m'avez témoignée ne sera jamais oubliée. L'*amusement* doit être précédé du (2) travail, comme le repos doit l'être de l'exercice. Les *amusements* que vous poursuivez sont frivoles.

La meilleure manière d'affermir son (3) autorité, (c')est de la fortifier par l'amour. Le vrai bonheur est de savoir se contenter (4)

(1) Fierté, *haughtiness, arrogance*.
(2) Le verbe *to precede* demande la préposition *by*, par.
(3) *Son*, dans le sens indéfini, se rend par *one's*; c'est le génitif du pronom indéfini *one*, on.
(4) Se contenter de, *to be satisfied with*.

de son sort. La bouderie (1) est l'arme *offensive* et *défensive* des esprits faibles. La santé de ma mère est chancelante. L'*éducation* doit tendre (2) à empêcher que l'amour de soi (3) n'étouffe l'amour de son semblable (4). Le bonheur des peuples et la tranquillité des états dépendent de l'*éducation* de la jeunesse. C'est dommage (5) que l'Angleterre et la *France* soient (6) si souvent en (7) guerre, puisqu'elles peuvent se rendre réciproquement tant de (8) *services*.

Les montagnards (9) de l'Écosse ne portent (10) pas de culottes; ils ont une espèce de jupon de laine croisée et bigarrée (11). L'histoire de l'Écosse et les mœurs des Écossais sont bien développées dans les œuvres de Walter Scott. Le célèbre poète

---

(1) Bouderie, *pouting*.

(2) Tendre, *to tend*.

(3) Amour de soi, *self-love*. Il faut traduire cette phrase de cette manière : *To prevent self love from stifling, etc.*

(4) Semblable, comme substantif, se dit *fellow-creature*.

(5) C'est dommage, *it is a pity*.

(6) Soient, *should-be*. Voyez la *Grammaire*, subjonctif, page 219, etc.

(7) En parlant de nations en guerre, on dit *at war*.

(8) *Tant* se dit *so much* au singulier, et *so many* au pluriel.

(9) Montagnards, *highlanders*, ou *mountaineers*.

(10) *Porter*, en parlant des vêtements, se dit *to wear*; autrement on dit *to carry*.

(11) Croisé et bigarré, en parlant du costume écossais, se dit *plaided*.

anglais Lord Byron est mort *irr.* en Grèce, après avoir parcouru (1) l'Italie, la Suisse, la Turquie et plusieurs autres pays. L'armée française fut envoyée *irr.* dans la Morée. La France fait *irr.* beaucoup de *commerce* avec le *Levant*, et l'Angleterre avec les Indes.

On voit souvent dans la Tamise des centaines de bâtiments marchands chargés (2) du produit des Indes. C'est à Lyon que l'on voit le confluent (3) de ces deux belles rivières, la Saône et le Rhône. Pour aller en Italie, il faut traverser les Alpes ; mais le passage n'est pas si dangereux que celui des *Pyrénées*, qui sont infestées de voleurs. Le Mont-Blanc est la plus haute montagne des Alpes. Le volcan du mont Vésuve est tranquille depuis quelques mois. J'ai resté quinze jours à Londres, et j'y ai vu *irr.* deux fois le soleil. On n'y voit que rarement le ciel (4) pendant l'hiver.

Les quatre *éléments* sont le FEU, l'AIR, l'EAU et la TERRE. Les poissons ne peuvent

---

(1) Parcourir, dans ce sens, se dit *to travel through* ou *over*.

(2) *Chargé*, en parlant de vaisseaux, se dit *laden* ou *loaded*.

(3) Confluent, *conflux*.

(4) *Ciel*, le firmament, se dit *sky*.

vivre hors de l'eau, ni l'homme sans l'*air*. Les animaux amphibies vivent également sur la terre et dans l'eau; tels sont le *crocodile* et la tortue. Les grenouilles ont aussi en partie (1) cette faculté. De tous les animaux que j'ai vus *irr.*, la *girafe* me paraît le plus extraordinaire. Dans les Indes Orientales, on se sert de l'*éléphant* pour la chasse aux tigres. Guillaume IV, roi d'Angleterre, succéda à (2) son frère Georges IV en 1830 (3).

L'homme n'est pas content du bien; il cherche (le) mieux, et trouve souvent (le) pire. Les hommes sont comme les animaux; les gros mangent les petits, et les petits les piquent. L'*indolence* est une paresse de l'âme, qui nous rend *incapable*s de toutes choses. L'indolent reste ou dans l'*ignorance*, ou dans une médiocrité qui ne l'élève à rien. La vie des indolents (ne) consiste que dans l'accroissement (4) et le déclin du corps. L'*instruction* est l'ornement du riche, et la richesse du pauvre.

Les paresseux et les industrieux se plai-

----

(1) En partie, *in some degree*.
(2) Après le verbe *succéder*, en parlant des monarques, les Anglais suppriment la préposition.
(3) Rendez les chiffres par des mots.
(4) Accroissement, *growth*.

gnent également du temps; ceux-ci (1) disent qu'il vole, et ceux-là (2), qu'il se traîne. Plus (3) vous désirez, moins vous serez content. Plus on lui donne, plus il en (4) demande. Plus je lis les poètes anglais, plus j'aime la langue anglaise. Plus on est riche (5), plus on a de soins. Moins vous vous y (6) appliquerez, moins vous en profiterez. En tombant *irr.* de son cheval, il se démit (7) l'épaule. Il s'est coupé *irr.* la gorge avec un rasoir.

Un boulet lui emporta (8) le bras gauche. J'ai perdu *irr.* la jambe dans la défense de ma patrie. La même balle me blessa à la tête et à la main. Il a l'esprit un peu dérangé. Il a perdu la mémoire. J'ai

---

(1) *Celui-ci*, *ceux-ci*, se rapportant aux personnes ou aux choses dont vous venons de parler, se rendent par *the latter*, le dernier, les derniers.

(2) *Celui-là*, *ceux-là*, etc., se rapportant aux premiers membres de la phrase, se disent *the former*, le premier, les premiers.

(3) L'élève aura déjà vu qu'il faut employer l'article défini devant les adverbes *plus* et *moins* dans ces sortes de phrases.

(4) Pour les différentes manières de rendre EN, voyez *la Grammaire*, page 189.

(5) Mettez l'adjectif ou le nom immédiatement après l'article *the*.

(6) Voyez *Grammaire*, page 191.

(7) N'oubliez pas que l'article, ainsi employé, se rend par le pronom possessif : voyez *Première partie*.

(8) Emporter, *to carry off*.

les yeux si faibles (1), que je crains beaucoup de perdre la vue.

La mémoire lui manque (2). La santé est le plus précieux de tous (les) trésors; cependant c'est le trésor le plus mal gardé (3). Dans les *théâtres*, à Londres, les dames et les messieurs vont également au parterre. Il y a à Londres un grand inconvénient, c'est que deux fois par semaine les bœufs (4), les moutons, les veaux, les cochons, etc., passent par presque toutes les rues pour aller aux abattoirs (5), qui se trouvent (6) chez presque tous les bouchers. Les Juifs et les *Quakers* font beaucoup de *commerce* en Angleterre.

---

(1) Tournez la phrase ainsi : *Mes yeux sont si faibles*, ou *j'ai si faibles yeux*.

(2) Manquer, *to fail*.

(3) Mal gardé, *badly watched* ou *guarded*.

(4) Pour les noms des animaux, voyez mon *Manuel de phrases*.

(5) Abattoir, *slaughter-house*.

(6) Tournez par *être*.

THÈME IV.

SUR LA CONSTRUCTION DES NOMS.
(Voyez *la Grammaire*, pag. 169, etc.)

Le *Nom* qui est le sujet du verbe se place avant ;
celui qui en est l'objet se met après.

L'homme laboure la terre, et la terre lui
rend ses *fruits*. Il y a des pays où la terre
est labourée par les femmes pendant que
les hommes vont à la guerre. Vous seriez étonné des (1) progrès que (2) font
les élèves chez M. B***. Je ne regrette pas
les soins que m'a coûté *irr*. l'étude (3) de
l'anglais. Avez-vous été aujourd'hui voir
la revue? Croyez-vous que Londres soit (4)
plus grand que Paris? Votre sœur (5) ne
viendra-t-elle pas? Ne l'avez-vous pas encore vue *irr*.? Elle est dans le salon (6).

---

(1) Le verbe *étonner* exige, au passif, la préposition *at*,
devant un nom ou un pronom.

(2) *Les élèves*, étant sujet du verbe *faire*, doit se mettre
immédiatement après le *que*, c'est-à-dire avant le verbe.

(3) *L'étude* se trouve dans le même cas que *les élèves*
dans la phrase qui précède.

(4) Traduisez par le présent de l'indicatif.

(5) Dans les interrogations, il faut commencer par le verbe
ou par l'auxiliaire. Voyez *Thème sur les interrogations*.

(6) *Salon* se dit *parlour* ou *drawing-room*.

Qu'avez-vous fait *irr.* de (1) mon livre ? Ne l'avez-vous pas reçu ?

La famille n'est-elle pas encore de retour (2) de la campagne? Les amitiés dureraient-elles long-temps, si la *pénétration* de deux amis était parfaitement égale? La bonté du cœur est la plus précieuse des qualités ; dans la vie privée, elle embellit les vertus ; dans la vie publique, elle tempère toutes nos *actions.* Rien (3) n'assure mieux le repos du cœur que le travail de l'esprit. Il arrive (4) tous les jours à Calais des bateaux à vapeur venant d'Angleterre. J'ai acheté *irr.* une belle montre à répétition (5). Avez-vous du papier à lettre ? Allons dans la salle à manger (6). Je ne puis trouver mon bonnet de nuit.

On ne peut pas traverser le jardin des

---

(1) Après les participes passés, la préposition *de* se dit ordinairement *with.*

(2) De retour, *returned.*

(3) Il ne faut pas employer de négation avec RIEN, parce que le mot *nothing,* par lequel il se rend, est composé de *no,* nulle, et de *thing,* chose ; et la langue anglaise n'admet pas deux négations dans une simple proposition.

(4) *Il arrive* se rend dans ce sens par *there arrive;* il serait cependant plus anglais de commencer par *bateaux à vapeur,* et de supprimer le pronom IL.

(5) Le nom qui marque la qualité, l'emploi ou la position d'un autre nom, se place devant lui, et la préposition qui les sépare doit être supprimée. A répétition, *repeating.* Voyez *la Grammaire,* page 172.

(6) Salle à manger, *dining room.*

Tuileries; il y a de la neige jusqu'aux genoux (1). Dans ce bain, l'eau vous monte jusqu'au menton. C'est un petit homme bossu, mais plein d'esprit et de talents. Voici un livre qui est très-bien imprimé, mais je ne saurais (2) le lire. Pourquoi pas? Parce que le caractère (3) en est très-fin, et que (moi) j'ai la vue courte (4).

Je ne puis rien faire avec cet enfant, il a un fort mauvais caractère (5); son frère, au contraire, est d'un très-bon naturel (6). Pourquoi portez-vous un chapeau à larges bords (7)? ils ne sont plus (8) à la mode. C'est que j'ai la vue faible, et cela me garantit du soleil. Ce pauvre homme est borgne (9). Il est non-seulement borgne, mais il est presque aveugle. Les Écossais et les

---

(1) Jusqu'aux genoux, *knee-deep*, ou *up to your knees*. Voyez *la Grammaire*, page 172.

(2) Dans ce sens, le verbe *savoir* se rend par *can*, pouvoir.

(3) *Caractère*, en parlant d'imprimerie, se dit *print* ou *type*.

(4) Avoir la vue courte, se dit *to be short-sighted*.

(5) Dans ce sens on dit *temper*. Avoir un mauvais caractère se dit *to be bad tempered*.

(6) D'un bon naturel, *good-natured*, ou *tempered*.

(7) A larges bords, *broad-brimmed*, c'est-à-dire, large bordé. Voyez *la Grammaire*, pag. 175.

(8) *Plus*, se rapportant au temps, se dit *no longer*, quand c'est dans le sens négatif.

(9) Borgne, *one-eyed*.

Danois ont souvent les cheveux rouges (1). Connaissez-vous cette demoiselle (2) aux yeux bleus?

THÈME V.

SUR LES NOMS COLLECTIFS, ETC.

(Voyez *la Grammaire*, pag. 173.)

La populace, en Angleterre, est impétueuse et sensuelle. Le peuple (3) français est plus civilisé que les peuples du nord de l'Europe. La commission de santé (4) a déclaré que le choléra-morbus (n')est pas contagieux. La foule fut bientôt dispersée après les trois sommations. L'assemblée a prononcé à l'unanimité des voix (5). Au premier coup de canon (6), la multitude fut effrayée. Une vingtaine d'élèves furent mis *irr.* aux arrêts (7). La flotte fut

(1) On peut employer ou *red*, rouge, ou *carrotty*, couleur de carotte.

(2) Demoiselle, *young lady*.

(3) En anglais le mot *people* est généralement regardé comme *gens*, c'est-à-dire comme un nom au pluriel, mais on n'y met pas le signe du pluriel, l'*s*.

(4) Commission de santé, *board of health*.

(5) *Unanimously*.

(6) Coup de canon, *report of a cannon*, ou *cannon shot*, ou *discharge of a cannon*.

(7) Aux arrêts, *in confinement*.

dispersée. On dit que le conseil est partagé sur cette question ; mais il (1) doit *irr.* la décider demain. Ma sœur et son mari sont en Angleterre.

La montre, la chaîne et les cachets me coûtent mille francs. L'Angleterre, l'Écosse et l'Irlande forment ce qui s'appelle le royaume uni de la Grande-Bretagne. Chaque pays a ses coutumes. Chaque âge et chaque nation a vu *irr.* l'*élévation* et la chute des hommes ambitieux. Chaque homme et chaque femme de la classe pauvre a reçu du pain et du bois selon ses (2) besoins. Chaque jour et chaque heure m'apportent mon travail. C'est le maître ou le maître d'étude (3) qui l'a dit *irr.* Le bonheur ou la témérité ont quelquefois fait *irr.* des héros ; mais la vertu toute seule (4) peut former de grands hommes.

Ni l'un ni l'autre (n')ont fait *irr.* leur (5)

______

(1) Réfléchissez bien avant de traduire ce pronom.

(2) Il faut employer les pronoms possessifs des deux genres séparés par la conjonction *or*; on peut aussi se servir du pronom possessif de la troisième personne du pluriel, en le faisant suivre du mot *respective.*

(3) Maître d'étude, *usher.*

(4) Toute seule, *alone.*

(5) Employez le verbe et le pronom du singulier quand deux noms de ce nombre sont séparés par une conjonction dite disjonctive. Si les noms sont de différents genres, il faut employer un pronom pour chacun d'eux.

devoir. Voici votre père avec un monsieur (1). Non, vous vous trompez, ni l'un ni l'autre (n')est mon père. Ni l'un ni l'autre (n')ont réussi. Ni la douceur ni la sévérité (ne) font aucun effet sur lui. J'ai rencontré *irr.* aujourd'hui un de vos amis, qui m'a prié de vous présenter ses amitiés (2). Connaissez-vous ce monsieur ? Oui, c'est un ancien ami de mon père.

Il paraît que vous êtes un de ses favoris, si l'on peut en juger par la manière dont il vous parle. N'en croyez pas un mot, c'est une de ses plaisanteries (3). Qui vous a remis (4) cette lettre ? C'est un doméstique de (monsieur) votre père. Le *courage* et la fidélité du chien de mon père lui ont sauvé deux fois la vie. La bravoure des soldats de l'armée française est bien connue *irr.* La crainte de l'approche du choléra-morbus a causé beaucoup d'inquiétudes. Cet enfant (à lui) (5) lui donne beaucoup

---

(1) *Monsieur* se dit *gentleman*, quand on parle de quelqu'un sans le nommer.

(2) *Amitiés*, dans ce sens, se dit *compliments* ou *respects*.

(3) Plaisanteries, *jokes*, ou *tricks*, ou *jests*.

(4) *Remettre*, dans ce sens, se dit *to deliver*.

(5) A lui, *of his*. A vous, *of yours*. A nous, *of ours*. Il faut rendre ces pronoms. *N. B.* Nous n'avons introduit ces expressions que pour montrer l'emploi du double génitif en anglais.

de peine (1). Prenez garde que ce cheval (à vous) ne vous casse le cou. Ce capitaine (à nous) est bien fier.

THÈME VI.

SUR LA CONSTRUCTION DES ADJECTIFS.

(*Voyez la Grammaire*, pag. 177.)

L'ADJECTIF se met devant le substantif : il ne change pas de terminaison, quel que soit le nombre ou le genre du nom

---

Vous avez de bon papier, de bonnes plumes, et de bonne encre ; ainsi, si vous n'écrivez pas bien, c'est (de) votre faute. Mon père m'a donné *irr.* pour mes étrennes un très-beau livre. Mon oncle m'a fait *irr.* cadeau d'une belle montre, et j'ai reçu de ma tante une jolie bourse avec deux beaux coulants (2) en or. L'hiver est une saison bien désagréable, les jours (en) sont si courts. C'est vrai, mais les soirées en sont d'autant (3) plus longues. Voici un élève

---

(1) *Peine*, dans le sens d'embarras, se dit généralement *trouble* : dans le sens physique de douleur, on dit *pain* : pris dans le sens de chagrin, on se sert de *grief*, de *pain*, et de *affliction*.

(2) Coulants, *sliders*.

(3) D'AUTANT, devant les comparatifs, se rend par *so much*, suivi immédiatement de *the* : dans le style familier on supprime *so much*.

studieux; il fera, sans doute, (de) grands progrès. Ses progrès (1) sont rapides. Son frère, au contraire, est (l')élève le plus paresseux de sa classe.

C'est une demoiselle (2) extrêmement curieuse (3). Cet homme est vraiment malheureux. Il avait une belle *fortune*, une femme charmante et aimable, et deux jolis enfants : sa *fortune* fut engloutie dans (des) *spéculations* infructueuses, sa femme est morte *irr.* de douleur, ses enfants (ne) lui ont pas long-temps survécu, et voilà le malheureux père seul et isolé dans le monde. Que d'événements malheureux! Oui, et dans le court espace de deux ans. Je (n')ai jamais connu *irr.* une personne plus à plaindre (4).

Votre prononciation (5) est fausse et vicieuse, votre *articulation* même est confuse et embarrassée; mais nous remédierons à (6) tout cela; nous corrigerons ces tons faux,

---

(1) Progrès, *progress*. Ce mot ne s'emploie pas au pluriel en anglais.

(2) *Demoiselle* se dit *young lady*, jeune dame. Pour *mademoiselle* on dit *miss*.

(3) Quand l'adjectif est séparé de son substantif par un adverbe, il se met naturellement après.

(4) A plaindre, *to be pitied*.

(5) La plupart des mots de cette terminaison s'écrivent de même en anglais; il y en a environ deux mille.

(6) Supprimez la préposition.

défectueux et inarticulés : je ne demande, de votre part, que de la *patience* et de la bonne volonté ; accordez-moi cela, et je vous promets que vous aurez une *articulation* distincte et nette, et une prononciation (1) juste, harmonieuse et sonore. Les ambitieux se jettent dans les *révolutions* en criant aux abus (2), comme les filous, dans les foules, en criant au voleur (3). L'ambitieux (n')est jamais content ; le but de sa *passion* est comme l'*horizon*, il recule à mesure (4) qu'on avance.

L'âme des paresseux ressemble à une terre qu'on (ne) cultive pas ; elle ne produit que des ronces et des chardons. Le paresseux (ne) connaît pas le plaisir inexprimable que procure (5) l'étude. C'est un homme *capable* de tout ce qui est mauvais : il a déjà trahi sa patrie. L'ennemi a profité de sa trahison, mais il a aussi dénoncé le traître.

---

(1) Quand il y a deux ou trois adjectifs qui appartiennent au même substantif, on peut les mettre ou avant ou après. Quand l'adjectif dépend du verbe, et qu'il en résulte comme une conséquence, il se met après le nom.

Ex. La neige a rendu les routes impraticables, *the snow has rendered the roads impassable.*

(2) Crier aux abus, *to cry out about abuses.*

(3) Au voleur, *stop thief* : arrêtez le voleur.

(4) A mesure que, *in proportion as*, ou *as* seulement.

(5) Voyez cette construction, page 170 de *la Grammaire* ; elle demande beaucoup d'attention.

Voici un livre assez (1) curieux et assez bien écrit *irr.* Cet enfant me paraît avoir assez d'*intelligence*, mais il (ne) travaille pas assez ; cependant sa *version* d'aujourd'hui est assez bien écrite. Pour son âge, il est assez raisonnable.

Nous avons à la pension une cour de récréation (2) qui a (3) deux cents pieds (de) long sur cent cinquante (de) large. La Tamise, à Londres, a douze cents pieds (de) largeur. Quelle longueur a-t-elle depuis (4) sa source jusqu'à la mer? Elle est longue (de) cinquante lieues. Si on (ne) voulait qu'être heureux, cela serait bientôt fait *irr.* ; mais on veut être plus heureux que les autres, et nous croyons les autres plus heureux qu'ils (ne le) sont.

Votre frère apprend mieux que vous ; cependant vous êtes plus âgé que lui de

____

(1) Le mot *assez*, dans le sens de suffisamment, peut se rendre par *enough* ou par *sufficiently* avec un adjectif; *enough* se met après, et *sufficiently* devant l'adjectif : l'un ou l'autre se met après les verbes ; *enough* se met après les adverbes. Avec un substantif, on se sert de *enough*, qui se met ou avant ou après ; on peut aussi employer *sufficient* en le mettant avant le nom. *Assez*, devant un adjectif, peut aussi se rendre par *pretty*.

(2) Cour de récréation, *a play ground*.

(3) Les adjectifs de dimension se mettent après le substantif, et le verbe *avoir* se rend par *to be*, être; la préposition *de* qui précède l'adjectif se supprime.

(4) DEPUIS, en parlant d'un endroit, se dit *from* : en parlant du temps, il se rend par *since*.

deux ans. C'est qu'il a plus de facilité que moi. Il me semble que vous (n')avez pas autant de bonne volonté que lui. Vous croyez donc que je (ne) suis pas aussi industrieux que mon frère, ou que j'ai moins (d')ardeur que lui. Votre livre (n')est pas aussi bien relié *irr.* que (le) mien. Combien coûte cette reliure (1)? Plus de cent sous le volume. Sur les chemins de fer (2), en Angleterre, les voitures font plus de six lieues par heure. Je vais à Londres, mais je (n')y resterai pas plus de trois jours.

Je suis si occupé, qu'à peine (3) j'ai le temps de manger. Votre père est tellement fâché contre vous, qu'il (ne) veut pas vous voir. Il est tellement blessé, que nous craignons pour ses jours (4). Il y a tant de bâtiments de toute espèce dans la Tamise à Londres, et jusqu'à deux lieues au-delà, qu'il y arrive très-souvent des *accidents.* Y a-t-il autant d'habitants à Londres qu'à Paris? Il y a moins d'habitants en Angleterre qu'en France; mais il y (en) a plus à Londres qu'à Paris. Ce *voyage* m'a coûté *irr.* bien de l'argent. Avez-vous beau-

---

(1) Reliure, *binding*; du verbe *to bind*, relier.
(2) Chemin de fer, *iron rail way.*
(3) A peine, *scarcely*.
(4) *Jours*, dans ce sens, se rend par *life*, vie.

coup d'élèves dans cette pension? Oui, mais ils apprennent si bien, qu'ils (ne) me donnent pas beaucoup de peine.

Combien (de) leçons leur donnez-vous par semaine? Combien avez-vous de mes livres (1)? Donnez-moi un peu de votre encre, la mienne est toute (2) blanche. Avez-vous beaucoup de ces belles plumes? Je n'en ai que très-peu de cette qualité. Je ne boirai plus (3) de votre vin blanc. Ce n'est pas le vin qui vous a fait *irr.* du mal, c'est le mauvais melon dont vous avez trop mangé *irr.* Les gens qui ont peu d'affaires sont de grands parleurs; car moins on pense, plus on parle. Plus on est méchant, plus on est méfiant (4). Plus vous me tourmenterez, moins je ferai pour vous. Plus vous serez paresseux, moins vous serez instruits. Une personne obligeante est aimée de (5) tout le monde. C'est un livre intéressant. Vous avez (des) enfants charmants. Vous êtes bien obligeants.

---

(1) Tournez *combien de mes livres avez-vous?*
(2) Tout, dans le sens de *tout-à-fait*, se dit *quite.*
(3) Lorsque *plus*, dans le sens négatif, a rapport à une quantité ou à la répétition d'une action, il se rend par *no more.*
(4) Méfiant, *mistrustful* ou *suspicious.*
(5) Rendez la préposition *de* par *by.*

THÈME VII.

SUR LA CONSTRUCTION DES PRONOMS PERSONNELS.

(Voyez *la Grammaire*, pag. 185.)

Je vous (1) remercie infiniment, vous m'avez rendu un grand service. Voulez-vous me dire (2) la *signification* du mot *fashionable?* Je vous l'ai déjà dite *irr.*, vous l'avez donc oubliée *irr.* On vous attend (3) ce soir au *concert.* On m'attend! mais on (ne) m'a pas invité. Votre frère vous a-(t-il) écrit. *irr.* d'Alger? Avez-vous pensé à l'affaire dont (4) je vous ai parlé *irr.?* (Ne) vous a-t-il pas payé *irr.* l'argent que vous lui aviez prêté? Non-seulement il (ne) me l'a pas payé, mais il m'a prié de lui en prêter encore. Mais vous ne le ferez pas? Je l'ai déjà fait *irr.*, il m'a raconté une histoire si touchante (5), que je (n')ai pas pu (6) lui donner un refus. Je crois qu'il vous trompe. Je sais qu'il est malheureux.

(1) Le pronom qui est le régime du verbe se place après.
(2) *Dire*, dans le sens de communiquer, *to tell.*
(3) *Attendre*, lorsqu'il signifie *s'attendre à*, ou dans le sens d'*espérer*, se dit *to expect.*
(4) Dont, *of which.* Voyez les relatifs.
(5) Touchante, *affecting.*
(6) Voyez *Thème* sur *Pouvoir.*

On vous voit fort rarement, que faites-vous donc? Leur avez-vous donné *irr.* ce qu'elles vous ont demandé? Dites-moi, vous verrai-je demain? Vous trouverai-je? Oui, jusqu'à midi. Je ne vous promets pas de venir, puisque j'ai un rendez-vous (1) chez ma sœur à onze heures, et elle me retiendra peut-être. Dites à votre frère que je lui écrirai demain. Je (ne) le verrai pas aujourd'hui. Adieu, bien des choses chez vous (2). Je n'y manquerai pas.

THÈME VIII.

PRONOMS POSSESSIFS.

(Voyez *la Grammaire*, pag. 185.)

LES pronoms possessifs des troisièmes personnes du singulier s'accordent toujours avec la personne qui possède, et pas avec la chose : pour ce qui appartient à un homme, *son, sa, ses*, se dit *his*, et pour une femme, *her*, ou *hers*, pour *le sien, la sienne*, etc.

Ma belle-sœur vient de perdre *irr.* son mari; il a fait *irr.* son testament (3), et a

---

(1) Rendez-vous, *appointment.*
(2) Bien des choses chez vous, *remember me at home.*
(3) Testament, *will*, ou *last will.*

légué (1) à sa veuve sa maison, tout son mobilier, et la plus grande partie de sa *fortune*. Mon frère m'a prêté *irr.* sa *flûte* et son *flageolet*; j'ai cassé *irr.* l'un, et perdu l'autre. Votre père (2) a-t-il retrouvé *irr.* (3) sa bourse? Non, mais il est persuadé que son singe l'a cachée *irr.* Mon lapin a mangé *irr.* ses petits. Et moi j'ai un serin qui mange toujours (4) ses œufs. Son père et sa (5) mère sont venus *irr.* le prendre dans leur voiture. Si nous ne trouvons pas notre bonheur en nous-mêmes, il est inutile de le chercher ailleurs (6).

N'éprouvez pas vos amis, si vous voulez les conserver. Qu'avez-vous fait *irr.* de mon livre? Je l'ai mis *irr.* dans mon pupitre avec le mien. Je ne donnerais pas ma montre pour la vôtre. Cette plume est à moi, ne l'abîmez pas. Cette clef est-elle à vous? Non, mais je crois qu'elle appartient à Henri. Non, elle (n')est pas à lui, car j'ai la sienne dans ma poche. J'ai montré *irr.* mon collier

___

(1) Léguer, *to bequeath* ou *to leave*, laisser.
(2) Commencez par le verbe *avoir*. Voyez *la Grammaire*, interrogations.
(3) *Retrouver* se rend généralement par *to find*, trouver; on y ajoute quelquefois *again*, encore.
(4) Toujours, *always*, se met ordinairement devant le verbe.
(5) Ne répétez pas le pronom devant chaque nom.
(6) Ailleurs, *elsewhere*.

à ma cousine, et elle l'a trouvé *irr.* (1) plus joli que le sien. L'armée anglaise (n')est pas si forte que la nôtre, mais sa flotte est énorme. Les Anglais se vantent beaucoup de leurs beaux chemins. Il (n')y a pas en Europe de routes si belles et si bien entretenues *irr.* que les leurs.

Depuis la mort de sa femme, il s'est retiré (2) à la campagne; après avoir vendu *irr.* son hôtel, son mobilier, ses voitures, ses chevaux, ses tableaux et tout, excepté sa bibliothèque (3). Avant l'*âge* de quinze ans, j'avais déjà perdu *irr.* mon père et ma mère. Notre cocher s'est cassé *irr.* la jambe en tombant de son siége (4). Je (me) suis foulé (5) le pied en descendant (6) de la voiture. Vous (m')avez coupé *irr.* le doigt. Il (s')est brûlé *irr.* (7) la cervelle. Vous avez

---

(1) *Trouver*, dans le sens de *trouver à son goût*, se rend souvent par le verbe *to think*, penser; et si le verbe *trouver* est accompagné d'un adverbe sans adjectif, on peut le rendre par *to like*, aimer.

(2) Se retirer, *to withdraw*, est rarement réfléchi en anglais.

(3) Bibliothèque, *library*. Le mot *libraire* se dit *bookseller*, vendeur de livres; librairie, *book trade*.

(4) Le siége du cocher se dit *coach-box* ou *box*, boîte.

(5) Fouler, *to sprain*.

(6) Descendre de voiture ou de cheval se dit *to alight*.

(7) *Brûler*, dans ce sens, se rend par *to blow out*, faire sauter. *Faire sauter par la poudre* se dit généralement *to blow up*.

perdu *irr.* la tête (1). J'ai mal aux dents. Et moi j'ai mal à la tête et mal au cœur (2).

THÈME IX.

DES PRONOMS RELATIFS.

(Voyez *la Grammaire*, pag. 186.)

Connaissez-vous ce monsieur qui vient de sortir *irr.?* Non, qui est-ce? C'est le maréchal de ***, qui commandait à la brillante affaire de... A qui avez-vous donné *irr.* la note? Je l'ai donnée à la couturière (3), qui est venue *irr.* apporter la robe qu'elle vous a faite *irr.* En apprenant une langue, on devrait apprendre le système d'idées qui (4) lui appartient exclusivement; ce n'est pas l'idée qui doit *irr.* produire l'*expression*, mais l'*expression* qui doit servir au développement des nouvelles idées. Ceux qui, en apprenant les langues, se bornent (5) à exprimer leurs propres idées par

---

(1) Perdre la tête, *to lose one's wits*, ou *to be out of one's mind.*

(2) Mal à la tête, *the head ache.* Avoir mal au cœur, *to be sick.*

(3) Couturière, *dress-maker*; et quelquefois on dit *man-tua-maker.*

(4) N'employez pas le relatif *who* en parlant des choses.

(5) Se borner, *to confine one's self.*

des mots qui leur sont étrangers (1), ne parviennent jamais au but qu'ils cherchent.

La franchise est une qualité qui (2) embellit l'âme; mais c'est une de celles dont on doit régler les mouvements. Un des *vices* les plus odieux, un de ceux dont les effets sont le plus redoutables (3), (c')est l'hypocrisie. Celui qui se pare d'un extérieur de bienveillance et de sagesse, quand son âme est en proie à (4) la corruption, ressemble à un scélérat qui, le jour, paraît honnête homme, et dont (5) la nuit est employée à voler ceux qu'il avait bercés (6) dans la sécurité. C'est l'*intention* qui caractérise l'*action*. Laquelle des deux choses devons-nous préférer, l'*approbation* de la *multitude*, ou l'*approbation* de notre cœur? Laquelle devrions *irr.* nous donc chercher?

L'*instruction* nous rend meilleurs ou pires : c'est une semence qui, selon les terroirs (7), produit des fruits ou des *poisons*.

____

(1) Étranger, adj., *foreign*.
(2) On peut employer ou *that* ou *which* comme relatif pour les choses; mais *which* ne se dit pas pour les personnes.
(3) Redoutable, *dangerous*.
(4) En proie à, *a prey to*.
(5) Employez le possessif *whose*, au lieu du relatif.
(6) Bercer, *to lull*.
(7) Terroirs, *soil*.

Voici le fruit des bêtises qu'a (1) faites votre camarade, et dont vous n'êtes pas tout-à-fait *exempt*. Voici la dame dont je vous ai parlé *irr.*, et qui s'est informée de vos progrès; la connaissez-vous? Oui, c'est une dame que j'ai vue *irr.* quelquefois chez ma cousine. Qu'a-t-elle dit? Elle a demandé lequel des deux, de vous ou de votre sœur, s'applique le plus. Et que lui a-t-on répondu? Je (ne) le sais pas. Les élèves qui (ne) s'appliquent pas à leurs études, n'ont pas le droit de se plaindre de ceux qui se moquent de (2) leur *ignorance*.

———

VERBES RÉFLÉCHIS. (*Grammaire*, pag. 242.)

Liste des principaux verbes qui sont réfléchis en français, mais qui ne le sont pas en anglais.

S'abstenir,	*to abstain*.
S'accorder,	*to agree*.
Se baigner,	*to bathe*.
Se fâcher,	*to be angry, to be offended*.
Se mourir,	*to be dying*.
Se résoudre, se déterminer,	*to be resolved, to determine*.
Se taire,	*to be silent*.

(1) Bêtises, *follies*. Voyez cette construction, page 170 de la Grammaire.

(2) Se moquer de, *to laugh at*, ou *to ridicule*.

Se garder,	*to beware of, to keep from.*
S'épanouir,	*to blow.*
Se vanter,	*to boast.*
S'enrhumer,	*to catch cold, to take cold.*
Se soucier,	*to care for.*
Se plaindre,	*to complain.*
Se plaire, se complaire,	*to delight in.*
Se fier,	*to trust, to confide.*
Se défier,	*to distrust.*
S'écrier,	*to exclaim.*
S'attendre,	*to expect.*
S'évaporer,	*to evaporate.*
Se flétrir,	*to fade away.*
S'évanouir,	*to faint away.*
S'endormir,	*to fall asleep.*
S'éveiller,	*to awake.*
S'attrouper,	*to flock in crowds.*
S'écouler,	*to flow out, to elapse.*
S'envoler,	*to fly away.*
Se douter,	*to expect.*
S'emporter,	*to fly into a passion.*
S'enivrer,	*to get intoxicated.*
S'ennuyer,	*to get weary.*
S'en aller,	*to go away.*
Se coucher,	*to go to bed.*
S'amender,	*to grow better* (1).
S'enhardir,	*to grow bold.*
S'assoupir,	*to grow drowsy.*
Se familiariser,	*to grow familiar.*

(1) On peut changer *to grow*, dans cette phrase et les suivantes, par *to become*, devenir.

S'impatienter,	*to grow impatient.*
Se radoucir,	*to grow milder, to soften.*
S'appauvrir,	*to grow poor.*
S'enorgueillir,	*to grow proud.*
S'enrichir,	*to grow rich.*
Se lasser,	*to grow tired.*
S'agenouiller,	*to kneel down.*
Se moquer,	*to laugh at.*
S'appuyer sur,	*to lean upon.*
Se dépêcher, se hâter,	*to make haste.*
S'évader, s'échapper,	*to make one's escape, to elope.*
S'étudier,	*to endeavour, to try.*
Se marier,	*to marry.*
Se mêler,	*to meddle with.*
Se fondre,	*to melt.*
Se méprendre,	*to mistake.*
Se méfier,	*to mistrust.*
S'opposer,	*to oppose.*
Se déborder,	*to overflow.*
S'apercevoir,	*to perceive.*
S'obstiner,	*to persist, to be obstinate.*
Se révolter,	*to rebel.*
Se réjouir,	*to rejoice.*
Se souvenir, se ressouvenir,	*to remember.*
Se repentir,	*to repent.*
Se démettre (1),	*to resign, to give up.*
Se rétracter,	*to retract.*
Se lever,	*to rise, to get up.*

---

(1) *Se démettre le bras*, etc., se dit *to dislocate.*

S'enfuir,	to run away, to flee,
S'emparer,	to seize, to invade.
Se vendre,	to sell, to be sold.
S'asseoir,	to sit down.
Se glisser,	to slip, to creep into.
S'arrêter,	to stay, to stop.
S'esquiver,	to steal away.
S'attacher à,	to stick to.
S'abaisser,	to stoop.
S'efforcer,	to strive, to try one's endeavours, to endeavour.
Se débattre,	to struggle.
Se soumettre,	to submit.
S'abonner,	to subscribe.
Se rendre,	to surrender.
Se plaire,	to take delight in.
Se formaliser,	to take offence.
Se réfugier,	to take refuge.
Se reposer,	to take rest.
S'enraciner,	to take root.
Se promener (1),	to walk.
S'étonner, s'émerveiller,	to wonder.

---

(1) *Se promener à cheval* ou *en voiture* se dit *to ride.*

THÈME X.

SUR LES PRONOMS RÉFLÉCHIS, OU CEUX QUI SERVENT DE RÉGIME AUX VERBES RÉFLÉCHIS (1).

(*Voyez la Grammaire*, pag. 187.)

Je me (2) donne beaucoup de peine pour cet élève, mais il (ne) veut pas s'exercer (3); il (ne) pense qu'à (4) s'amuser sans s'in-

---

(1) Il y a en français plusieurs verbes réfléchis qui ne le sont pas en anglais. Une méthode assez sûre pour savoir s'il doit l'être, c'est de se demander si l'on peut mettre quelqu'un ou quelque chose après le verbe, ou enfin si c'est un verbe actif : si la réponse est négative, le verbe ne doit pas être réfléchi en anglais.

Ex. *Il s'imagine;* peut-on imaginer quelqu'un ? *Non.* Le verbe *s'imaginer* n'est donc pas rendu par un verbe réfléchi en anglais, mais tout bonnement par *he imagines,* il imagine ; *les exceptions s'apprennent en lisant. Il se cache ;* peut-il cacher quelqu'un ? *Oui.* Rendez donc par *he hides himself,* il cache lui-même.

Les pronoms qui servent de régime aux verbes réfléchis sont:

INDÉFINI.

Oneself.

SINGULIER.	PLURIEL.
Myself, moi-même.	*Ourselves,* nous-mêmes.
Thyself, toi-même.	*Yourselves,* vous-mêmes.
Himself, lui-même.	*Themselves,* eux *ou* elles-mêmes.
Herself, elle-même.	
Itself, lui-même, *neutre.*	

(2) Le pronom en régime se met après le verbe.

(3) *S'exercer, to exert oneself;* faites accorder le pronom avec le sujet.

(4) Le verbe penser, *to think,* demande la préposition *of.*

quiéter de ses leçons. S'il (ne) se corrige pas de cette insouciance, je m'en plaindrai (1) à son père. Vous ferez bien, car il se fâchera (2) de voir le peu de progrès qu'a fait *irr.* son fils. Ma patrie, ma famille, mes amis se sont présentés à mon esprit. Mon ami, vous vous trompez, vous allez (3) vous placer dans une *position* bien dangereuse. Mon fils s'applique-t-il mieux à ses études ? Oui, monsieur, et je vois avec plaisir qu'il commence à s'attacher à ses maîtres.

Mes sœurs se sont fâchées contre moi; elles se sont (4) renfermées *irr.* dans leur chambre pour (ne) pas me voir. Au carnaval, nous nous sommes déguisées en (5) paysannes. Elle s'est donné *irr.* beaucoup de peines inutiles. On dit qu'elle s'est jetée *irr.* à l'eau. Ne vous donnez pas la peine. Comment vous amusez-vous pendant les heures de *récréation?* Nous nous amusons fort bien quand il fait (6) beau

---

(1) Se plaindre, *to complain*, n'est pas réfléchi.

(2) Se fâcher, *to be angry*, n'est pas réfléchi.

(3) *Aller*, suivi d'un verbe, se dit *to be going.*

(4) Les verbes réfléchis se conjuguent en anglais avec *avoir*, to have.

(5) Déguiser en, *to disguise as.*

(6) *Faire*, en parlant du temps, se rend par *to be*, être.

temps ; mais quand il fait mauvais, nous ne nous amusons guère (1). Vous sentez-vous assez fort (2) pour disputer le prix ?

THÈME XI.

SUR LE PRONOM INDÉCLINABLE *le*, ET LES PRONOMS *le*, *la*, *les*.

(Voyez *la Grammaire*, pag. 187.)

Vous paraissez bien content, je (ne) sais pas si vous l' (3)êtes. Oui, Dieu merci (4), je le suis. Je vous l' (5)ai déjà dit *irr.*, je vous le dis encore. Le croyez-vous ? Je suis porté à le croire, parce que je l'espère. Êtes-vous malade ? Je le suis. On le voit bien. A voir (6) cet enfant, on le (7) dirait pares-seux, ne l'est-il pas ? Mes sœurs sont tom-bées *irr.* malades la semaine dernière, et elles le sont encore. Votre frère est raison-nable, mais vous ne l'êtes pas. On m'a dit

---

(1) Guère, *but little.*

(2) Fort, en parlant d'instruction, se dit *advanced.*

(3) Quand LE se rapporte à un adjectif déjà énoncé, il se rend par *so*, ou il se supprime.

(4) Dieu merci, *thank God.*

(5) LE et LA, dans le sens de *cette chose*, se rendent par *it.*

(6) *A voir* peut se rendre ou par l'infinitif *to see*, ou par le participe présent précédé de *on, on seeing.*

(7) Quand ce pronom représente une personne, il se rend par le pronom de cette même personne ou il se supprime.

que vous étiez bien avancé, mais je vois que vous (ne) l'êtes pas. La prononciation de la langue anglaise (n')est pas si difficile que je le croyais *irr.* Si vous êtes convaincu, moi je ne le suis pas.

Êtes-vous maître d'anglais? Je (le) (1) suis. Êtes-vous maîtresse de piano (2)? Je (le) suis. Êtes-vous sa mère? Je la suis. Est-elle sa femme? Elle (l')est. Êtes-vous mon ami? Je (le) suis. Êtes-vous les musiciens que nous avons demandés? Nous (les) sommes. Avez-vous vu *irr.* ma sœur? Non, mais je la verrai demain. Qu'avez-vous fait *irr.* de (3) vos lunettes? Je les ai perdues *irr.* Grondez-le s'il (ne) travaille pas. Ne la grondez pas, elle (ne) l'a pas fait *irr.* exprès (4). Ces enfants font trop de bruit, renvoyez (5)-les. Qu'avez-vous fait de mon canif? Je l'ai donné *irr.* à votre frère.

(1) Dans ces sortes de phrases, le pronom se supprime. Voyez *la Grammaire*, page 188.

(2) *Maîtresse de piano* se dit *music-mistress.*

(3) Rendez la préposition qui suit le participe passé par *with*, avec.

(4) *Exprès*, dans ce sens, se dit *on purpose*, ou *intentionally.*

(5) Renvoyer, *to send away* ou *to send back*, lorsqu'on renvoie à l'endroit d'où la chose est venue.

THÈME XII.

DU PRONOM *EN.*

(Voyez *la Grammaire*, pag. 189.)

———

Avez-vous lu *irr.* les romans de Scott? J'en (1) ai lu quelques-uns. Les *melons* sont bons cette année. Je (n')en ai pas encore mangé *irr.* Il me faut de la monnaie (2), en avez-vous? Non, je (n')en ai point. A présent, j'ai de bonnes plumes, en avez-vous besoin? J'en ai, je vous remercie; cependant, si vous en avez un paquet, je le prendrai. Avez-vous besoin de crayons anglais? je connais une personne qui en a apporté *irr.* de Londres. J'en prendrai avec plaisir une douzaine. Avez-vous du papier à me prêter? Combien vous en faut-(3) il? Il m'en faut une main (4).

———

(1) Puisque nous n'avons pas de mot en anglais pour rendre ce pronom, il faut, avant de le traduire, s'assurer du mot qu'il représente en français, et c'est ce mot qu'on doit traduire. Quand il représente *quelque* ou *quelques*, on le rend par *some* dans les phrases démonstratives, et par *any* dans les interrogatives et les négatives; on y ajoute *of it* pour le singulier, et *of them* pour le pluriel, quand le pronom EN est suivi de *quelqu'un, quelques-uns,* ou d'un mot qui désigne une quantité.

(2) *Monnaie* se dit *change* dans cette acception.

(3) Vous en faut-il? *do you want?*

(4) Main, *hand.* Main de papier, *a quire of paper.*

Qu'est-ce que vous allez en faire ? Je vais (1) en faire un cahier (2).

Vous avez bien fait votre traduction, j'en (3) suis content. Vous pouvez lui dire qu'il se conduit si mal, que nous en sommes bien fâchés (4). Je vous ai prêté *irr.* mon livre, qu'en avez-vous fait ? Avez-vous vu *irr.* les gardes nationaux à cheval (5)? J'en ai vu quelques-uns. Qu'en pensez-vous ? Je les trouve fort bien, j'en admire le costume. Avez-vous lu *irr.* les œuvres de Byron ? Oui, et j'en suis charmé ; l'harmonie et la force des idées en sont étonnantes. Comment trouvez-vous ce jardin ? La distribution en est très-bien imaginée.

Où allez-vous ? Je vais aux Tuileries, voulez-vous y venir ? J'en (6) reviens. Avez-vous été voir l'exposition (7) au Louvre ?

---

(1) *Aller*, devant un verbe, se dit *to be going*.

(2) Cahier, *a copy book*.

(3) Si le mot EN est employé pour *cette personne* ou *cette chose*, il faut le traduire par le pronom personnel de la troisième personne, ayant soin de le faire accorder en nombre et en genre avec le nom auquel il se rapporte, et de le faire précéder de la préposition gouvernée par le verbe. Voyez *la Grammaire*, page 189.

(4) Fâché, en colère, *angry*. Fâché, affligé, *sorry*. Le premier demande la préposition *with*, et l'autre gouverne *for*.

(5) Gardes nationaux se dit *national guards*, ou *volunteers*. Gardes nationaux à cheval, *national cavalry*, ou *volunteer cavalry*.

(6) EN est quelquefois mis pour CET ENDROIT, comme dans la phrase ci-dessus ; il se rend par *thence* ou par *from it*.

(7) *Exposition* dans ce sens se dit *exhibition*.

J'en sors à l'instant. Avez-vous des aiguilles anglaises ? J'en ai de très-bonnes (1), combien en voulez-vous (2)? Donnez-m'en trois ou quatre si vous en avez de fines, car j'en ai de grosses (3). Croyez-vous que les aiguilles anglaises soient meilleures que les nôtres? Elles en ont la *réputation*, quoiqu'on en fasse aujourd'hui de fort bonnes en France.

Avez-vous lu *irr.* le discours de M.✳✳✳? on dit qu'il en a fait *irr.* un très-bon. Oui, mais un très-*violent*. M. de ✳✳✳ en a fait un également énergique, et moins diffamatoire ; tout le monde en fut charmé. J'ai acheté *irr.* de fort bons rasoirs à Londres. Combien en avez-vous ? J'en ai trois paires. Voulez-vous m'en céder une paire ? Je le veux bien (4). Je vous en enverrai une paire de très-bons. Des petits, si vous en avez, car je n'aime pas les gros. Je cherche un cuisinier, mais je n'en trouve pas de bons. Il y en a cependant de très-bons à

---

(1) Après l'adjectif, ajoutez le pronom indéfini *one* au singulier, et *ones* au pluriel.

(2) Avec *voulez-vous*, il faut employer le verbe *to take* prendre, ou *to have*, avoir.

(3) *Gros*, en parlant de choses, se dit *large* ou *thick* ou *great*.

(4) *Je le veux bien* peut se rendre par *willingly*, volontiers, ou par *with all my heart*, de tout mon cœur.

Paris. Il y en a aussi beaucoup de mauvais. Ne m'en parlez pas ; j'en ai déjà fait l'expérience (1).

THÈME XIII.

sur Y (2).

Ce pronom suit la plupart des règles que nous avons données pour EN ; cherchez donc le mot qu'il représente ; c'est celui qu'il faudra traduire. (Voyez la Grammaire, pag. 191.)

Votre frère va-t-il en Angleterre cette année ? Il y (3) est déjà. Y allez-vous ? J'avais l'*intention* d'y aller, mais mon frère m'écrit que les affaires n'y vont pas (4) bien. Le commerce commence à reprendre (5) ici, il vaudrait peut-être mieux (6) y rester. Allons dans le salon (7), nous y serons mieux. Mais nous sommes bien ici,

---

(1) *Faire expérience*, dans le sens d'*éprouver*, se dit *to experience*.

(2) Pour *Y avoir, il y a*, etc., voyez *la Grammaire*, page 225, et *Thème sur les verbes unipersonnels*.

(3) Lorsque Y est dans le sens de *là*, cet endroit, on le rend par *there* ; lorsqu'il signifie ICI, il se rend par *here*.

(4) En parlant des affaires, le verbe *aller* se rend par *to go on*.

(5) *Reprendre*, dans ce sens, se dit *to revive*.

(6) Valoir mieux, *to be better*. Voyez *Thèmes* sur cet article.

(7) Salon, *drawing-room*.

restons-y. Avez-vous été voir votre belle-sœur depuis son retour de la campagne? J'y passerai demain matin. Voici une lettre que votre frère m'a écrite *irr.*, il y promet de belles choses. Ne vous y fiez (1) pas trop; il est plus facile de promettre que de tenir (2).

Il m'a promis de m'apprendre l'anglais, mais je n'y (3) compte pas. Vous avez raison de ne pas y compter, car il est très-probable qu'il n'y pensera plus. Comment avez-vous trouvé *irr.* la nouvelle *pièce?* Je n'y ai trouvé *irr.* rien d'extraordinaire. Je fus hier chez votre beau-frère, on vous y attendait. Pour mener les hommes où l'on veut, il suffit de leur persuader que le bonheur y est. On est coupable du mal auquel on participe, soit en s'y prêtant, soit en y coopérant.

---

(1) Se fier, *to rely on*, ou *to trust to;* ils ne sont pas réfléchis : *y compter* se rend de la même manière.

(2) *Tenir*, en parlant d'une personne qui promet quelque chose, se dit *to perform*.

(3) Il ne sera plus nécessaire de mettre le *ne* entre parenthèses; l'élève se rappellera qu'il se supprime s'il y a une autre négation, et quand il n'y a pas d'idée négative.

THÈME XIV.

SUR LE PRONOM *ON*.

(Voyez *la Grammaire*, pag. 192.)

On (1) peut être sot avec beaucoup d'esprit. On est toujours plus disposé à donner des conseils qu'à en recevoir. Puisqu'on ne peut avoir tout ce que l'on veut, on devrait être content de ce qu'on a. Par le travail on chasse l'ennui, on ménage (2) le temps, on s'instruit, enfin on arrive au bonheur. C'est une triste vérité, qu'on aime mieux ceux qui nous flattent, que ceux qui nous disent ce qu'ils pensent. On n'a pas de peine à croire ce qu'on désire. On est avide de (3) richesses, et pourquoi? Parce qu'on n'estime aujourd'hui les hommes qu'à (4) proportion de leur *fortune.*

Quand on n'a rien à se reprocher, on se moque des mensonges que la méchanceté

---

(1) O*n*, dans un sens général, peut se rendre par *one* ou par *we.*

(2) Ménager, *to save, to spare, to economise.*

(3) Avide de, *greedy after.*

(4) A proportion de, *in proportion to.*

débite (1). Lorsqu'on a quelque *crime* à se reprocher, il est difficile que le visage ne nous trahisse pas. On (2) commence à construire des chemins de (3) fer en France. Qu'est-ce qu'on fait aux Champs-Élysées? On y fait les préparatifs pour la fête du roi. On n'a pas encore arrêté les assassins. Non, mais on les a bien signalés (4), et l'on a offert une récompense de mille francs pour les faire arrêter.

On a sifflé (5) la nouvelle pièce. On en donnera une *représentation*. On dit que le *choléra-morbus* a éclaté en Angleterre. Que dit-on aujourd'hui à la Bourse? On n'a rien dit de nouveau. On a baissé le prix des places dans les diligences. On dit qu'à présent on peut aller de Paris à Rouen pour six francs. Voilà (6) ce qu'on m'a dit *irr.*, et l'on vous dira la même chose. On parle anglais dans cette boutique. Il arrive (7) souvent qu'on écrit *English spoken here;* mais si

---

(1) Débiter, *to publish*, *to circulate*, et dans le sens de *vendre*, on dit *to sell.*

(2) Quand on est plutôt dans un sens défini que général, il se rend par *they*, ils.

(3) Chemin de fer, *iron-rail way.*

(4) Signaler, *to describe;* signalement, *description.*

(5) SIFFLER, dans ce sens, se dit *to hiss:* SIFFLER comme les oiseaux, se rend par *to whistle.*

(6) Voilà, *that is*, ou *there is.*

(7) *Arriver*, en qualité de verbe unipersonnel, se dit *to happen;* autrement il se rend par *to arrive.*

l'on demande (1) la personne qui parle anglais, on vous répond qu'elle vient de sortir *irr*. On disait hier qu'il y avait des troubles à Londres. Le croit-on (2)?

Qu'est-ce qu'on crie dans les rues? Ce sont des extraits des journaux qu'on vend pour un sou. On ne vous permettra pas de sortir. On ferme la grille (3) à sept heures. On mange (du) bon fruit à Marseille. Le vend-on cher? Au contraire, on le vend très-bon marché. Est-ce qu'on en mange beaucoup? Oui, et on y mange aussi beaucoup de poisson. A-t-on déjà reçu des nouvelles (4) de la flotte? Non, mais on en attend de jour en jour. On parle aujourd'hui d'une victoire éclatante (5), mais on n'en connaît pas encore les détails. Combien a-t-on fait de prisonniers? On ne le dit pas.

---

(1) *Demander*, dans le sens de *chercher*, se dit *to ask for*.

(2) Tournez par le passif *est cela cru*. Les Anglais se servent souvent de la forme passive dans les phrases qui répondent à celles où le pronom on est employé dans un sens plutôt défini que général.

(3) Grille, *grate*, ou *gate*, si c'est une porte grillée.

(4) Nouvelles, *news*, est considéré du nombre singulier.

(5) Éclatante, *brilliant*.

THÈME XV.

CHACUN, TOUT LE MONDE.

(Voyez *la Grammaire*, pag. 195.)

CHACUN se rend par *every one*, par *every body*, et par *each*. Ce dernier mot s'emploie plutôt en parlant de deux personnes, ou de deux choses; *every one* ne se dit qu'en parlant de plusieurs. TOUT LE MONDE se dit *every body* ou *every one*.

Il faut que vous soyez bien méchant, puisque chacun se plaint de vous. Voilà un enfant qui est bien sage, chacun en parle avantageusement. Peu d'amitiés subsisteraient si chacun savait *irr.* ce qu'on dit de lui lorsqu'il n'y est pas. Beaucoup (de) choses changeraient de maître, si on rendait à chacun ce qui lui appartient. Oui, si on ôtait *irr.* à chacun ce qu'il ne mérite pas. Chacun se croit plus savant que les autres. Avez-vous donné *irr.* à déjeûner à ces enfants? Oui, j'ai donné à chacun du lait, du pain et du fruit.

Pourquoi n'avez-vous pas appris votre leçon? Vous voyez que chacun de vos camarades (1) l'a apprise. Oui, monsieur,

---

(1) *Camarade*, dans les pensions, se dit *school-fellow*.

mais ils n'avaient, chacun, que cinquante lignes, et moi j'en avais cent. Ces demoiselles ont chacune leur mérite particulier, mais il me semble que mademoiselle C*** réunit en elle les talents de toutes les autres. Mes deux fils ont chacun (1) remporté *irr.* un prix (2) au collége. Ne dérangez pas ces livres, mettez-les chacun à sa place. Tout le monde le dit. Il n'est *pas possible* de contenter tout le monde. Tout le monde criait *vive le roi!* On ne peut pas donner à tout le monde. C'est fini, tout le monde s'en va. Je ne le ferais pas pour tout au monde (3).

---

(1) Traduisez par *each* quand il ne s'agit que de deux.

(2) Prix de récompense, *prize.* Prix de quelque chose se dit *price.*

(3) Dans ce sens on peut dire *for the world,* ou *for all the world.*

THÈME XVI.

QUELQU'UN, QUELQUES-UNS, L'UN ET L'AUTRE,
TOUS LES DEUX.

(Voyez *la Grammaire*, pag. 196, etc.)

QUELQU'UN se dit *some one*, ou *some body* dans les propositions démonstratives; mais dans les phrases interrogatives, négatives et dubitatives, il se rend par *any one*, ou *any body*. *Quelques-uns* se dit *some* ou *any*, sujet aux mêmes règles; on y ajoute quelquefois le mot *persons*.

Quelqu'un a pris *irr.* mon crayon et en a cassé *irr.* la pointe. Avez-vous vu les nouvelles pièces de cent sous (1)? J'en ai vu *irr.* quelques-unes, mais elles me paraissent mal faites. Quelqu'un m'a dit *irr.* qu'on va les refondre. Si quelqu'un me demande, je serai de retour à trois heures. Quelqu'un m'a-t-il demandé? J'attends quelqu'un pour accorder (2) le piano. Quelques-uns des gardes nationaux ont reçu la croix de la Légion-d'Honneur. Laquelle de ces deux bourses trouvez-vous la plus jolie (3)?

----

(1) Une pièce de cent sous, *a five frank piece.*
(2) ACCORDER, en parlant des instruments de musique, se dit *to tune.*
(3) Jolie, *pretty.*

L'une et l'autre (1) m'a coûté *irr.* également cher ; cependant je trouve que l'une est plus jolie que l'autre.

Elles sont l'une et l'autre en soie fine. Que préféreriez - vous, une politesse, une flatterie démesurée ou une franchise affectée? Je ne saurais (2) vous le dire, car l'une et l'autre (3) sont également dangereuses, toutes les deux sont des poignards cachés. Lequel de ces élèves travaille le mieux? L'un travaille autant que l'autre ; mais ils sont tous les deux paresseux. Les deux vaisseaux se sont battus *irr.* pendant trois heures, ils furent l'un et l'autre criblés de boulets; enfin, ils ont tous deux coulé à fond *irr.* (4).

---

(1) L'un et l'autre, dans un sens collectif, se dit *both ;* mais lorsque c'est dans un sens distributif, on le rend par *each.* Tous les deux se dit *both.*

(2) Dans ce sens, le verbe *savoir* se rend par le verbe défectif *can,* ou par *to be able.*

(3) *L'un et l'autre,* dans le sens distributif, se dit *each.*

(4) Couler à fond, *to sink* ou *to founder.*

THÈME XVII.

L'UN OU L'AUTRE, L'UN L'AUTRE, LÉS UNS LES AUTRES, ETC.; NI L'UN NI L'AUTRE.

(*Voyez la Grammaire*, pag. 197, etc.)

Lequel voulez-vous de ces crayons? L'un ou l'autre (1), cela m'est égal (2). Ils sont tous les deux durs. Je ne prendrai donc ni l'un ni l'autre (3), car il m'en faut un qui soit mou. Il arrive souvent en Angleterre que deux cochers de voitures publiques (4) mènent au grand galop, pour voir qui arrivera le premier : il en résulte (5) quelquefois que l'une ou l'autre (6) des voitures, et même toutes les deux versent (7). L'un ou l'autre de vous a abîmé ma montre. Je vous assure que nous n'y

---

(1) *L'un ou l'autre* se rend généralement par *either* dans les réponses.

(2) Cela m'est égal, *it is the same to me*, ou *it is immaterial to me*.

(3) *Ni l'un ni l'autre* se dit *neither*. Voyez *la Grammaire*, conjonctions.

(4) Cocher de voiture publique, *stage coachman*.

(5) Il en résulte, *the result is*.

(6) L'un ou l'autre, *one or other*, ou *the one or the other*.

(7) VERSER, en parlant des voitures, se dit *to overturn*, ou *to be overturned*.

avons touché ni l'un ni l'autre. C'est que vous ne voulez pas vous dénoncer l'un l'autre (1), il faut donc vous punir tous les deux.

Ces deux auteurs ne peuvent se souffrir l'un l'autre : ils disent des sottises (2) l'un de l'autre, et ils finiront tous les deux par se faire haïr de (3) tout le monde. Byron et Moore s'aimèrent l'un l'autre ; ils furent tous les deux les premiers poètes du dix-neuvième siècle (4). Ordinairement les poètes, et en vérité les auteurs se haïssent les uns les autres, soit par jalousie, soit par envie ; et ils se font souvent beaucoup de mal les uns aux autres (5). Nous nous entr'aimons sincèrement (6).

----

(1) L'UN L'AUTRE, quand il est régime d'un verbe réciproque, se rend par *each other*.

(2) Dire des sottises ; *to abuse*.

(3) La préposition DE, après les verbes *aimer, haïr, respecter, estimer*, etc., se dit *by*.

(4) Siècle, *century*.

(5) Les uns aux autres, *to each other*.

(6) Voyez *verbes réfléchis*, etc. *Grammaire*, page 242.

THÈME XVIII.

TOUT, TOUS, TOUT LE MOMDE, ETC.

(Voyez *la Grammaire*, pag. 198.)

Le choléra-morbus a parcouru (1) toute (2) l'*Europe*. Tout ce qu'on a fait *irr.* pour l'arrêter a été inutile. Presque tous les médecins s'accordent (3) à dire qu'il n'est pas contagieux. Je ne comprends pas un mot de tout cela. Tout est perdu *irr.*, il n'y a plus d'espoir. Tous mes enfants apprennent l'anglais. Tout (4) élève qui ne travaille pas est inscrit sur le tableau (5) des paresseux. Tout le monde apprend aujourd'hui les langues vivantes. Presque tout le monde est d'accord que c'est une partie très-essentielle de l'*éducation*. Je

---

(1) Parcourir, *to over-run, to overspread*.

(2) *Tout*, dans le sens de *toute l'étendue de*, se dit *all* ou *the whole*. Quand il signifie *toute chose*, on le rend par *all* ou par *every thing*. Dans le sens collectif, soit en parlant de personnes, soit en parlant de choses, on le rend par *all*.

(3) S'accorder, *to agree*.

(4) *Tout*, mis pour *chaque*, se dit *every*, et si on peut changer *chaque* en *chacun*, on peut traduire par *every one*.

(5) *Tableau*, dans ce sens, se dit *list*; autrement on dit *painting* ou *picture*.

suis tout (1) étonné de ce que vous venez de (2) me dire *irr.* Il en est tout déconcerté.

Je l'ai trouvée *irr.* dans sa chambre, toute pâle, tout abattue, enfin (3) tout-à-fait accablée sous le poids de ses malheurs. Je tâchai de la consoler; ma chère sœur, lui dis *irr.*-je, toute (4) malheureuse que tu sois, ne t'abandonne pas au désespoir. Tout instruit que vous soyez (5), ne vous en vantez pas. Tout pauvre que je suis, je possède ce qu'avec tout votre or vous ne pouvez acheter. Tout irrité qu'il soit, je l'apaiserai. Tout habile que vous soyez, vous pouvez encore apprendre beaucoup, et de ceux même que vous qualifiez (6) d'ignorans.

---

(1) *Tout*, dans le sens de *tout-à-fait*, se rend par *quite*.

(2) Venir de, *to have just*; et le verbe se met au participe passé.

(3) Enfin, *in a word*.

(4) *Tout*, devant un adjectif suivi de *que*, peut se rendre par *however*. Voyez aussi *la Grammaire*.

(5) Traduisez par l'indicatif ou par le subjonctif, selon que la chose est certaine ou douteuse.

(6) Qualifier, *to call*, *to denominate*.

THÈME XIX.

TOUT AUTRE, TOUT AUTRE QUE, TOUT À L'HEURE,
PERSONNE.

(Voyez la Grammaire, pag. 199, etc.)

Bossuet a dit *irr.*, en parlant de la reine d'Angleterre : « Toute autre (1) *place* qu'un trône eût été indigne d'elle. » Votre *proposition* est tout autre (2) que je ne (3) la croyais *irr.* ; j'y ai bien réfléchi, et je ne puis y consentir. Vous êtes bien scrupuleux, il me semble, car assurément tout autre que vous l'aurait fait *irr.* Cléopâtre aima mieux (4) mourir avec le titre de reine, que de vivre dans toute autre dignité. Avez-vous encore eu une *audience* de M. de *** ? Oui, j'en viens. Comment l'avez-vous trouvé *irr.* ? Je l'ai trouvé tout autre que vous ne me l'aviez représenté. Je ne lui donnerai pas cette place ; je la donnerai à tout autre qu'à lui (5).

____

(1) TOUT AUTRE, immédiatement suivi d'un nom substantif, se rend par *any other*, et quelquefois *every other*.

(2) TOUT AUTRE, dans le sens de *tout-à-fait différent*, se dit *quite different to*.

(3) Le NE se supprime.

(4) Aimer mieux, *to prefer*.

(5) La conjonction *que* peut se rendre par *but*, ou *than*.

Tout autre (1) l'aurait obtenu sans difficulté. Il est tout autre qu'il n'était il y a deux ans (2). Où est votre frère ? Je l'ai vu *irr.* tout à l'heure (3) dans le jardin. Dites-lui qu'il vienne (4) déjeûner. Il m'a dit *irr.* qu'il viendrait tout à l'heure. J'ai sonné *irr.* cinq ou six fois, et personne (5) n'a répondu. C'est qu'il n'y a personne à la maison. Quelqu'un m'a-t-il demandé ? Non, monsieur, personne n'est venu *irr.* depuis que vous êtes sorti *irr.* N'y a-t-il personne chez M.*** ? Personne ne vous vendrait à meilleur marché que moi. Personne n'a de plus belles marchandises (6).

---

(1) On peut y ajouter le mot *personne*, *person* en anglais.

(2) Il y a deux ans, *two years ago*.

(3) TOUT A L'HEURE, en parlant d'un temps écoulé, se dit *just now*; mais pour un temps à venir, on dit *presently*.

(4) Traduisez par l'infinitif VENIR.

(5) PERSONNE, dans ce sens, se dit *nobody*; mais on le rend par *any body* dans les phrases négatives et interrogatives.

(6) *Marchandises*, dans le style commercial, se dit *goods*, et surtout en détail.

THÈME XX.

QUELQUE, QUI QUE CE SOIT, AUCUN, QUICONQUE, ETC.

(Voyez *la Grammaire*, pag. 200, etc.)

———

Tout homme (1) qui s'acquitte (2) bien de son devoir, de quelque (3) *profession* qu'il soit, mérite l'estime et les éloges de ses semblables. Quelque élevé (4) que soit le mérite, il échappe rarement aux (5) atteintes (6) de l'envie. Quels que soient (7) ses *talents*, il est si paresseux qu'il n'en profite (8) pas. Quelque (9) bonnes que soient vos *intentions*, elles seront peut-être mal interprétées. Quelques richesses que vous ayez, quelles que soient les espérances (10) de vos enfants, donnez-leur

———

(1) Tout homme, *every man.*
(2) S'acquitter, *to acquit one's self.*
(3) QUELQUE, devant un substantif suivi de *que*, se rend par *whatever*, ou par *whoever* en parlant de personnes.
(4) Élevé, *exalted.*
(5) Échapper, *to escape*, exige la préposition *from*; on pourrait cependant la supprimer.
(6) Atteintes, *attacks.*
(7) QUEL QUE SOIT, etc., *whatever be*, ou *whatever may be*, etc.
(8) Profiter, *to profit*, demande la préposition *by.*
(9) *Quelque*, devant un adjectif, suivi de *que*, se dit *however.*
(10) *Espérances*, dans ce sens, peut se rendre par *hope* ou par *expectations*

un état (1); c'est une *fortune* qui ne se mange point (2).

Je ne le ferai pour qui que ce soit (3). Quiconque (4) ne fait pas tout le bien qu'il peut, ne fait pas son devoir. Quiconque vous a dit *irr.* cela, avait l'*intention* de vous tromper. Je n'aime pas prêter mes livres à qui que ce soit. N'oubliez pas les devoirs que je vous ai donnés à faire. Je n'en oublierai aucun (5). J'avais l'*intention* de vous donner à chacun congé aujourd'hui; mais vous vous êtes si mal conduits qu'aucun de vous (ne) sortira. Vous commencez une vingtaine (6) de choses, sans en achever aucune. Je me suis adressé à tous mes soi-disant amis, mais aucun (ne) m'a donné *irr.* de secours.

---

(1) État, *trade*, *profession*.

(2) Qui ne se mange point, *that cannot be spent.*

(3) *Qui que ce soit*, comme régime d'une préposition négative, se rend par *nobody* ou par *not any body.*

(4) Quiconque, *whoever.*

(5) Aucun, *none* ou *not one*, ou bien *not any*; mais si on rend la négation qui l'accompagne, il faut traduire par *one* ou *any*.

(6) Une vingtaine, *a score.*

THÈME XXI.

CE QUI, CE QUE, CELUI QUI, CELLE QUI, CEUX QUI, CELUI-CI, CELUI-LA.

(Voyez *la Grammaire*, pag. 201.)

Ce que (1) l'on dit n'est pas toujours ce qu'on pense. Ce qui me console, c'(2)est la *satisfaction* d'avoir soulagé un malheureux. Si ce que vous me dites est vrai, nous sommes dans une mauvaise *position*. Ce qui nous manque pour cette entreprise, c'est l'argent (3). Celui (4) qui n'aime pas la lecture (5) se prive du plus utile des plaisirs. Ceux qui (6) sont insolents et fiers dans la bonne *fortune*, sont infailliblement bas et faibles dans la mauvaise. Avez-vous fait *irr.* ce que je vous ai dit de

----

(1) CE QUI et CE QUE se rendent également par *what*, et quelquefois par *that which*.

(2) Nous avons déjà vu que le CE ne se répète pas dans ces phrases.

(3) *Argent*, dans le sens de métal, se dit *silver*; dans l'autre sens, on dit *money*.

(4) CELUI QUI, en parlant d'une personne, se dit *he who* et *he that*; et quand ce pronom est en régime, *he* se change en *him*.

(5) La lecture, *reading*.

(6) CEUX QUI, CELLES QUI se rendent par *they who* et par *those who*; mais si le pronom CEUX ou CELLES est en régime, on se sert de *them* au lieu de *they*.

faire ? Je l'ai commencé *irr*., et ce qui m'a empêché de finir, c'est que j'ai égaré (1) les *instructions* que vous m'aviez données *irr*.

Les Irlandais et les Écossais sont d'un caractère très-opposé ; ceux-là (2) sont vifs et animés, ne réfléchissant guère (3) qu'après avoir parlé ; ceux-ci, au contraire, sont froids et réfléchis, pesant la valeur de chaque mot avant de le prononcer. La France et l'Angleterre se font respecter par les autres puissances, celle-ci par sa flotte, et celle-là par son armée. Celle qui (4) a fait ce morceau de tapisserie n'a encore que treize ans ; c'est celle que vous voyez là avec son métier à broder (5). Celui qui ne songe (6) à ses devoirs que quand on l'en avertit, ne mérite aucune estime. Ceux qui se flattent d'avoir beaucoup d'amis,

(1) Égarer, *to mislay*; mais quand ce verbe est réfléchi, comme s'ÉGARER, on dit *to lose oneself*, se perdre, ou *to lose one's way*, perdre son chemin.

(2) Quand CELUI-CI, CELLE-CI, CELUI-LA, CELLE-LA, et leurs pluriels, se rapportent aux noms déjà énoncés, ils se rendent par *the latter* et *the former*.

(3) Guère, *hardly* ou *scarcely*.

(4) CELLE QUI, en parlant d'une personne, se dit *she who* et *she that*; mais *she* se change en *her* quand le pronom CELLE est en régime.

(5) Métier à broder, *tambour-frame*.

(6) Songer, dans le sens propre, se dit *to dream*; mais dans le sens de penser, il se rend, comme ce verbe, par *to think*.

courent risque d'en perdre autant qu'ils en mettront à l'épreuve.

Il est difficile d'aimer ceux (1) que nous n'estimons point ; il ne l'est pas moins d'aimer ceux que nous estimons plus que nous-mêmes. Celui qui nierait l'existence de Dieu, est comme celui qui dirait n'avoir point eu de père. Il n'y a pas de meilleur homme que celui qui fait tout le bien (2) qu'il peut. Il est bien heureux, (celui) qui (3) conforme ses désirs à sa *fortune*, et qui sait (4) se contenter de ce qu'il a. Le bonheur est le repos des désirs ; celui qui le poursuit avec le plus d'ardeur le voit toujours fuir devant lui.

Un homme sévère et brusque peut avoir le cœur bon ; celui dont (5) les paroles sont pleines de finesse, dont les manières sont

---

(1) Le *que* qui suit les démonstratifs *celui*, *celle*, etc., se rend par *whom* ou par *that*, en parlant des personnes ; mais si le pronom se rapporte aux choses, on rend le *que* par *which* ou par *that*, et jamais par *whom*.

(2) *Bien*, comme substantif au singulier, se dit *good;* quelquefois, et surtout en parlant des propriétés, on dit *property, estate, fortune.*

(3) Commencez par *celui qui*, mettez *bien heureux* à la fin, et supprimez le pronom IL ; ou bien faites la construction comme en français, en supprimant *celui*.

(4) Rendez SAIT par *can*, peut.

(5) DONT se traduit par *whose*, lorsqu'il est suivi d'un nom qui appartient à la personne ou aux personnes auxquelles DONT se rapporte, et l'article qui précède le nom se supprime ; autrement, il se rend par *of whom*, de qui. En parlant de choses, *dont* se rend par *of which*.

séduisantes, n'est souvent qu'un hypocrite. Ceux-là se trompent, qui croient que la prononciation d'une langue s'apprend autrement que de vive voix (1). Celui qui ne sait pas se taire (2), sait rarement bien parler. Le *talent* qui mérite le plus d'*admiration* est celui de faire, d'une manière (3) simple, (de) très-belles choses. Celui qui aime le travail (se) suffit à lui-même. L'homme qui a le plus vécu, n'est pas celui qui compte le plus d'années, mais celui qui a le mieux employé son temps, et qui a rendu le plus de services à ses semblables (4).

THÈME XXII.

MÊME, DE MÊME QUE.

(Voyez *la Grammaire*, pag. 202.)

Qui vous a aidé à faire cela? Personne, je l'ai fait *irr.* moi-même (5). Mais je vous

___

(1) De vive voix, *orally*, ou *by the ear.*
(2) Se taire, *to hold one's tongue.*
(3) D'une manière, *in a manner.*
(4) Semblables, *fellow-creatures.*
(5) MÊME, joint à un pronom personnel, se rend par *self* au singulier et par *selves* au pluriel.

11.

assure qu'elle me l'a dit *irr.* elle-même. C'est votre père lui-même qui vous a défendu *irr.* de faire connaissance avec le jeune B***. Qui est-ce qui vous a raconté *irr.* cela ? Nous l'avons vu *irr.* nous-mêmes. Dites-leur de venir eux-mêmes, et de m'apporter ce qu'ils ont fait. Les sauvages (1) mêmes sont moins féroces. Les Romains n'ont vaincu les Grecs que par les Grecs mêmes. Cette femme est la vertu (2) même. Vous pouvez vous fier (3) à cet homme, c'est la franchise même. La mort même (4) est préférable au déshonneur.

Les vieillards, les femmes, même les enfants, se sont battus *irr.* contre les ennemis de leur patrie. Quand même (5) vous me donneriez tout ce que vous possédez, vous ne m'arracheriez pas le secret qui m'a été confié. Les adversités sont utiles, profitables, et même nécessaires aux hommes vertueux, pour les fortifier contre les assauts de la *fortune*. On ne croit

---

(1) Le pronom *eux*, qui est ici sous-entendu, doit être rendu en anglais.

(2) Employez le pronom de la troisième personne au neutre.

(3) Se fier à, *to confide in*, ou *to trust to*.

(4) MÊME, dans ce sens, se rend par *even*; on peut le placer devant le nom qui le précède : employé comme adverbe, il se rend généralement par *even*.

(5) Quand même, *even* ou *though*.

pas un menteur, même lorsqu'il dit la vérité. Je vous donne à tous le même (1) devoir (2) à faire : vous avez tous le même temps pour le faire : ceux donc qui ne l'auront pas fait avoueront par là qu'ils n'ont pas la même intelligence ni la même industrie.

Le même vin qu'on achète à Paris quarante sous, se vend *irr.* (3) à Londres huit ou dix francs la bouteille. Je fais toujours relier *irr.* (4) mes livres chez le même relieur; c'est le même que vous m'avez recommandé. Ne vous moquez pas de ce pauvre boiteux (5); la même chose pourrait vous arriver. Vous sentez-vous à même de (6) le faire? sinon, il ne faut pas l'entreprendre. Si vous voulez vous en rapporter à (7) moi, je vous mettrai à même (8) de le faire aussi bien que qui que ce soit. Je croyais *irr.* comme vous que c'était tout

----

(1) MÊME, précédé de l'article, se dit *same*.

(2) *Devoir*, dans ce sens, peut se rendre par *exercise*, par *task*, ou par *lesson*.

(3) *Se vendre*, *to be sold*.

(4) *Faire*, devant un infinitif, peut se rendre par *to have*, et l'infinitif se rend par le participe passé.

(5) *Boiteux*, *cripple*.

(6) A même de, *able to*, ou *capable of* : après le premier, on met le verbe à l'infinitif; après l'autre, on le met au participe présent.

(7) *Se rapporter à*, *to rely on*, *to trust to*.

(8) Mettre à même de, *to enable*.

arrangé. Il fondit *irr.* sur lui de même qu'(1)un aigle fond sur sa proie. Les vieillards, de même que les enfants, ont la mémoire faible. De même (2) que la cire molle reçoit aisément toutes sortes d'empreintes, de même la jeunesse reçoit toutes les *impressions* qu'on veut lui donner.

QUOI QUE, OU, PAR OU, D'OU.

On ne vous pardonnera pas, quoi que (3) vous puissiez dire. Quoi qu'il en soit (4), vous avez mal fait de dépenser votre argent comme cela. Quelque (5) mérite que l'on ait, il faut des *protections* (6) pour réussir à quoi que ce soit. Henri IV regardait la bonne *éducation* de la jeunesse comme une chose d'où (7) dépend la félicité des peuples. L'honnête homme reste souvent dans la pauvreté, parce qu'il ne veut pas suivre le chemin par où (8) beaucoup de personnes

---

(1) DE MÊME QUE, dans le sens de *de la même manière que*, se dit *like*, ou *as*.

(2) Le premier *de même* se rend par *as*, et l'autre par *so*.

(3) QUOI QUE, dans ce sens, se dit *whatever*.

(4) Quoi qu'il en soit, *however it may be*.

(5) QUELQUE, devant un substantif, se rend par *whatever*.

(6) *Protection* ne prend pas le signe du pluriel.

(7) D'où, dans le sens de *sur lequel*, se dit *on which*.

(8) Par où, *by which*.

arrivent à la *fortune*. J'entre dans la pension d'où vous sortez. C'est la source où (1) j'ai puisé mes connaissances.

THÈME XXIII.

CE , C'EST. (Voyez *la Grammaire*, pag. 204.)

C'est (2), en quelque sorte, participer à une bonne action, que (3) de la louer de bon cœur. Ce sont (4) souvent les gens qui ont le plus besoin d'*indulgence*, qui en ont le moins pour les autres. Aimer à lire, c'est faire un échange des heures d'ennui contre des heures délicieuses. C'est être oisif que de s'occuper d'un travail inutile. Ce n'est pas assez d'avoir de grands *talents*, une vaste capacité, un esprit supérieur aux autres ; il faut voir l'usage qu'on fait

---

(1) D'où, comme adverbe de lieu, se dit *whence*.

(2) C'EST se rend généralement par *it is*, et l'infinitif qui suit se rend par le participe présent. Quand il y a deux infinitifs, on peut changer la construction en commençant par le dernier avec son régime. Ainsi : *Louer de bon cœur une bonne action, c'est en quelque sorte y participer* ; dans cette construction, le *ce* se supprime, et le dernier infinitif se rend par le participe présent.

(3) Supprimez le *que*.

(4) Quand CE SONT ne peut pas se changer en *ils sont* ou *elles sont*, il se rend par *it is*. Voyez *la Grammaire*, p. 205, etc.

de ces grandes qualités pour bien juger du mérite de ceux qui les possèdent.

Lire des romans (1), c'est dépenser follement son temps. C'est le *talent* qui donne l'*émulation*, et c'est l'*émulation* qui fait prospérer le *talent*. C'est une mauvaise habitude que de priser (2) et de fumer. C'est par les *répétitions* que les choses se fixent dans la mémoire. Comprendre (3), c'est le premier pas qu'on fait en apprenant une langue; s'exprimer dans cette langue, c'est le second degré. Savoir une langue, c'est posséder la double faculté de concevoir des idées par le moyen des signes, et de retrouver (4) ces signes pour exprimer des idées correspondantes. Apprendre une langue, c'est apprendre des idées et des signes.

---

(1) Romans, *romances*.

(2) Priser, *to take snuff*, prendre tabac. Commencez par les verbes, mettez-les au participe présent, et supprimez *que de* et *c'*.

(3) Traduisez par l'infinitif anglais, et supprimez le pronom *ce* qui suit.

(4) *Retrouver*, dans ce sens, se dit *to recollect*.

THÈME XXIV.

DE la place des pronoms dans les phrases interrogatives et dans celles où il y a un pronom qui se
rapporte à une personne, et un autre qui se rapporte
à une chose. (Voyez *la Grammaire*, pag. 206.)

Me (1) croyez-vous *capable* de vous
tromper? Ne vous ai-je pas dit *irr.* la même
chose? Votre mère (2) est-elle (3) toujours
malade? Votre traduction est-elle faite *irr.*?
Je vous la donnerai tout de suite. Le maître
de dessin n'est-il pas encore arrivé? Ne
vous ai-je pas dit *irr.* qu'il est malade?
Quand j'aurai lu ce livre, je vous le prêterai. Votre frère a-t-il recommencé ses
leçons de flûte? Non, il a trouvé *irr.* que
cela lui faisait mal *irr.*; c'est le médecin (4)
même qui le lui a dit *irr.* Notre armée ne
s'est-elle pas bien battue *irr.* à Alger?
(Cela) est-il donc extraordinaire?

---

(1) Dans les interrogations, il faut commencer par l'auxiliaire *do* dans l'absence du verbe *être* ou *avoir*; après ce
signe, on met le nom ou pronom qui est le sujet du verbe,
puis le verbe et son régime.

(2) L'élève doit faire bien attention qu'il faut commencer
l'interrogation par l'auxiliaire, et jamais par le nom ou
pronom.

(3) Les pronoms personnels se suppriment dans ces phrases,
parce que les noms s'y trouvent.

(4) Médecin, *doctor* ou *physician*.

Vos sœurs sont-elles toujours à la pension de madame ∗∗∗? L'aînée ne va-t-elle pas bientôt en Angleterre? Le croyez-vous? Il me semble que quèlqu'un me l'a dit *irr.* (1). Votre montre va-t-elle bien à présent? Voilà une *phrase* que je ne comprends pas, voulez-vous me l'expliquer, s'il vous plaît? Avec grand plaisir. La *construction* en est-elle naturelle? Non, il y a *inversion* et ellipse. L'avez-vous vu *irr.*? Je l'ai vu, je lui ai tout dit; j'ai tâché de l'adoucir, mais il n'a pas voulu (2) m'écouter. Lui avez-vous représenté combien (3) je suis fâché de lui avoir donné sujet de se plaindre de moi? Oui, j'ai tout dit *irr.*; mais il croit toujours que vous l'avez fait *irr.* à dessein (4).

---

(1) Mettez le régime après le verbe, et le régime direct devant l'indirect.

(2) N'a pas voulu, *wou'd not.*

(3) L'adjectif se met immédiatement après *combien.*

(4) A dessein, *intentionally* ou *on purpose.*

THÈME XXV.

SYNTAXE DU VERBE.

RÈGLE I à VIII.

LE verbe doit s'accorder avec son sujet; il se place
devant son régime.

(Voyez *la Grammaire*, pag. 208.)

PLACE DU VERBE.

Je lis à présent l'histoire d'Angleterre,
et je la trouve (1) fort amusante. Mon
frère la traduit du français en anglais, et
moi (2) je la traduis de l'anglais en français; après cela, nous comparons nos traductions avec le texte, et mon père donne
une *récompense* à celui qui a le mieux
rendu les idées. Les élèves de notre pension vont toutes (3) les semaines à l'école de
natation (4). Ma sœur et ma cousine appren-

---

(1) Le verbe se met avant son régime.

(2) Supprimez le pronom *moi;* les Anglais n'emploient
que rarement deux pronoms de la même personne devant
un verbe.

(3) TOUT, dans un sens distributif, se rend par *every,*
chaque.

(4) École de natation , *swimming-school.* École d'équita-
tion, *riding-school.*

nent l'italien (1). Leur maître les fait (2) beaucoup travailler : il fait (2) très-bien. La prononciation n'est pas bien difficile ; mais les verbes irréguliers sont nombreux.

Vous avancez à présent, c'est parce que vous faites (3) *attention* à vos études ; mais votre frère perd la moitié de son temps. Envier (4) quelqu'un, c'est s'avouer son inférieur. Ignorer (5) ce qui s'est passé avant nous (6), c'est toujours être enfant. Savoir parler et savoir se taire (7) sont deux choses très-essentielles. Négliger ses études, c'est se préparer une vie triste et ennuyeuse (8). Je vous comprends bien, mais je ne puis vous répondre en anglais. Si vous me comprenez, c'est quelque chose. Je vous ferai bien prononcer. Je me sens un peu indisposé. Vous vous êtes peut-être trop fatigué.

---

(1) Les mots français terminés en *ien* se terminent généralement par *ian* en anglais.

(2) FAIRE, dans la première partie de la phrase, se dit *make*; et dans la seconde il se rend par *do*. Voyez *la Grammaire*, pag. 100, etc.

(3) Le verbe *faire* se rend par *to pay* lorsqu'il précède *attention*.

(4) Quand un infinitif sert de nominatif, le verbe qui suit se met à la troisième personne du singulier.

(5) Ignorer, *to be ignorant of*.

(6) Il faut traduire comme s'il y avait *avant notre temps*; c'est parce qu'en anglais le mot *before* répond à *devant* et *avant*.

(7) SE TAIRE, *to hold one's tongue*, retenir sa langue.

(8) ENNUYEUSE, *tedious*.

Je m'amuse beaucoup chez vous, vous avez (de) si bons livres! Dépêchez-vous de vous habiller, on vous attend pour déjeûner. Je me suis trompé *irr.* (1), je croyais qu'il n'était que dix heures. A quoi vous occupez-vous à la campagne? Je m'occupe (2) à lire, à écrire, à me promener, à dessiner. Ne vous (3) ennuyez-vous pas quelquefois? Oh! oui, nous nous ennuyons beaucoup quand il fait (4) mauvais temps, et que nous ne pouvons pas nous promener. Les Turcs et les Grecs se détestent mutuellement; ils se font tout le mal possible. Les gens qui se livrent au jeu (5) se rendent indignes de toute confiance.

Les enfants se sont très-bien conduits aujourd'hui en classe. Vous êtes-vous fait du mal *irr.* (6)? Pas beaucoup, je ne me

---

(1) SE TROMPER se dit généralement *to mistake*, ou *to be mistaken*; il n'est pas réfléchi.

(2) Le verbe s'occuper, *to occupy oneself*, demande la préposition *with* ou *in*, et l'infinitif se rend par le participe présent.

(3) S'ENNUYER se rend par *to be dull*, ou *to be tired of*. L'adjectif *ennuyeux* se dit *tiresome*, ou *tedious*, et quelquefois *annoying*. Le verbe, quand i n'est pas réfléchi, peut se rendre par *to annoy*: le substantif a été adopté par les Anglais sous sa forme naturelle.

(4) *Faire*, en parlant du temps, se rend par *to be*.

(5) Jeu, *gaming*, ou *gambling*.

(6) SE FAIRE DU MAL, *to hurt one's self*. Voyez *la Grammaire*, page 243.

suis qu'égratigné. Vous vous repentirez (1) de votre conduite. Le courage ou le bonheur ont fait des héros; mais la vertu toute seule (2) peut former les grands hommes. Ou vous, ou votre frère, ou quelqu'un de vos camarades, vous l'avez (3) fait *irr*. Mais je vous assure que ni l'un ni (4) l'autre ne l'a fait, puisque nous étions tous ici. L'homme ne peut compter sur la vie; une vapeur, un grain de sable suffit (5) pour la terminer. Ne perdez pas votre temps, ne négligez pas vos études. Un jour, une heure, une *minute* est importante.

Vous, mon frère et moi, nous (6) avons bien travaillé. Ou vous, ou moi, nous avons tort (7). Ni vous, ni votre frère ne méritez d'être encouragés; vous ne tra-

---

(1) SE REPENTIR n'est pas réfléchi aujourd'hui, on le trouve quelquefois sous cette forme dans nos anciens auteurs.

(2) TOUTE SEULE, *alone*.

(3) Le verbe s'accorde généralement avec le pronom qui en est le plus près; on supprime le pronom collectif dont on se sert en français pour réunir les différents noms ou pronoms qui forment quelquefois le nominatif.

(4) Après deux noms ou pronoms du singulier, séparés par une conjonction dite disjonctive, on met le verbe au singulier, et on supprime la négation qui suit.

(5) SUFFIRE, *to be sufficient*, ou *to suffice*.

(6) Les pronoms qui servent à réunir les noms ou pronoms énoncés dans la première partie de la phrase, se suppriment dans la traduction.

(7) Avoir tort, *to be in the wrong*, ou *to be wrong*.

vaillez pas. Ni l'un ni l'autre n'a fait *irr.* son devoir. La plupart des hommes se souviennent bien mieux (1) (des) *services* qu'ils rendent, que de ceux qu'ils reçoivent. Peu (de) gens négligent leurs propres intérêts. L'armée se montra de tous côtés sur les hauteurs. La cavalerie s'est très-bien conduite. La commission(2)est partagée dans son avis (3). La Cour va bientôt à Saint-Cloud. Le peuple (4) n'est jamais content. La *députation* a été reçue par le roi. Il paraît que le conseil s'occupe d'affaires importantes.

THÈME XXVI.

(Voyez *la Grammaire*, pag. 210, etc.)

PRÉSENT.

Je traduis tous les jours deux pages d'anglais. Nous déjeûnons à onze heures. Beaucoup d'Anglais apprennent la langue

---

(1) Bien mieux, *much better.*

(2) La commission, *the committee.*

(3) Avis, se dit généralement *opinion;* c'est le mot *conseil* qui se rend par *advice.*

(4) Le mot *people* est généralement considéré comme nom collectif, qui demande un verbe au pluriel.

française à Londres, mais ils ont généralement une mauvaise prononciation. En Angleterre on sert la viande et les légumes tout à la fois, et on les mange ensemble dans la même assiette. Avez-vous fini votre ouvrage? Oui, et je fais (1) à présent un bonnet pour ma petite sœur. On dit que Walter Scott a écrit une histoire d'Écosse. Que fait-on au Louvre? On arrange les tableaux pour l'exposition (2). Que faites-vous donc là si long-temps? Je m'habille; mais je suis à vous (3) tout de suite.

Je vous vois là, et j'entends ce que vous dites. Je conçois bien ce que vous voulez dire (4). Pensez à mon affaire. J'y pense dans ce moment. Que regardez-vous? Je regarde dans la rue ce pauvre enfant, qui n'a ni souliers ni bas. Et vous réfléchissez, j'espère, combien (5) vous êtes heureux. Quand vous aurez (6) fini votre traduction,

---

(1) Quand l'action dure au moment où l'on parle, on se sert du verbe *to be* avec le participe présent du verbe principal.

(2) *Exposition*, dans ce sens, se dit *exhibition*.

(3) *Je suis à vous* se rend par *I am at your service*, ou, au bas d'une lettre, par *I am yours*.

(4) VOULOIR DIRE, dans ce sens, se dit *to mean*.

(5) Quand COMBIEN a pour complément un adjectif, il se traduit par *how*, et l'adjectif se met ensuite.

(6) Après quand, *when*, et aussitôt que, *as soon as*, on met généralement le présent au lieu du futur.

vous me la montrerez. Quand j'aurai appris l'anglais, j'irai en Angleterre.

Aussitôt que ma sœur sera partie, j'irai vous voir. Quand vous aurez lu *irr.* ce livre, je vous en prêterai un autre. Mon père m'a dit *irr.* que quand je saurai (1) parler anglais, il me mènera en Angleterre. Nous irons à Versailles dimanche prochain pour voir (2) jouer les eaux. Nous allons demain matin au Jardin des Plantes. Je vais bientôt à Londres; si vous avez quelques commissions, je les exécuterai avec beaucoup (de) plaisir. Vous êtes bien bon; j'allais justement écrire deux mots à mon père qui y est, pour lui demander s'il revient bientôt. Qu'allez-vous faire à Lon-dres? Je vais me placer dans une maison de commerce. Vous allez donc y faire un long séjour? Je ne sais pas, car je ne vais à présent que pour voir si cela me con-vient (3).

---

(1) Traduisez par *can*, pouvoir.
(2) Placez le nom entre les deux verbes.
(3) Convenir, *to suit.*

THÈME XXVII.

SYNTAXE DU VERBE.

RÈGLE I à IV.

(Voyez *la Grammaire*, pag. 212.)

IMPARFAIT ET PRÉTÉRIT.

L'année dernière, j'allais *irr.* souvent au spectacle (1); j'avais trois ou quatre fois par semaine des billets (2) pour les loges (3). Quand j'étais chez moi (4), je ne me levais *irr.* (5) qu'à huit heures; mais ici, à la pension, tout le monde se lève à cinq heures. Que faisiez-vous pendant les trois mois que vous avez passés à Londres? J'allais *irr.* tous les jours voir quelque chose de remarquable pour les étrangers (6). Où étiez-vous tout à l'heure? J'écrivais (7) dans ma chambre. J'allais chez votre frère

---

(1) SPECTACLE, *play*, ou *theatre*, ou *play-house*.

(2) Billets d'entrée, se disent *tickets*.

(3) Loges, *boxes;* ce mot signifie aussi des *boîtes*.

(4) Chez moi, *at home*.

(5) SE LEVER, *to rise;* il n'est pas réfléchi.

(6) ÉTRANGER, en parlant d'une personne qui n'est pas du pays, se dit *foreigner;* le mot anglais *stranger* s'emploie en parlant de personnes que nous ne connaissons pas.

(7) Traduisez par le verbe *être* et le participe présent, parce que l'action durait encore au moment dont on parle.

quand je vous ai rencontré. On parlait de vous quand vous êtes arrivé.

Au moment où votre lettre m'est parvenue, je vous écrivais pour me plaindre de votre silence. Nous discutâmes sur la *signification* d'un mot; vous pouvez peut-être nous éclaircir. Vous êtes depuis six mois dans cette classe, et vous y avez la même *place* qu'au premier jour. Combien y a-t-il que vous êtes ici (1)? J'y suis (2) depuis dix-huit mois. Depuis mon retour à Paris, je suis (3) toujours malade. Depuis qu'il est dans la classe, c'est la première fois qu'il ait manqué à faire son devoir. J'ai trouvé *irr.* hier un livre que je cherche depuis long-temps. J'ai rencontré *irr.* ce matin le roi habillé en bourgeois (4).

___

(1) Traduisez comme s'il y avait *combien avez-vous été ici?* Voyez *la Grammaire*, pag. 229.

(2) Traduisez aussi par le parfait indéfini du verbe *être*, *I have been.*

(3) Voyez la note précédente.

(4) En bourgeois, *in a private dress*, ou *as a citizen*, ou bien *as a private gentleman.*

THÈME XXVIII.

(*Voyez la Grammaire*, pag. 214.)

Le prétérit indéfini se forme, comme en français, de l'auxiliaire et du participe passé.

PRÉTÉRIT-INDÉFINI.

Vous avez été long-temps à faire (1) votre traduction. Mais j'espère l'avoir bien faite *irr.* Mon frère a-t-il été plus *diligent* que moi? Il a eu plus de peine, mais il a tout fait. Nous avons présenté aujourd'hui des bouquets au maître, à cause de (2) sa fête. Avez-vous reçu des nouvelles de votre sœur? Oui, j'en ai reçu aujourd'hui. J'avais loué un appartement avant votre arrivée, vous verrez s'il vous convient. Aviez-vous déjà appris l'anglais avant d'aller en Angleterre? J'avais pris *irr.* seulement quelques leçons. Dès (3) que j'eus appris à traduire, je commençai *irr.* à parler. Il avait perdu *irr.* la plus grande partie de sa *fortune* avant ce malheureux événement. Aus-

---

(1) Traduisez par le participe présent, supprimez la préposition, ou rendez-la par la préposition anglaise *in.*
(2) A cause de, *on account of.*
(3) Dès que, *as soon as.*

sitôt que j'eus commencé l'anglais, je trou-
vai *irr.* que la prononciation n'est pas si
difficile qu'on le dit, et avant six mois je
l'eus apprise.

THÈME XXIX.

(Voyez *la Grammaire*, pag. 215.)

FUTUR.

Nous aurons (1) demain une petite réunion, y viendrez-vous? J'irai bientôt à
Lyon; j'y resterai peut-être un mois, et
à mon retour, j'apporterai beaucoup de
soieries; en auriez-vous besoin? Je prendrai volontiers trois ou quatre pièces de
foulards (2). Si vous ne faites pas *attention* à vos leçons, vous n'apprendrez rien.
Vous verrez bientôt les progrès que fera (3)
votre frère. Mais je m'y appliquerai.

Le maître qui enseigne (4) une langue

(1) Le futur simple, c'est-à-dire où il ne s'agit pas de résolution ni de commandement de la part de la personne qui
parle, s'énonce par *shall* à la première personne, et par *will*
aux autres.

(2) FOULARDS, *silk-handkerchiefs* ou *India handkerchiefs.*

(3) Placez le sujet devant le verbe.

(4) ENSEIGNER, *to teach.* Les verbes qui sont terminés à
l'infinitif par un son sifflant, comme *ch*, *s*, *x*, *z*, forment

étrangère à des jeunes gens, fera bien de leur parler (1) beaucoup. Il ne raisonnera pas sur l'art de parler; il commencera par leur présenter des *phrases* très-simples. Les *éléments* dont elles sont composées frapperont les organes de ses élèves; ils les distingueront par leurs parties matérielles, par l'*interprétation* verbale du maître, qui leur fera (2) remarquer la place qu'ils occupent dans la *phrase*. De nouvelles idées se développeront, les signes se trouveront (3) en correspondance avec ces idées, et un langage mental se formera. Vous n'aurez (4) pas d'autre livre avant d'avoir fini celui-ci, et vous en traduirez deux *pages* par jour.

Par où commencerai (5)-je ma traduction? Vous commencerez au bas (6) de la

---

leur troisième personne du singulier au présent de l'indicatif en ajoutant *es*, et cette terminaison ajoute une syllabe au mot.

Ex. *To teach*, *he teaches.*

(1) PARLER, *to speak.* Ce verbe prend généralement la préposition *to* devant son régime; mais dans le sens de causer, on met *with*, avec.

(2) FAIRE se rend par *to make* devant les verbes *remarquer, observer.*

(3) Tournez *se trouveront* par le passif *seront trouvés.*

(4) N'oubliez pas que le futur impératif exige *will* à la première personne, et *shall* aux autres.

(5) Dans les interrogations, au temps futur, on se sert de *shall* aux premières personnes.

(6) Au bas, *at the bottom.* En haut, *at the top.*

page, et vous ferez jusqu'au (1) dernier alinéa (2) de la vingtième page. Dépêchez-vous donc, j'aurai fini avant que vous n' (3) ayez commencé *irr*. Ce jeune homme aura mangé *irr*. la plus grande partie de sa *fortune* avant d'arriver à l'âge majeur (4). Aurez-vous changé de domicile (5) avant mon retour de la campagne? Nous aurons tout déménagé (6) même avant votre départ. Votre sœur (7) aura-t-elle fini la bourse pour la fête de son papa? Oui, mais elle n'aura pas fini toutes ses affaires avant le jour de l'an.

---

(1) *Jusqu'à*, en parlant d'un endroit, se rend par *to* ou par *as far as*, aussi loin que.

(2) Alinéa, *paragraph*.

(3) Ces *ne*, qui s'emploient au subjonctif, ne se rendent pas.

(4) Arriver à l'âge majeur, *to come of age*.

(5) Changer de domicile, *to remove*, ou *to change lodg-ings*. *Déménager* se dit aussi *to remove*.

(6) Déménager, *to remove*.

(7) Commencez les interrogations par le signe verbal, et placez le nom ou pronom immédiatement après, c'est-à-dire entre le signe et le verbe.

THÈME XXX.

(Voyez *la Grammaire*, pag. 215.)

LES signes qui indiquent le temps appelé conditionnel, sont *would* et *should*. (Voyez *la Grammaire*, pages 93, 215; et *Thèmes*, première partie, p. 96.)

CONDITIONNEL.

Celui qui prétendrait apprendre une langue par la théorie et les (1) règles, ressemblerait à (2) un enfant qui voudrait apprendre à marcher par la théorie de l'équilibre. Vous ne seriez pas content, si vous ne gagniez pas un prix au collége; mais vous auriez tort (3) de vous fâcher (4), puisque vous perdez la moitié de votre temps. Serais-je votre ami, si je vous permettais de faire une mauvaise *action*? Cet enfant serait le premier de sa classe, s'il voulait travailler. Vous n'auriez pas eu la moindre difficulté, si vous aviez suivi mes

(1) Ne répétez pas l'article.
(2) Ressembler, *to resemble;* ce verbe ne prend pas de préposition.
(3) Avoir tort, *to be wrong*, ou *to be in the wrong.*
(4) Se fâcher, *to vex oneself*, ou *to be vexed.*

conseils (1). Tu (2) me rendrais plus de justice, si tu me connaissais *irr.* mieux.

Dirait-on des mensonges, si on réfléchissait que, pour en soutenir un, il faut en dire une vingtaine? Dussé-je (3) mourir, j'irai me battre contre les ennemis de ma patrie. Quand même (4) vous me donneriez mille *francs*, vous ne l'auriez pas. Je serais toujours votre ami, quand bien même vous abuseriez de (5) mon amitié. Quand même vous me le demanderiez mille fois, je ne le ferais pas. Il est si méchant, qu'il le ferait, quand même on le lui défendrait. J'aurais peut-être plus d'amis, si je n'en avais pas besoin.

—————

(1) *Conseil*, dans ce sens, se dit généralement *advice*, et s'emploie toujours au singulier.

(2) L'élève ne trouvera que peu d'exemples à la deuxième personne du singulier; c'est que, dans le style familier, les Anglais ne l'emploient pas.

(3) Dussé-je, *though I should*, ou bien *should I, etc.*

(4) Quand même *ou* quand bien même, *though*, ou *even if.* Voyez *la Grammaire*, pag. 203.

(5) La préposition se supprime après le verbe abuser, *to abuse.*

THÈME XXXI.

(Voyez *la Grammaire*, pag. 217.)

IMPÉRATIF.

Donnez-moi un peu d'encre, s'il vous plaît. Ne touchez pas à (1) cela, vous l'abîmerez (2). Soyez industrieux, et vous serez récompensés. Soyons (3) sages, autrement nous ne sortirons pas. Qu'ils fassent leurs devoirs pendant la *récréation* (4). Qu'il ne déjeûne pas avant d'avoir fait son devoir. Ne fais pas toi-même ce qui te déplaît dans les (5) autres. Aimons les autres comme nous-mêmes; comparons-les à nous; estimons leurs peines et leurs jouissances par les nôtres; souhaitons-leur ce que nous désirons pour nous; nous suivrons alors les lois de la charité. N'écrivez jamais dans l'*émotion* de la colère. Fuyez (6) tout plai-

---

(1) Supprimez la préposition.

(2) Abîmer, *to spoil.*

(3) Aux premières et aux troisièmes personnes de l'impératif, on se sert du verbe *to let*, laisser, après lequel on met le pronom à l'objectif, et enfin le verbe principal. Voyez *la Grammaire*, pag. 217.

(4) Récréation se dit aussi *play-hours.*

(5) Supprimez l'article *les.*

(6) FUYEZ, dans ce sens, se dit généralement *to shun.*

sir qui pourrait être suivi d'un repentir ; n'en goûtez aucun jusqu'à la satiété. Taillez (1)-moi cette plume, s'il vous plaît. Ayez la *complaisance* de me prêter un crayon. Attendez un instant. Venez voir le *portrait* de ma mère. Allez dire à votre père que quelqu'un le demande. Pensez à moi. Ne m'oubliez pas.

THÈME XXXII.

(Voyez *la Grammaire*, pag. 218.)

SUBJONCTIF.

Je le ferai de manière que vous en soyez (2) content. Afin que j'apprenne à bien prononcer l'anglais, je lis tous les jours pendant une heure avec mon maître. Je vous donne ce livre, afin que vous puissiez le consulter de temps en temps. Prenez cette bourse, afin que vous n'ayez pas besoin d'argent. Si vous désirez que je vous donne des leçons, il faut tâcher d'en pro-

---

(1) *Tailler une plume pour la première fois* se dit *to make ;* après cela on dit *to mend*, raccommoder.

(2) Le subjonctif se rend par *may* pour le présent et le futur ; pour le passé, on se sert de *might :* après ces signes, on met le verbe à l'infinitif sans préposition.

12.

fiter. Vous avez souhaité que je vous disse la vérité; je vous l'ai dite *irr.*, et vous vous en êtes fâchés. Permettez que je vous fasse (1) une *observation*. Votre père a défendu (2) que vous restiez au lit après six heures.

Je ne crois pas que cet enfant soit si méchant qu'on le (3) dit. Croyez-vous que nous ayons (4) la guerre? Quoique vous soyez plus instruit que lui, il est plus sage que vous. Je crains que votre père (ne) soit (5) pas content de vos progrès. Je crains beaucoup que ma mère (ne) soit malade, puisqu'elle ne m'écrit pas. Vous craignez toujours que votre mère (ne) soit pas contente; cependant vous ne tâchez pas de la contenter. Je ne doute pas que vous (ne) fassiez (6) tout ce qui dépend de vous; je doute seulement que vous soyez assez fort pour résister à (7) tant d'adversaires. Je suis charmé que vous l'ayez (8) obtenu.

----

(1) Permettez que je fasse, *permit me to make.*
(2) Défendre, dans ce sens, se dit *to forbid;* il est irrégulier.
(3) Supprimez le pronom *le.*
(4) Traduisez par le futur.
(5) Traduisez par le futur.
(6) Futur, sans négation.
(7) Supprimez la préposition.
(8) Indicatif présent.

C'est le livre le plus amusant que j'aie jamais lu *irr*. Pourriez-vous me recommander un maître qui sache (1) bien enseigner l'anglais? Voulez-vous qu'il soit (2) natif de Londres? En cas que nous sortions (3) demain, je ferai mon devoir ce soir. Dépêchons-nous, de peur qu'il ne pleuve avant que nous (ne) soyons (4) chez nous (5). Supposez que je sois capable de vous tromper, qu'y gagnerais-je? A Dieu ne plaise (6) que je sois trompé par un ami que j'estime autant que vous! En cas que le maître (ne) soit pas content, dites-lui que j'ai été malade.

De peur que vous (ne) le trouviez pas chez lui, je vous conseille de passer (7) chez sa mère. Il n'est pas *possible* que vous le fassiez (8) en si peu de temps. Il importe (9) que vous y alliez aujourd'hui. Il suffira (10)

---

(1) Indicatif présent.

(2) Voulez-vous qu'il soit, *do you wish him to be*, etc.

(3) On peut rendre le verbe par le subjonctif anglais ou par le conditionnel, c'est-à-dire avec le signe *should*.

(4) Traduisez par le présent de l'indicatif.

(5) Chez nous, *at home*.

(6) A Dieu ne plaise, *God forbid*, c'est-à-dire, que Dieu défende.

(7) Traduisez le verbe *passer* par *to go*, aller, et mettez *sa mère* au génitif anglais.

(8) Que vous le fassiez, *that you can do*, ou *for you to do it*.

(9) Il importe, *it is important*, ou *it is necessary*.

(10) Suffire, *to be sufficient*.

sans doute que vous connaissiez la volonté de votre père pour que vous vous empressiez (1) de l'exécuter. Il vaut mieux (2) que vous soyez trompé que trompeur. Il est fâcheux (3) que vous ne sachiez (4) pas l'anglais; vous perdez le plaisir de lire nos poètes dans l'*original*. Afin que vous eussiez de quoi vous amuser à la campagne, votre père vous a envoyé *irr.* les œuvres de madame Cottin.

Guillaume le Conquérant avait défendu *irr.* (5) que les Anglais eussent du feu et de la lumière dans leurs maisons passé huit heures du soir. Sachant que vous êtes un peu étourdi (6), je doutais que vous eussiez fait *irr.* beaucoup de progrès; je suis d'autant plus (7) content de vous trouver si avancé. Craignant que son père (ne) le grondât, il n'a pas osé dire la vérité. Ne sachant pas que vous fussiez à Paris, je vous ai écrit *irr.* à Londres. Doutant que vous ayez fait vos excuses à votre maître, je vous engage à y aller sans délai.

------

(1) S'empresser, *to hasten ;* il n'est pas réfléchi.
(2) Voyez *Thème* sur valoir mieux.
(3) Fâcheux, *a pity.*
(4) Traduisez par l'indicatif, parce qu'il n'y a pas doute.
(5) Défendre, dans ce sens, se dit *to forbid.*
(6) Étourdi, *giddy, thoughtless, wild.*
(7) D'autant plus, *the more,* ou *so much the more.*

Quoiqu'il ait négligé ses études jusqu'à présent, je ne doute pas qu'il ne fasse tous ses efforts pour rattraper (1) son frère. Il est *possible* que vous ayez lu, et même traduit cet ouvrage, sans être frappé par la beauté du *style* et la force des idées. Quoique j'eusse écrit *irr.* la lettre, je ne l'avais pas envoyée *irr.* Bien que (2) nous eussions fini à midi, nous avons été en retenue (3) jusqu'à deux heures. Pour que (4) nous fussions en route à huit heures, nous nous sommes levés *irr.* à cinq. Pour que vous eussiez fini hier, il aurait fallu (5) commencer *irr.* plus tôt.

---

(1) Rattraper, *to overtake,* ou *to catch.*

(2) Bien que, *though.*

(3) En retenue, *kept,* ou *kept in.*

(4) Pour que se rend par *in order,* suivi immédiatement de l'infinitif; on le supprime souvent en se servant seulement de l'infinitif.

N. B. Le pronom qui suit *pour que, afin que,* etc., peut se supprimer, mais il en faut un devant le second verbe.

(5) Il aurait fallu, *it would have been necessary.* Voyez *la Grammaire,* pag. 230, etc.

THÈME XXXIII.

(Voyez *la Grammaire*, pag. 221.)

L'INFINITIF anglais se distingue par la préposition *to* qui le précède.

INFINITIF.

Agir sans avoir réfléchi, (1) (c')est se mettre en voyage (2) sans en avoir fait les préparatifs. Il est plus facile de jeter (du) *ridicule* sur une belle action que (de) l'imiter. La jeunesse ne sent (3) pas la nécessité de bien employer ses années ; c'est cependant le seul moyen d'apprendre à les employer dans la vieillesse. Le moyen le plus sûr de se consoler de son sort, (c')est de regarder ceux qui sont beaucoup plus malheureux que nous. A quoi (4) vous occupez-vous à la campagne ? Je m'occupe à lire (5), à écrire, à dessiner, et souvent à

---

(1) Le CE qui suit l'infinitif ne se rend pas.

(2) Se mettre en voyage, *to commence a journey*, ou *to set out on a journey*.

(3) SENTIR, dans ce sens, se dit *to feel*; dans le sens de l'odorat, il se dit *to smell*.

(4) *A quoi*, dans ce sens, peut se rendre par *how*, ou par *with what*.

(5) L'infinitif, après les verbes qui indiquent que l'action se prolonge ou qu'elle est souvent répétée, se rend généralement par le participe présent ; la préposition *à* qui précède ces infinitifs se rend par *with* et quelquefois par *in*.

me promener dans les environs. Il s'est conduit si mal, qu'il a fini par perdre sa place. Ouvrir son (1) âme à l'ambition, c'est la fermer au repos.

Employer son argent à faire du bien, (c')est le placer au plus haut intérêt. Se mettre en colère dans une *discussion*, (c')est donner des armes à son adversaire. Se fier à (2) tout le monde, et ne se fier à personne, sont deux excès; il y a plus d'honnêteté dans l'un et plus de sûreté dans l'autre. Bien (3) écouter et bien répondre sont les deux choses qui forment l'art de la *conversation*. Je le vois regarder (4) par la fenêtre. Je l'ai vu déchirer mon livre. L'entendez-vous chanter? Je sentais *irr.* la terre trembler sous mes pas.

---

(1) Traduisez par le génitif du pronom indéfini *one*, c'est-à-dire *one's*.

(2) Se fier a, *to confide in.*

(3) Les adverbes se mettent après les verbes.

(4) Lorsque l'infinitif est précédé d'un participe passé, et qu'il se rapporte à une action prolongée, on le rend par le participe présent. Les verbes suivants demandent aussi que l'infinitif qui les suit se rende par le participe présent.

Achever,	Fuir,
Contempler,	Se repentir,
Cesser,	Renoncer à,
Différer,	Risquer,
Empêcher,	Sentir,
Éviter,	Voir,
Entendre,	Se proposer,

et quelques autres employés dans le même sens.

Ce pauvre couvreur (1)! je le vis tomber du haut de la maison.

Je n'aime pas cet enfant, je l'ai vu tuer un chat. Est-ce là le portrait que vous avez vu peindre? Je n'oublierai jamais le beau tableau que j'ai vu déchirer *irr.* en mille pièces. Il est *impossible* de s'empêcher (de) rire en voyant les peines que prennent quelques personnes pour se rendre ridicules. Il continue (de) parler, quoiqu'on lui ait dit de se taire. Avez-vous fini (2) (de) lire? Oui, et j'ai commencé *irr.* à écrire; vous pouvez prendre mon livre. Il me semble que je n'apprendrai (3) jamais à parler anglais. Je vous apprendrai à dessiner, si vous voulez travailler. Savez (4)-vous tricoter?

Voulez-vous me montrer comment faire cela? Dans un an, je vous (5) ferai prononcer comme un Anglais. Je suis sûr que votre

---

(1) COUVREUR, *tiler.*

(2) Après le verbe FINIR, on rend l'infinitif par le participe présent.

(3) Après le verbe *apprendre*, l'infinitif se rend généralement par l'infinitif anglais; on le rend cependant quelquefois par le gérondif.

Ex. Je vous apprendrai à danser, *I will teach you to dance* ou *I will teach you dancing.*

(4) *Savoir*, quand il se rapporte à un verbe, se rend par pouvoir, *can*, et le verbe se met à l'infinitif sans *to.*

(5) Rendez le verbe FAIRE par *to make.*

père ne vous laisserait (1) pas jouer, s'il savait *irr.* que vous ne travaillez pas. Je n'ose pas vous dire l'accident qui m'est arrivé. On va faire (2) peindre et blanchir les classes (3) pendant les vacances. Il a fait faire *irr.* une voiture à l'anglaise (4). Si vous ne le faites pas bien, je vous le ferai (5) faire encore. On lui a fait réciter trois pages d'Homère.

Il est *impossible* de vous faire travailler. A présent on peut aller de Calais à Londres en dix heures. Voulez-vous me faire (6) le plaisir d'attendre un instant? Il sait bien ce qu'il doit faire, mais il ne veut pas le faire. Pourriez-vous me dire l'heure qu'il est? Je ne puis vous le dire, parce que j'ai oublié *irr.* de remonter (7) ma montre. Ap-

---

(1) Laisser, dans le sens de *permettre*, se dit *to let*; il est considéré comme auxiliaire : ainsi on supprime *to* devant l'infinitif.

(2) Faire, devant un infinitif, se rend par *to have*, ou *to cause to be*, et l'infinitif se rend par le passé. On met le nom ou pronom immédiatement après les mots qui représentent le verbe faire.

(3) Classes, *school-rooms*.

(4) A l'anglaise, *in the English fashion*.

(5) Le verbe faire se rend généralement par *to make*, quand il est suivi de son infinitif; on ne peut dans ce cas le rendre par *to do*.

(6) Faire, ayant pour régime *plaisir* ou *faveur*, se rend par *to do*. Pour plus de détails sur *faire*, voyez *la Grammaire*, pag. 99.

(7) Remonter, en parlant de *montres* et de *pendules*, se dit *to wind up*, tourner.

prochez (1)-vous du feu, si vous avez froid.
J'ai toujours soif quand il fait chaud (2).
N'ayez pas peur, le chien n'est pas méchant. C'est un bel enfant, quel âge a-t-il ?
Vous aviez tort de répondre ainsi, et par conséquent on avait raison de vous faire
ce reproche. Ce pauvre animal a faim,
donnez-lui à manger.

THÈME XXXIV.

SYNTAXE.

VERBES UNIPERSONNELS.

IL Y A.

(Voyez *la Grammaire*, pag. 225.)

Il y a (3) six mois que (4) je n'ai vu *irr.* mon
frère. Il y a aujourd'hui trois ans que j'ai eu
le malheur de perdre ma mère. Il y a trois
ans qu'elle est morte (5). Il n'y a pas deux
minutes qu'il était ici. Il n'y a pas six ans

---

(1) Après le verbe approcher, *to approach*, il faut supprimer le pronom et remplacer *du* par l'article défini *the*.
(2) FAIRE CHAUD, FROID, etc., se dit *to be hot, cold, etc.*; voyez *la Grammaire*, pag. 233.
(3) *Il y a* se rend par *it is* en parlant d'un espace de temps ou d'une distance.
(4) *Que* pour *depuis que* se dit *since*.
(5) Voyez *la Grammaire*, pag. 229, exemples.

qu'il est dans le commerce ; cependant il s'en retire avec une belle *fortune*. Il y a plus de cent lieues de Londres à Paris. Y a-t-il huit lieues de Calais à Douvres ? Je ne crois pas qu'il y (en) ait plus de sept. Combien (1) y a-t-il d'ici aux vacances (2) ? Il y a deux mois et quelques jours. Savez-vous combien il y a d'ici à Lyon ? Il y a, je crois, cent et quelques (3) lieues.

Voulez-vous m'acheter (4) ce panier de pê-ches ? Combien y en a-t-il ? Il y en a treize. Combien y a-t-il d'élèves à votre pension ? Dites-moi, s'il vous plaît, combien il y a de chocolat dans un de ces paquets ? Il y (en) a une demi-livre. Combien y a-t-il que vous êtes en France ? Il y a deux ans que ma sœur est à Londres. Combien y a-t-il que vous êtes malade ? Il y a trois jours que je suis au lit. J'ai pensé (5) mourir il y a quelques jours. Ma mère est par-

---

(1) COMBIEN, en parlant d'un espace de temps, se dit *how long*; pour une distance, on dit *how far*; pour quantité, on dit *how much*; et pour un nombre, *how many*.

(2) *Vacances*, en parlant des écoles, se dit *holidays*.

(3) *Quelques*, dans ce sens, se rend par *odd*.

(4) M'ACHETER, signifiant *acheter pour moi*, se dit *buy me*; dans le sens d'*acheter à quelqu'un*, on dit *to buy of*.

(5) PENSER, dans ce sens, se dit *to be near*, et l'infinitif se rend par le participe présent. On le rend aussi quelquefois par *to think*; et dans ce cas, l'infinitif se rend par le conditionnel ou obligatif précédé du pronom de la personne qui est le sujet de la phrase.

tie *irr.* pour sa campagne il y a quinze jours. Il y avait trois mois que j'étais en Espagne, lorsque la guerre éclata *irr.*

Je l'ai vu *irr.* il y a deux jours. Il y a trois ans que vous apprenez le français, cependant vous ne voulez jamais parler français avec votre cousine. Il y avait une heure que nous l'attendions, quand il nous a fait dire (1) qu'il ne pouvait pas venir. Il y a trois jours qu'il pleut sans cesse. Il y aura demain deux ans que j'apprends le *piano*. Il y a long-temps que je m'attends (2) à cela. Il y a trop (3) (de) bruit. Y a-t-il du feu dans le salon ? Il n'y a pas de place dans la voiture pour demain. Il y a une grande différence entre ces deux enfants. Il n'y a pas de comparaison.

Il n'y a pas de (4) meilleur ami, ni de plus puissant ennemi que l'argent. Il y a sur la terre plus de bonheur que d'heureux; c'est parce qu'il y a si peu d'hommes qui savent où le chercher. Il y a beaucoup d'*occasions* où il vaut mieux se taire (5) que parler. Il y a dans ce jeune homme un

---

(1) Faire dire, *to send word.*
(2) S'attendre à, *to expect.*
(3) DE, après *trop*, se supprime, quand il est suivi immédiatement d'un substantif.
(4) Traduisez *de* par l'article indéfini.
(5) Se taire, *to hold one's tongue.*

air de présomption qui gâte ses bonnes qualités. Avec vous, il y a toujours des si et des mais. Il n'y a point de sots si incommodes (1) que ceux qui ont de l'esprit. Il y a trois choses à consulter, savoir (2) : le juste, l'honnête et l'utile. Il y avait deux cents hommes de tués et cinq cents (de) blessés. Il y avait tout à l'heure deux messieurs (3) qui vous demandaient.

THÈME XXXV.

FALLOIR.

(Voyez *la Grammaire*, pag. 229.)

PEU S'EN FAUT peut se rendre en général par *to be near*, être près. Il s'en faut de beaucoup, se rend par *to be far from*, être loin de. On met le verbe *to be* au même temps que le verbe falloir, et l'on prend pour sujet le nom ou pronom qui suit la conjonction *que*; le verbe qui est au subjonctif se met au participe présent, et se place immédiatement après *to be near*, ou *to be far from*.

EXEMPLES.

Peu s'en fallut que je ne partisse pour Londres.
I was very near *setting off for London*.
Il s'en faut de beaucoup que les Anglais soient aussi gais que les Français.

---

(1) Incommode, *troublesome*.
(2) *Savoir*, employé de cette manière, se rend par *namely* ou par *viz*, abréviation de *videlicet*.
(3) Messieurs, *gentlemen*.

The English are far from being as lively as the French.
Elle n'est pas si aimable que sa sœur, il s'en faut beaucoup.
She is not so amiable as her sister, far from it.
Il s'en faut de beaucoup qu'il m'ait tout payé.
He is far from having paid me all.
Peu s'en faut que vous n'ayez abîmé ma montre.
You have nearly *spoiled my watch,* ou *you* were near *spoiling my watch.*

———

Il s'en faut peu qu'il (1) ne prononce aussi bien que vous. Peu s'en est fallu qu'il n'ait obtenu le premier prix. Il s'en faut beaucoup qu'il soit de l'intelligence de (2) son frère. Tant s'en faut que je lui doive de l'argent, qu'au contraire il m'en doit. Il s'en faut bien qu'on (3) soit content. Il ne s'en fallut guère qu'il ne l'eût tué. L'aînée n'est pas si jolie que la cadette, il s'en faut beaucoup. Il s'en fallut peu qu'il ne fût noyé. Combien s'en faut-il (4) que votre livre soit fini? Il ne s'en faut pas de vingt *pages.* Il s'en faut qu'il soit riche.

Tant s'en faut qu'il ait fini, qu'au contraire il n'a pas encore commencé *irr.* Il s'en est peu fallu que je ne tombasse dans

———

(1) C'est par ce pronom qu'il faut commencer la phrase.
(2) Être de l'intelligence, *to be as intelligent as.*
(3) Commencez par le pronom, et rendez-le par *we* ou par *they,* selon l'idée. Voyez article *on, Grammaire,* pag. 192.
(4) S'en faut d'être, *want of being.*

l'eau. Vous a-t-il tout payé? Il s'en faut de la moitié. Il s'en faudra de beaucoup que vous emportiez (1) le premier prix. Il ne s'en fallut guère qu'il se battît en *duel* avec son beau-frère. Il s'en est peu fallu qu'il n'ait été tué, puisque la balle de son adversaire lui emporta une oreille. Il ne s'en fallut presque rien que les témoins (2) ne se battissent. Nous ne faisons pas nos frais (3), il s'en faut même de beaucoup. Vous croyez savoir déjà l'anglais, il s'en faut cependant beaucoup. Vous n'êtes pas à beaucoup près (4) instruit comme votre frère. Vous avez eu à peu près (5) autant de leçons que votre sœur ; mais vous n'avez pas fait à beaucoup près autant de progrès. Nous sommes à peu près à vingt lieues de Londres. Nous n'avons pas fait aujourd'hui, à beaucoup près, autant de chemin qu'hier. Il est à peu de chose près (6) aussi avancé que vous. A quelque chose près, j'ai fait

---

(1) *Emporter*, dans le sens de *gagner*, se dit *to gain* ou *to bear off*.

(2) *Témoin* se dit généralement *witness* ; mais en parlant de *duels*, on le rend par *second*.

(3) Frais, *expenses*.

(4) A beaucoup près, *by far*.

(5) A peu près, *nearly*.

(6) A peu de chose près, à quelque chose près, *within a little* ou *nearly*.

autant de profit par cette affaire que par l'autre.

THÈME XXXVI.

IL FAUT.

(Voyez *la Grammaire*, pag. 229, etc.)

Il faut n'est pas impersonnel en anglais; il se conjugue avec toutes les personnes. On le rend par *must* pour le présent et pour le futur, en changeant le pronom *il* pour un pronom personnel : la conjonction *que* se supprime. Pour les autres temps, on peut le rendre par *to be necessary* ; bien entendu que le *to be* s'accorde en temps avec falloir.

Lorsque *il faut* est suivi d'un infinitif, on prend pour sujet de *must* le nom ou pronom auquel se rapporte falloir. Quand *il faut* est suivi d'un subjonctif, on prend pour sujet de *must* le nom ou le pronom qui suit la conjonction *que*, et on supprime cette dernière.

EXEMPLES.

Il faut être sage, *we must be good.*
Il faut que vous travailliez, *you must work.*

Il faut (en) croire l'*expérience*. Il faut avoir de la *patience* pour enseigner. Il ne faut pas perdre son temps. Il faut profiter de l'occasion. Il faut avoir de l'indulgence (1) les uns pour les autres. Il ne faut pas

---

(1) Avoir de l'indulgence, *to be indulgent.*

disputer (des) goûts, chacun a le sien. Il faut étudier quand on est jeune. Il ne faut pas être trop *indulgent* pour les fautes de ses amis. Faut-il (1) donc insulter aux malheureux? Quand on a des dettes, il faut les acquitter. Les grandes chaleurs nuisent beaucoup aux plantes, il leur faudrait de la pluie. Il faudra obéir aux lois du pays où vous allez demeurer.

C'est donc vous, monsieur, qu'il faut remercier. Il ne faut pas que (2) l'oreille soit gâtée par une mauvaise prononciation; il faudra donc fréquenter ceux qui parlent bien. Il fallait opposer à tant d'ennemis un homme d'un *courage* ferme et assuré. O ma patrie! je jure de vivre, et, s'il le faut, de m'immoler pour toi! Il a fallu nous frayer un chemin à travers les rangs de l'ennemi. Il fallait tout dire. Il a fallu (ne) rien cacher. Si vous allez à Londres, il vous faudra de l'argent. Il faut que je m'en aille.

Croyez-vous qu'il faille l'attendre? Il faut remplir ses devoirs. Si cela dépendait

(1) L'idée du devoir moral est souvent énoncée en anglais par *ought* ou *should* suivi du nom ou pronom exprimé ou sous-entendu, et qui doit servir de sujet au verbe suivant.

(2) Tournez ainsi la phrase : *L'oreille ne devrait pas être*, etc.

13

de (1) moi, je ferais tout ce qu'il faudrait faire. Faudra-t-il donc renoncer jusqu'à l'espoir? Il faut qu'elle se sente bien mal pour ne pas (se) lever. Il faut qu'on (2) *exécute* les ordres que j'ai donnés. J'ai égaré (3) mon canif, et il faudra (en) acheter un autre; car je ne saurais m'en passer. Il faudrait, pour (4) trouver sa réponse, feuilleter (5) tous mes papiers. Il faut que vous ayez perdu *irr.* la tête. Si tout ce qu'on dit est vrai, il faut qu'il soit bien bête (6).

Il faut que je cherche ce que j'ai perdu *irr.* Il faut que vous soyez de retour avant le quinze. Faudra-t-il partir avant de déjeûner? Il faudra que je reconduise (7) mes cousines. Je ne crois pas qu'il faille l'attendre. Il vous faudra (8) deux cahiers, l'un pour traduire le mot à mot, et l'autre pour le bon français. Cela est fait comme il faut. Il me faut cela pour de demain en huit

---

(1) Dépendre, *to depend*, demande la préposition *on*, sur.

(2) Le pronom est ici dans un sens un peu défini; il faut donc le rendre par *they*, ils.

(3) Égarer, *to mislay*.

(4) Pour, dans le sens de *afin de*, se rend par *to* ou par *in order to*.

(5) Feuilleter, *to turn over*.

(6) Bête, comme adjectif, se dit *stupid* ou *foolish*.

(7) Reconduire, *to see home*.

(8) Quand *il faut* se rapporte à un nom ou à un pronom personnel, il se rend généralement par le verbe *to want* avoir besoin, ou par *must have*.

au plus tard. Il faut le voir pour le croire.
Elle a quinze ans, il (ne) faut plus la traiter
en enfant (1). Dans ce cas-là, il aurait fallu
que je (2) me défendisse ; et pour me défendre, il me fallait des armes.

Croyez-vous, mon cher Télémaque,
qu'il faille moins d'*élévation* de génie pour
faire un grand roi que pour faire un
peintre ? Il a fallu que vous ayez beaucoup
travaillé pour avoir fait *irr.* tant (de) progrès. Il aurait fallu que je fusse parti avant
quatre heures du matin ; et pour cela, il
eût fallu me lever à trois heures. Il faut
qu'il soit bien riche pour dépenser tant
(d')argent. Faudra-t-il vous attendre ? Combien vous en faut-il ? Il m'en faudrait trois
pour le moment ; mais peut-être m'en faudra-t-il davantage. Il a fallu vendre ses
terres pour payer ses créanciers. Qu'est-
ce qu'il faut faire ? Il ne faut pas oublier de
remonter (3) votre montre, car il faudra
que vous soyez levé avant six heures.

---

(1) En enfant, *as a child*.

(2) Il aurait fallu que, *it would have been necessary for
me*, ou *I must have*, *etc.* Avec la première locution, on met
le verbe à l'infinitif ; avec la seconde, il faut le participe
passé.

(3) REMONTER se dit *to wind up*, seulement en parlant de
pendules, de montres, et autres machines de cette espèce,
qu'on remonte avec une clef ou manivelle.

THÈME XXXVII.

VERBES UNIPERSONNELS.

(Voyez *la Grammaire*, page 232 et suivante.)

TARDER, *to long*. SEMBLER, *to seem*. PARAÎTRE, *to appear*. IMPORTER, *to be of consequence*.

Il me tarde de vous voir et de vous raconter les événements qui viennent d'avoir lieū (1). Il nous tarde de voir encore les beaux jours du printemps. Combien il me tarde de revoir (2) mon beau pays! Quoique je fusse très-bien à la pension, il me tardait toujours d'arriver aux vacances. Il me semble (3) que depuis quelque temps vous maigrissez (4). Il me semblait hier que vous étiez de fort mauvaise humeur. Vous semble-t-il que je dois souffrir patiemment une pareille injure? Il me paraît (5) que vous n'êtes pas content de moi.

---

(1) Avoir lieu, *to take place*.

(2) Revoir, *to see again*.

(3) Ce verbe prend la préposition *to*.

(4) Maigrir, *to grow thin*.

(5) Paraître, *to appear*, demande la préposition *to* devant un pronom.

Il paraît qu'il y aura des difficultés à surmonter.

Vous paraît-il que j'aurai une bonne prononciation? Il importe beaucoup que vous soyez toujours en classe (1) à huit heures, et que vous fassiez vous-même vos devoirs. Peu m'importe (2) ce qu'on en dise. Que vous importe que (3) je le fasse ou que je ne le fasse pas? Il tarde toujours aux élèves paresseux que la leçon soit finie. Il m'a semblé hier que vous aviez du chagrin. Il a plu (4) au roi de vous nommer ambassadeur à la cour de... Il paraît qu'il n'est pas content de sa *nomination*. Il importe que son père soit instruit de sa conduite. Que m'importent tous ces raisonnements? revenons au fait. Il importe à vos maîtres que vous fassiez exactement vos devoirs. Il me semble que cela ne tardera (5) pas d'arriver.

---

(1) *Être en classe* se dit généralement *to be at school*, ou *to be in school*.

(2) Peu m'importe, *it is of little consequence to me.*

(3) *Que*, dans le sens de *soit que*, se dit *whether*.

(4) Plaire, *to please*, ne veut pas de préposition.

(5) *Tarder*, pris neutralement signifie *différer*, et se rend par *to be long*.

THÈME XXXVIII.

IL FAIT.

(Voyez *la Grammaire*, pag. 233.)

IL FAIT s'exprime, en parlant du temps, par un des temps du verbe *to be*, être, précédé du pronom *it*.

Ex. *It is, it was, it will be, etc.*

Les temps composés se forment par *to have* avec le participe *been*.

———

Il fait beau. Il fait plus beau aujourd'hui qu'il ne (1) fit hier. Il faisait mauvais temps le mois dernier. Il y fait très-froid. Fait-il plus froid chez vous qu'ici? Il a fait chaud cette (2) nuit. Il n'a pas fait si (3) beau aujourd'hui qu'hier. Je crois qu'il fera beau demain. Il fera du vent (4). Il a fait du brouil-

———

(1) Le *ne* ne se rend pas quand la phrase n'est pas négative, ni quand il est suivi de *pas*.

(2) Les Anglais disent *last night* pour la nuit qui vient de se passer.

(3) Si, adverbe, se dit *so*. Si, conjonction, se rend par *if*.

(4) On indique souvent l'état du temps en ajoutant un *y* au nom, et surtout pour en marquer la continuation.

EXEMPLES.

Wind,	le vent.	*Windy*,	venteux.
Rain,	la pluie.	*Rainy*,	pluvieux.
Snow,	la neige.	*Snowy*,	neigeux.
Fog,	le brouillard.	*Foggy*,	brumeux.
Cloud,	le nuage.	*Cloudy*,	nuageux.
Frost,	la gelée.	*Frosty*,	à la gelée.
Storm,	l'orage.	*Stormy*,	orageux.

lard toute la matinée. Qu'il fasse beau ou qu'il fasse mauvais temps, j'irai. Quel temps fait-il? Il fait bien crotté. Je ne croyais pas qu'il fît si froid. Il fait (un) temps superbe. Pourvu qu'il fasse beau. Soyez persuadé qu'il ne fera pas beau demain. Je vous ai dit que je viendrais, pourvu qu'il fît beau temps. Fait-il beau ce matin? Non, il fait (un) temps lourd. Il fait (un) temps doux (1).

Il fait une chaleur étouffante (2). Il a fait (un) temps sec. Il fait des éclairs (3). Il tonne (4). Il fait de la poussière (5). Il fait jour à quatre heures du matin. Il fait nuit de bonne heure. Il fait clair de lune. Il faisait soleil (6). Il fait mauvais à marcher (7). Il fait sale. Il a fait (un) vilain temps toute la semaine. Fait-il plus chaud à Marseille qu'à Paris ? Nous irons à la promenade, s'il fait beau. Il fait toujours mauvais quand j'ai besoin de sortir; mais tant que (8) je reste à

---

(1) Quand *doux* signifie *sucré*, ou qui ressemble au *sucre*, on dit *sweet.*

(2) Tournez par *la chaleur est étouffante.*

(3 et 4) Tonner, *to thunder;* faire des éclairs, *to lighten.*

(5) Faire de la poussière, *to be dusty.*

(6) *Faire soleil* se dit de deux manières.

Ex. *To be sun shiny,* ou en prenant le soleil pour nominatif du verbe *to shine,* briller.

(7) Rendez par le participe présent.

(8) Tant que, *as long as.*

la maison, il fait beau. J'espère qu'il fera beau temps pour la fête du roi (1). Il fait bon ici. Il commence à faire nuit.

THÈME XXXIX.

SUR VALOIR.

(Voyez *la Grammaire*, pag. 233.)

VALOIR, suivi du comparatif *mieux*, se rend par le temps correspondant du verbe *to be*, être, suivi de *better*, mieux.

Ex. Il vaut mieux apprendre que de rester dans l'ignorance, *it is better to learn, than to remain in ignorance*, etc.

Il vaut mieux se taire (2) que de dire des bêtises (3). Il vaut mieux sortir avec nous que de rester toujours à la maison. Il vaut mieux avoir *patience* que de se tourmenter. Vaut-il mieux commencer à présent ou attendre encore un peu? Ne vaut-il pas mieux payer que de s'exposer à un procès? Il valait mieux lui déplaire que de le tromper. Je ne savais pas s'il valait mieux

---

(1) Fête du roi, *king's birth day*.
(2) Se taire, *to be silent*, ou *to hold one's tongue*.
(3) Bêtises, *nonsense*.

répondre ou non. Valait-il mieux conserver sa vie au prix de sa réputation ?

Ne valait-il pas mieux risquer de perdre la (1) vie que de l'assurer par une lâcheté ? Il vaudra mieux attendre un peu.
Vaudra-t-il mieux aller à pied (2) ou en voiture ? Ne vaudra-t-il pas mieux arriver
trop tôt que trop tard ? Il vaudrait mieux
prendre un fiacre que de se crotter (3). Vaudrait-il mieux faire de la musique que
de jouer aux cartes ? Ne vaudrait-il pas
mieux répondre à sa lettre que de le laisser
dans l'incertitude, etc. ?

THÈME XL.

LES temps composés se forment par le verbe *to
have* et le participe passé de *to be*.

Ex. Il aurait mieux valu, *it would have been better*, etc.

Il aurait mieux valu qu'il se tût (4) que
de dire ce qu'il a dit. N'aurait-il pas mieux
valu passer un jour de plus en route que
de vous exposer aux voleurs en voyageant

---

(1) Changez l'article en adjectif possessif défini ou indéfini, selon le sens que l'on veut donner à la phrase.
(2) A pied, *on foot.*
(3) Se crotter, *to dirt one's self.*
(4) Se taire, *to hold one's tongue.*

la nuit? Hier, il aurait mieux valu le faire ; mais aujourd'hui, il vaut mieux ne le pas faire. Il a mieux valu leur faire la guerre (1) que d'attendre qu'ils nous la fissent *irr.* Croyez-vous que nous ayons (2) bien fait, ou qu'il aurait mieux valu attendre encore un peu?

THÈME XLI.

VALOIR, suivi d'un nom, ou d'un pronom possessif, ou d'un adverbe, se rend par *to be worth*, ou *to be as good as* ; et devant le mot *rien*, il peut se rendre par *to be good for.*

Ex. Cela vaut mille francs, *that is worth a thousand francs.* Il vaut bien le vôtre ; *it is as good as yours.* Cela ne vaut rien, *that is worth nothing,* ou *good for nothing*, etc.

———

Cela vaut bien le prix que vous avez donné *irr.* Cela ne vaut pas la peine. Vous avez tort de lire des romans ; ils ne valent rien. Je crois que ma méthode vaut bien la vôtre. Combien vaut un bon cheval anglais (3)? Toute la *magnificence* de la capi-

______

(1) Faire la guerre à , *to make war on* ou *against.*
(2) Traduisez par l'indicatif.
(3) Mettez le substantif *bon cheval anglais* entre *combien* et *vaut*, et il faut le faire précéder de *is*, est, à cause de l'interrogation.
Ex. *How much is a good English horse worth?*

tale ne vaut pas les plaisirs de la campagne. Croyez-vous que cela vaille (1) cent sous? Il vaudrait mieux en acheter un neuf (2); car si vous le faites racommoder, il ne vaudra pas grand'chose. Votre canif ne vaut pas le mien. Il ne vaut pas la peine de le faire repasser *irr*. (3). Elle vaut son pesant d'or. Hier, il valait (4) cent mille *francs*; aujourd'hui, il ne vaut pas un sou, car il a tout perdu *irr*. dans une maison de jeu.

THÈME XLII.

VALOIR, dans le sens de *produire*, *rapporter*, *faire obtenir*, etc., se rend par *to produce*, produire; *to bring*, rapporter; *to obtain*, obtenir; *to cause*, causer; *to be of service*, etc.

Ses terres lui valent cent mille francs par an. La prise (5) d'Alger lui a valu le bâton de maréchal (6). Cela vous a-t-il valu quelque chose? Sa conduite dans cette affaire lui a valu l'estime de tout le monde. Je

---

(1) Traduisez par le présent de l'indicatif.
(2) *Neuf* et *nouveau* se disent *new*; ajoutez le mot *one*.
(3) Faire repasser, *to have ground*.
(4) Devant *hundred*, *thousand*, *million*, on met généralement l'article indéfini *a*.
(5) Prise, *conquest*.
(6) Tournez par le génitif anglais, *marshal's staff*. Gagné par M. de Bourmont pour la prise d'Alger en 1830.

vous avais déjà dit *irr.* ce que vous vaudrait votre *passion* pour le jeu. Savez-vous combien lui vaut sa *place?* Non, mais je crains que sa conduite ne lui en vaille la perte. On dit que sa clientèle (1) ne lui vaut pas grand'chose. Ses talents lui valent une rente (2) de vingt mille *francs.* Voilà ce que lui ont valu ses intrigues. Quand (3) j'aurai défriché (4) ces terres, elles me vaudront dix mille *francs* de plus. Vous avez beau (5) labourer cette terre, elle ne vous vaudra rien.

———

Faire valoir se traduit par *to improve, to profit by, to make the best of, to avail one's self of, etc.*

Il fait valoir son talent. Ils savent bien faire valoir leurs marchandises. Il cherche à faire valoir ses *services.* Il fait valoir son argent. Il ne sait pas faire valoir ses connaissances (6). Je n'oublierai pas de faire valoir mon droit. Chacun a le droit de faire valoir ses *talents,* pouvu qu'il le fasse hon-

———

(1) Clientèle, *practice.*
(2) Rente, *income.*
(3) Après quand, *when,* mettez le verbe au présent.
(4) Défricher, *to grub up.*
(5) Avoir beau, *to be in vain.*
(6) *Knowledge* n'a pas de pluriel.

nêtement. Il fait valoir ses terres (1) par lui-même. La *pièce* ne fut pas sifflée, grâce aux acteurs qui l'ont fait valoir.

SE FAIRE VALOIR, se dit en anglais *to maintain one's dignity*, *to keep up one's importance*, *to acquire consideration* ou *celebrity*, etc.

Il est bon quelquefois de se faire un peu valoir. Vous ne vous faites point valoir. Il a bien su se faire valoir en Angleterre. A présent, un homme ne vaut que ce qu'il se fait valoir.

THÈME XLIII.

SUR IL EST et C'EST.

Lorsque IL EST, C'EST, IL ÉTAIT, C'ÉTAIT, etc., se rapportent à une personne, il faut employer le pronom de cette personne; mais lorsqu'ils se rapportent à des choses, aux animaux, aux événements, c'est-à-dire quand ils sont impersonnels ou plutôt unipersonnels, il faut traduire par *it is* ou *it was*, etc., selon le temps du verbe. On rend aussi le CE par IT si le verbe ÊTRE est suivi d'un pronom, d'un article, d'un verbe, d'un adverbe, ou d'une préposition. (*Grammaire*, pag. 234.)

---

(1) Faire valoir ses terres, *to cultivate one's own land.*

Faire valoir de l'argent, *to put money in the funds* ou *at interest.*

Il est président (1) de la chambre des députés. On m'a dit qu'il était garde des sceaux (2). Quel est cet homme-là ? C'est un marchand de chevaux (3). Regardez cette dame à cheval, c'est une comédienne. C'est un jeune homme très-instruit. C'était mon meilleur ami, et il est mort. C'est la femme la plus douce et la plus bienveillante que je connaisse. C'est bien vrai.

Il est difficile de contenter tout le monde. C'est pourtant ce que tout le monde attend du gouvernement. Qui est là ? C'est moi. Il n'est pas encore temps de se lever (4). C'est à huit heures que je dois me lever. Il est huit heures moins un quart (5). C'est votre frère qui me l'a dit. Est-ce vous qui avez fait cela ? Non, je vous assure que ce n'est pas moi. Ce furent les Français qui remportèrent la victoire. C'est la chose la plus difficile du monde. C'était vous qui aviez

(1) Le mot *président* se rend ordinairement par *president*, ou, dans le style familier, par *chairman;* en parlant de la Chambre, on dit *speaker.*

(2) Garde des sceaux, *keeper of the seals;* ou *lord chancellor.*

(3) Marchand de chevaux, *horse-dealer.*

(4) Se lever, *to rise,* n'est pas réfléchi.

(5) Passé la demi-heure, les Anglais disent qu'il manque tant pour arriver à l'heure suivante.

Ex. Huit heures moins un quart, *a quarter to eight.* Huit heures et demie, *half past eight.*

tort (1), c'est donc à vous à faire amende honorable (2). Il est plus facile de juger du caractère d'un homme dans la prospérité que dans l'adversité.

C'est pendant leur vie qu'il faut louer les hommes, lorsqu'ils ont mérité de l'être. C'est avoir fait du bien que d'avoir voulu le faire. C'en est fait *irr.* (3), il n'y a plus de remède. Sont-ce les honneurs, sont-ce les richesses qu'on doit le plus ambition-ner (4) ? Ce sont les Anglais qui voyagent partout. Bien parler des absents, ne railler personne, (ce) sont des choses extrêmement rares. Ce n'est que trop vrai. Je lis les œuvres de Walter Scott ; ce (5) sont, à mon avis, les meilleurs ouvrages, dans ce genre, que le siècle ait produits.

Quelles sont ces demoiselles là-bas ? Ce sont mes sœurs et mes cousines. Ce sont elles qui dansent le mieux. C'est pour me flatter que vous me dites cela. Ce sont les veuves et les pauvres orphelins que je

---

(1) Avoir tort, *to be wrong.*
(2) Amende honorable, *apology.*
(3) C'en est fait, *it is all over.*
(4) Ambitionner, *to aspire to.*
(5) Remarquez que lorsqu'on peut changer le pronom *ce* en *ils* ou en *elles*, on doit se servir du pronom personnel *they* en anglais.

Ex. Ce sont, à mon avis, etc., *they are, in my opinion,* etc.

plains le plus ! Ah ! c'est vous ; je croyais *irr.* que c'était mon frère. Ce sera autant (de) fait *irr.* C'est aujourd'hui le vingt et un. Ce furent les Français qui arrivèrent les premiers sur le champ de bataille. Je n'oublierai jamais que c'est à vous que je dois mon bonheur. C'est nous qui l'avons fait *irr.*, c'est nous qui le maintiendrons. C'est le peuple le plus poli de l'Europe.

THÈME XLIV.

C'EST A MOI, C'EST A VOUS, etc., dans le sens de *c'est mon tour, c'est votre tour, etc.*, s'expriment en anglais par *it is my turn, it is your turn, etc.*; mais lorsque C'EST A MOI, A VOUS, etc., signifient *c'est mon devoir, c'est votre devoir de faire telle ou telle chose*, on les traduit par *it is my duty, it is your duty*, ou par *I ought, you ought, etc.*; et le verbe qui suit se met à l'infinitif. Pour *à moi, etc.*, dans le sens d'*appartenir*, voyez les *Pronoms possessifs.*

A présent, c'est à moi à jouer. C'est à nous à nous promener (1) aujourd'hui, et c'est à vous à rester à la maison. C'est à mon frère après vous, et puis ce sera à moi. Attendez donc un peu (2), ce n'est

---

(1) Se promener, *to walk*, n'est pas réfléchi en anglais.
(2) *Un peu*, dans ce sens, se rend par *a little*, ou par *a little while*, ou bien par *a short time*.

pas encore à vous. Est-ce à moi à présent? Non, c'est à Henri (1). Vous avez tort, c'est donc à vous à faire le premier pas. Puisque vous dites que c'est à moi à céder, je le ferai. A qui est-ce (2) de commander? est-ce à vous (3) ou à moi? C'est à vous sans doute. C'est donc à vous à obéir. C'est au pouvoir législatif à faire des lois, c'est à l'exécutif à les faire observer. C'est vous qui avez cassé *irr.* la boîte, c'est donc à vous à la faire (4) raccommoder.

THÈME XLV.

SUR VOULOIR.

LORSQUE *vouloir* exprime un souhait ou un désir, il se rend par *to wish*, ou par *to desire*, ou par *would*, ou par *should like;* et si le désir se montre par un effort pour l'accomplir, il s'exprime par *to want*, ou par *to attempt*, ou par *to try*, essayer. (Voyez *la Grammaire*, page 235.)

Je voulais lui témoigner ma reconnaissance; mais il disparut tout à coup. Je

---

(1) Mettez *Henry* au génitif avec *'s*.

(2) *A qui*, dans ce sens, se dit *whose duty is it*, ou *whose is it*.

(3) On peut aussi, dans ce sens, rendre *à vous*, *à moi*, etc., par *yours* et *mine*, en mettant toujours l'infinitif du verbe.

(4) *Faire*, suivi d'un infinitif, se rend par *to have*.

voudrais me rendre utile à ma patrie, si je savais *irr.* comment le faire. Il a voulu me faire du mal, mais il ne l'a pas pu. Je voudrais un cheval comme le vôtre, mais on n'en trouve pas ici. Il ne faut pas leur donner tout ce qu'ils voudront. En voulant trop (1) gagner, il a tout perdu *irr.* Si je savais *irr.* ce qu'il veut, je le lui donnerais. Je ne voulais que lui faire voir comment il s'est trompé. Je ne veux pas abuser de vos moments. L'armée française a voulu de la gloire, elle s'en est couverte. Je voudrais bien lui écrire, mais je ne veux pas avouer que j'ai eu tort (2). Il voulait se sauver, et il a fallu le garrotter (3).

Il veut arrêter son cheval, mais il ne le peut pas. Il aurait bien voulu poursuivre l'ennemi, mais après une telle journée il fallait reposer ses troupes. Nous voulions nous sauver (4) par la fenêtre, mais elle était grillée. Elle a voulu se précipiter au milieu des flammes pour sauver son enfant. On a voulu l'empêcher de suivre son père,

---

(1) *Trop*, se rapportant à un verbe, se rend par *too much*, s'il se rapporte à une quantité; et par *too many*, par rapport à un nombre; devant un adjectif il se dit *too*.

(2) Avoir tort, *to be wrong*.

(3) Garrotter, *to handcuff*.

(4) Se sauver, *to escape*.

mais il ne voulait pas les écouter. Que voulez-vous donc faire avec mes pistolets? Il voulait renvoyer son valet, mais celui-ci lui répondit qu'il était si content de son maître, qu'il ne voulait pas s'en aller. En voulant sauver son frère, il a manqué de se noyer. Il veut gagner le radeau, mais je crains que ses forces ne lui manquent.

THÈME XLVI.

SUR VOULOIR.

Lorsque *vouloir* précède un infinitif, et qu'il énonce la volonté absolue, il se rend par *will* pour le présent et pour le futur, et par *would* pour le passé. Les temps composés se forment par *to have* précédé de *would*, et l'infinitif se rend par le participe passé.

Il veut faire ce voyage (1) malgré tous les dangers. Il veut partir demain, quoique les chemins soient très-mauvais. Il ne veut rien faire pour nous obliger. Voulez-vous le faire ou non (2)? Il a voulu se jeter à l'eau, bien qu'il ne sache (3) pas nager.

---

(1) *Voyage par terre* se dit *journey*; *par mer*, on dit *voyage*.

(2) Il faut employer *not* et pas *no*, parce que le verbe est sous-entendu, et on ne met pas *no* devant un verbe.

(3) Quand *savoir* se rapporte à un verbe, on le rend en général par *pouvoir*, *can*.

J'ai été deux fois chez lui, et il n'a pa[s]
voulu me voir. Je dois parler, et je le veux
Mon devoir est *important*, et je veux m'e[n]
acquitter. Il a voulu répondre, quoiqu'o[n]
lui eût conseillé de ne pas parler. Je veu[x]
absolument terminer cette affaire avan[t]
de partir. Il aurait bien voulu me faire *ir[r]*
sortir, mais je ne le voulais pas. Ils n'ont pa[s]
voulu m'écouter. Il ne veut pas reconnaître
sa faute.

THÈME XLVII.

QUAND *vouloir* est suivi d'un nom, il se tradui[t]
par *want*, par *will have*, ou par *would have;* il s[e]
rend de la même manière lorsqu'il est précédé d[e]
que ou de *ce que.* On peut aussi le traduire par *t[o]*
wish for, souhaiter.

Que voulez-vous ? Je veux ma *flûte*
Voulez-vous aussi la musique ? Demandez-
lui ce qu'il veut. Il veut une montre, mai[s]
son père ne veut pas lui en donner une,
parce qu'il n'a (1) pas voulu travailler

(1) On doit faire attention que le verbe AVOIR, *to have*
ne s'emploie pas comme auxiliaire devant *would* et *could;*
évitez donc avec soin l'emploi des expressions telles que
I have not would, *He has not would*, *He has not could*, etc.
Traduisez par *I would not*, *He would not*, *He could*
not, etc.

la pension. Il veut (1) une grammaire avant de savoir lire. Voulez-vous un bel exemplaire (2) de Shakspeare ? Que voulez-vous de mon livre ? vous ne savez pas le lire. Je ne veux regarder que les gravures. Vous voulez un canif de première qualité (3), cependant vous ne voulez pas en payer le prix. Il veut des prix à la *distribution;* il se fâche même, parce qu'on ne veut pas lui en donner; cependant il n'a pas voulu travailler pour les mériter. Si vous voulez des éloges, il faut savoir les mériter.

THÈME XLVIII.

Lorsque *vouloir* est suivi d'un subjonctif, il se rend par *will have* pour le présent et pour le futur, et par *would have* pour les autres temps simples. La conjonction *que* qui se trouve entre *vouloir* et le nom ou pronom se supprime. Les temps composés se forment par *had*, c'est-à-dire le passé de *to have*, et le verbe qui est au subjonctif se rend par l'infinitif anglais sans *to.* On peut aussi se servir du verbe *to wish*, souhaiter, au lieu de *will have* et *would have;* mais l'infinitif qui suit veut la préposition *to.*

---

(1) Lorsqu'on aura traduit *vouloir* par *will*, on doit y ajouter *have*, parce que *will* est regardé seulement comme signe verbal.

(2) Exemplaire, *copy.*

(3) En général, les noms français terminés en *té* se terminent en anglais par *ty.*

Ex. Beauté, charité, *beauty, charity, etc.*

Je veux (que) (1) vous alliez demain au devant de votre frère. Le médecin veut que j'aille passer quelques mois en Italie. Je veux que vous vous rendiez à votre régiment. Je veux que vous fassiez mieux que cela, parce que vous savez mieux faire. Voulez-vous que je vienne (2) demain? Je ne veux pas que vous partiez avant mon retour. Je voudrais que vous lui parlassiez. Je ne veux pas que tu fouilles (3) dans mes papiers. Je voudrais que vous fissiez (4) plus d'*attention*. Voulez-vous que nous allions faire une promenade? Je veux que vous parliez toujours anglais avec votre frère. Je le veux bien, mais il veut que je parle italien. Dites-lui que je ne le veux pas.

La prudence veut qu'on réfléchisse avant de parler ou d'agir. Je voudrais qu'il fût heureux, et s'il avait voulu suivre mes conseils, il n'aurait pas échoué. Je vou-

---

(1) Le *que* se supprime.

(2) Dans le style familier, les interrogations se font d'une manière plus courte par l'emploi de *shall*.

Ex. Voulez-vous que je vienne? *shall I come?* Voulez-vous que nous allions faire une promenade? *shall we go and take a walk*, etc.

(3) Fouiller, *to search*.

(4) *Faire* se rend par *to pay* en parlant d'*attention* et de *visites*.

drais que vous fissiez vos devoirs le matin avant de déjeûner. Je veux que vous vous leviez avant cinq heures. Je voudrais que vous fussiez toujours aussi attentifs qu'aujourd'hui. J'aurais voulu que vous eussiez appris à bien parler anglais, mais vous n'avez pas voulu vous y appliquer. On veut que je prenne (1) *patience;* cependant on fait tout ce que l'on peut pour me tourmenter.

J'aurais voulu que vous eussiez joué un duo avec votre sœur; mais, par entêtement, vous ne l'avez pas voulu. Si vous eussiez bien voulu m'écouter, ou même permettre que je vous écrivisse (2), vous n'auriez pas eu à vous plaindre. Je veux que vous veniez tous les jours déjeûner avec nous pendant votre séjour à Londres. Je le voudrais bien, mais il y a d'autres personnes de ma connaissance qui le veulent aussi, et que voulez-vous que je fasse? Vous avez raison, je ne veux pas que vous manquiez à vos amis.

Voulant que mademoiselle (3) fût ici de

---

(1) Les Anglais disent *to have patience*, et non *to take*, prendre.

(2) Tournez par l'infinitif.

(3) En adressant la parole à une demoiselle, on dit *miss*. On s'en sert aussi devant le nom de la personne.

bonne heure, nous l'avons envoyé *irr.* chercher; mais on n'a pas voulu qu'elle vînt avant son frère. Le roi veut la paix, mais une paix dont tous les partis soient contents, qui finisse toutes les jalousies, qui apaise tous les ressentiments, et qui guérisse toutes les défiances. Pour preuve qu'il ne veut que votre bonheur, rappelez-vous les *sacrifices* qu'il a déjà faits *irr.*, et le dévouement qu'il a montré *irr.* à vous défendre.

THÈME XLIX.

Vouloir du bien, vouloir du mal *à quelqu'un*, signifie *avoir de l'affection* ou *de la haine pour lui.* Dans le premier sens, les Anglais disent *to wish well, to wish happy*, ou *to wish happiness*, et le nom ou pronom de la personne se met immédiatement après *wish.* Vouloir du mal, et en vouloir, dans le sens de *avoir contre quelqu'un un sentiment de malveillance*, se dit *to wish harm, to bear ill will, to owe a grudge*, ou *to have a grudge against*, ou *to have a pique against.* Le nom ou pronom se met après *wish, bear, owe* et *against.* (Voyez *la Grammaire*, pag. 238.)

Je suis sûr qu'il me veut du bien. Vous pouvez compter sur lui, car je sais qu'il vous veut du bien; il m'a dit qu'il vous voulait beaucoup de bien (1). Je ne sais pas si je devrais me fier (2) à lui; croyez-vous qu'il me veuille du bien? Je ne sais pas pourquoi il se méfie (3) de moi; je ne lui veux que du bien, rien que du bien. Il me semble que ce n'est pas faire voir (4) que l'on veut du bien à quelqu'un que d'en parler mal.

Après m'avoir fait *irr.* beaucoup de mal, il veut me persuader qu'il me veut du bien. Ce sont les *actions*, et non pas les paroles, qui font voir que l'on veut du bien à quelqu'un. Il n'a pas dit qu'il me veut du mal, mais je ne crois pas pour cela qu'il me veuille du bien. Je ne crois pas qu'il me veuille du mal, je ne (5) lui en ai jamais fait *irr.* Vous savez qu'il y a des gens si malveillants, qu'ils veulent du mal à tous ceux qui sont plus heureux qu'eux (6). Je

---

(1) On ne peut pas se servir de *well* ni de *happy* après *beaucoup*, si on le traduit par *much*, il faut employer le nom *happiness;* mais en le traduisant par *very* ou par *extremely*, on peut se servir de *well* ou de *happy.*

(2) *Se fier* n'est pas réfléchi en anglais.

(3) *Se méfier, to mistrust*, n'est pas réfléchi en anglais.

(4) Faire voir, *to show.*

(5) Le *ne* se supprime ici à cause du mot *jamais*, où se trouve une idée négative.

(6) Employez le pronom au nominatif, parce que le verbe *être* est sous-entendu.

ne sais pas ce que vous lui avez fait *irr.*, mais il vous veut beaucoup de mal.

Je sais bien qu'il vous en veut. Il en veut à tout le monde. Je vous en veux beaucoup d'avoir barbouillé mon livre. Ce ne (1) sont que les envieux et les jaloux de sa *fortune* qui lui en veulent. Il en veut depuis long-temps à son capitaine. J'en veux à mon frère, voilà un mois que je ne l'ai vu. Il m'en veut, et je sais bien pourquoi ; c'est que (2) je n'ai pas voulu lui prêter de l'argent pour aller jouer. Pourquoi m'en voulez-vous ? Je n'ai rien fait pour vous déplaire.

THÈME L.

EN VOULOIR se dit aussi dans le sens de *désirer*, *avoir quelque prétention sur une personne ou une chose, en avoir quelque désir.* Cette idée s'exprime en anglais par *to have a mind for, to have a liking for, to have a design upon, to long for, to have an eye to* ou *upon, etc.* Toutes ces expressions sont du style familier.

Voyez-vous ce renard là-bas ? il en veut à nos poules. Il y a long-temps que j'en veux à cette place. On voit bien que l

---

(1) Le *ne*, dans cette phrase, se supprime, parce qu'il es[t] suivi du *que* restrictif.

(2) *Que*, dans le sens de *parce que*, se dit *because*.

flotte ennemie (1) en veut à nos vaisseaux marchands. Prenez bien garde à votre *portrait*, car je vous préviens que j'en veux à lui. Vous en voulez toujours à ma montre, et je ne sais pas pourquoi, car bien sûr la vôtre est plus belle. Tout le monde en veut à mon fusil de chasse (2), on le trouve magnifique. Vous regardez ce cheval comme si vous en vouliez à lui (3). Je lui en veux tellement, que s'il est à vendre, je l'achèterai, coûte que coûte (4). Croirait-on qu'un fils ait été assez féroce pour en vouloir aux jours (5) de son père ?

THÈME LI.

Lorsque *vouloir* est suivi du verbe DIRE dans le sens de *signifier*, de *prétendre*, *etc.*, les deux mots se rendent par le temps correspondant du verbe *to mean* ou du verbe *to signify* : mais si le verbe *dire* est pris dans le sens ordinaire, il se rend par *to say* ou *to tell*; on se sert du dernier dans le sens de *raconter*, de *communiquer* et d'*ordonner*.

Que veut dire ce mot ? Que veut dire

---

(1) Tournez par le génitif anglais avec *'s*.
(2) Fusil de chasse, *fowling-piece*.
(3) Il est d'usage d'employer le pronom du masculin au lieu du neutre, en parlant d'un cheval.
(4) Coûte que coûte, *at any price*, ou *cost what it may*.
(5) Jours, dans ce sens, se dit *life*, vie.

cet homme? Pourriez-vous m'expliquer ce que veut dire cette phrase? Qu'est-ce que cela veut dire? Qu'est-ce qu'il vous a dit? Il m'a dit : *go along*. Savez-vous ce que cela veut dire? Non pas, voulez-vous me le dire? Oui, cela veut dire, allez-vous-en. J'ai mal traduit la *phrase*, parce que je ne savais pas ce que voulait dire *finger-post*, et je ne l'ai pas trouvé *irr*. dans le dictionnaire; je l'ai demandé à mon frère, mais il n'a pas pu me le dire. Il ne veut pas me dire la vérité. Il sait bien qu'il ne faut pas dire de mensonges. *Finger-post* (1) veut dire poteau qu'on trouve sur les routes, pour indiquer le chemin aux voyageurs.

THÈME LII.

SUR LE VERBE DEVOIR.

(Voyez *la Grammaire*, page 238.)

Je vous dois (2) beaucoup de reconnaissance. Cet homme me doit déjà dix *louis*,

(1) On le nomme *finger-post*, parce qu'on y voit généralement une main dont l'index indique le chemin qu'il faut prendre, ☞ : le mot *finger* signifie *doigt*.

(2) DEVOIR, suivi d'un nom, se rend par *to owe*.

cependant il me prie de lui prêter de l'argent. Combien vous dois-je? Vous me devrez, avec cela, cent (1) cinquante *francs*. Vous devriez (2) prescrire des bornes à votre *ambition*. Ne devriez-vous pas rougir de (3) votre paresse et de votre insouciance? On ne doit jamais craindre de faire une bonne *action*. Si je ne vous écris pas aussi souvent que je le devrais (4), ce n'est pas que je vous oublie. J'attends encore la réponse à une lettre que vous devez avoir reçue il y a quinze jours; vous devriez m'écrire plus souvent. J'espère, par mon assiduité, adoucir le ressentiment que vous devez avoir de mes négligences (5). Il doit (6) être bien riche, puisqu'il ne fait pas de dépenses, et sa *place* lui vaut vingt-cinq mille livres par an.

---

(1) Mettez la conjonction *and* immédiatement devant les dizaines.

(2) *Devoir*, suivi d'un verbe, se dit *ought* ou *should*; avec le premier on met à l'infinitif le verbe qui suit, mais avec *should* on supprime *to*.

(3) Rougir demande la préposition *at* ou *for*; la première se dit en parlant de *choses*, et l'autre en parlant de *personnes*.

(4) Traduisez par *ought* ou par *should*, puisque le verbe *écrire* est sous-entendu.

(5) *Négligence* se met presque toujours au singulier en anglais.

(6) Devoir se rend quelquefois par *must*; c'est en parlant des choses qui doivent nécessairement résulter d'une proposition énoncée.

Vous devez être convaincu que je ne vous tromperai pas. Nous devons aller ce soir à l'*Opéra*. Ma mère a dû (1) arriver aujourd'hui à Londres. Il n'aurait pas dû agir ainsi. Il doit venir à trois heures, et il ne manquera pas. Auriez-vous dû me tromper? Nous devons partir à cinq heures. Les chevaux doivent être attelés (2) à quatre heures et demie. Vous devriez toujours penser avant (de) parler. Devrait-on juger mal de ceux que l'on ne connaît pas? Ne devriez-vous pas profiter de cette occasion? Vous auriez dû faire *irr.* cela hier. N'aurait-il pas dû répondre à ma lettre? Dites-lui qu'il n'aurait pas dû me faire *irr.* attendre. Les devoirs de l'homme sont connus de tout le monde; on devrait donc s'en acquitter. Devriez-vous manquer à votre devoir? Il doit faire plus froid chez vous qu'ici, parce que vous êtes plus au nord.

---

(1) Dans les temps composés, le verbe *avoir* se met après *devoir*.

Ex. Elle a dû, *she should have* ou *she ought to have.*

(2) Atteler, *to put to.*

THÈME LIII.

DU VERBE POUVOIR.

(Voyez *la Grammaire*, page 240.)

———

Vous pouvez (1) à présent faire la chambre (2), mais ne dérangez pas mes livres. Puis-je sortir aujourd'hui? Ne vous ai-je pas dit que vous ne pourriez pas sortir avant dimanche? Peut-on passer par ici (3)? Non, c'est défendu *irr.*, mais vous pouvez passer par là. Un habile capitaine peut bien être vaincu, mais il ne lui est pas permis d'être (4) surpris. Puis-je vous dire un mot? Vous auriez pu (5) me rendre ce service, si vous aviez voulu (6). Je pourrais peut-être vous faire des reproches, mais ils seraient inutiles. A présent, vous pou-

———

(1) Pouvoir se rend par *can* pour le présent, et par *could* pour le passé, dans le sens physique de possibilité ; mais dans le sens moral de permission et de probabilité, il se rend par *may* pour le présent, et *might* pour le passé.

(2) Faire la chambre, *do the room.*

(3) Par ici, *this way* ; par là, *that way.*

(4) Il ne lui est pas permis d'être, *he must not be.*

(5) Dans les temps composés, *avoir* se met après *pouvoir* ; c'est le temps que nous appelons le potentiel.

Ex. Vous auriez pu, *you might have*, ou *you could have.*

(6) Avoir voulu, se dit *would.*

vez me rendre mes plumes, puisque vous en avez acheté *irr.*

J'étais si fatigué que je ne pouvais plus marcher. On ne peut rien faire en hiver, les jours sont si courts! J'ai ici une lettre en anglais que je ne puis pas traduire; pourriez-vous me rendre ce service? Oui, si je peux la déchiffrer, car quelquefois l'écriture anglaise est bien difficile à lire. Croyez-vous qu'un Français puisse apprendre à bien prononcer l'anglais? J'ai été si occupé depuis mon arrivée, que je n'ai pu vous écrire plus tôt. Je voudrais (1) bien pouvoir (2) vous rendre le *service* que vous me demandez. Je suis bien fâché de ne pas pouvoir le faire.

J'ai cherché *irr.* partout un exemplaire (3) de ce livre, sans pouvoir (en) trouver un. Je n'ai pu voir le mal (4) sans chercher le remède. Nous pouvons nous représenter le système de langage comme une espèce de moule qui, en frappant nos organes, doit y laisser son empreinte, et former ainsi le *type* des nouvelles idées. Il est curieux de

---

(1) Vouloir bien, *to desire*, *to wish.*
(2) Pouvoir, *to be able.*
(3) Exemplaire, *copy.*
(4) *Mal*, comme substantif, se dit *evil.*

voir comment, d'un petit nombre de lettres, on a pu (1) former la prodigieuse quantité de mots qui composent les langues des
peuples (2) civilisés.

Avant de pouvoir prononcer, il faut avoir
entendu *irr.* prononcer. Je n'ai jamais pu
apprendre à lire couramment en anglais.
Si j'avais pu parler *irr.* anglais, j'aurais eu
une très-bonne *place*. Si je l'avais su *irr.*
hier, j'aurais pu le faire *irr.* ; mais à présent, il est trop tard. Vous auriez pu vous
noyer, puisque vous ne savez pas nager.
Croyez-vous que l'on puisse se hasarder
sur la glace? Rien de plus facile ; mais vous
savez sans doute que l'on peut aussi se
noyer. Voici une *phrase* que personne n'a pu
m'expliquer. Je ne m'en étonne (3) pas, puisque c'est du mauvais langage. Il peut bien
des choses, mais je ne crois pas qu'il puisse
cela. Cela se pourrait bien. Je n'en puis
plus. J'ai essayé, mais je n'ai pas pu le faire.

---

(1) Avoir pu, *to be able.*
(2) Le mot *people* ne prend pas le signe du pluriel.
(3) S'étonner, *to be astonished.*

THÈME LIV.

DES VERBES RÉFLÉCHIS, PRONOMINAUX, ETC.

(Voyez *la Grammaire*, page 242.)

S'(1)applique-t-il à ses études ? Vous vous trompez, si vous croyez que cet enfant n'a pas de moyens (2). Je me flattais de l'avoir bien fait *irr*. Depuis la mort de son enfant, elle se livre au désespoir. Il y a des hommes si avares, qu'ils se laissent presque mourir de faim. Ma patrie, ma famille, mes amis se sont présentés continuellement à mon esprit (3), et je me suis flatté de les revoir encore un jour. Vous vous repentirez des *services* que vous rendez à cet ingrat. Je ne me repentirai jamais d'avoir fait *irr*. du bien. Les voleurs se sont cachés dans le bois, et nous nous sommes donné *irr*. beaucoup de peine pour les trouver.

Vous êtes-vous fait du mal (4) *irr*. ? Ces

(1) Mettez le pronom du régime après le verbe; voyez *Thème X*, 2ᵉ partie de ce Cours.

(2) MOYENS, dans ce sens, se dit *abilities*.

(3) Esprit, *mind*.

(4) Se faire du mal, *to hurt oneself*.

deux officiers se sont battus *irr.* en duel (1), ils se sont percés à coups d'épée (2). Je me suis enfin convaincu que vous me trompez depuis long-temps. J'irai aujourd'hui voir ma sœur; car depuis notre arrivée à Paris, nous ne nous sommes pas vus *irr.* Vous vous donnerez moins de peine, si vous voulez suivre mes conseils. Je ne sais pas comment me débarrasser (3) de cet homme. On se croit fort habile; pour s'en désabuser (4), on n'a qu'à lever les yeux (5). On se croit malheureux, qu'on les baisse. Ne vous amusez pas à des bagatelles (6), vous n'avez pas de temps à perdre. Ces enfants s'aiment tendrement. Ces femmes ne peuvent se souffrir.

______

(1). Se battre en duel, *to fight a duel.* Le verbe *se battre* n'est pas réfléchi en anglais.

(2) A coups d'épée, *with swords.* Le pronom du régime des verbes réciproques est *each other* ou *one another.*

(3) Se débarrasser de, *to get rid of.*

(4) Désabuser, *to undeceive.*

(5) Lever les yeux, *to look upwards,* ou *to raise one's eyes.* Baisser les yeux, *to look downwards,* ou *to cast down one's eyes.*

(6) Bagatelles, *trifles* ou *follies.*

THÈME LV.

SUR LES INTERROGATIONS.

(On trouvera à *la Grammaire*, page 245, des développements très-étendus.)

Me croyez-(1)vous capable de vous tromper? Ne vous ai(2)-je pas dit *irr.* que cela m'est tout-à-fait *impossible?* Que (3) lui dirai-je? Vous trouvez-vous mieux à présent? Ne m'appliqué-je pas autant que lui? Ne viendrez-vous pas nous voir dimanche? Votre frère apprend-il toujours l'anglais? Doit-on parler mal d'une personne qui n'est pas présente pour se défendre? Ne dois-je pas suivre la même méthode que ma sœur? Ne m'aviez-vous pas donné *irr.*

(1) Au présent on interroge par l'auxiliaire *do ;* au passé on se sert de *did :* pour le futur, on emploie *shall* et *will;* pour le conditionnel, *should* et *would ;* et pour le potentiel, *can, could, may, might,* etc. On commence la phrase interrogative par l'auxiliaire, et on met le sujet du verbe immédiatement après.

(2) Lorsqu'on interroge en français par un des auxiliaires *avoir* ou *être,* il n'est pas nécessaire d'employer un autre auxiliaire en anglais.

N. B. Dans le style élevé et dans la poésie, on peut interroger au présent et au passé sans l'aide de *do* et *did ,* en commençant par le verbe. Voyez *la Grammaire,* pag. 110, et *Thème XXI,* première partie.

(3) Que interrogatif, se dit *what.*

rendez-vous (1) pour quatre heures ? Devrais-je me fier à un homme qui m'a déjà trompé deux fois ?

— N'auriez-vous pas dû reconduire (2) votre cousine ? Auriez-vous dû négliger de profiter d'(3)une si belle occasion (4)? N'aurait-il pas dû prévoir *irr.* cela il y a long-temps ?. Craignez-vous de dire la vérité ? (Madame) (5) votre épouse va-t-elle mieux à présent ? Ne vous a-t-il pas parlé *irr.* de moi ? Votre sœur viendra-t-elle ce soir ? Ne parlez-vous pas anglais avec votre frère ? Croyez-vous que ce soit une bonne méthode ? Qu'est-ce qu'il vous a dit ? Qu'est-ce que vous me demandez ? Faut-il le faire tout de suite ? Demandez-vous quelque chose ? M. B*** n'a-t-il pas bien parlé ? Parlerai-je bien l'anglais ? Aurez-vous bientôt fini ? Comprendriez-vous un Anglais s'il vous parlait ?

Puis-je remettre (6) cela à (7) demain ?

---

(1) Rendez-vous, *an appointment* ou *engagement*.
(2) Reconduire, dans ce sens, se dit *to see home*, voir jusqu'à la maison.
(3) Profiter de, *to avail oneself of*, ou *to profit by*.
(4) Occasion, *opportunity*.
(5) Les Anglais suppriment les mots *madame*, *monsieur*, devant les titres personnels.
(6) Remettre, dans le sens de différer, se dit *to defer*, ou *to put off*, ou bien *to postpone*.
(7) La préposition à, dans le sens de *jusqu'à*, se rend par

Ne puis-je pas le faire aujourd'hui au lieu de le faire demain? Puis-je ne pas sortir avec les élèves? Ne pouvais-je donc pas lui écrire sans vous en prévenir? Pouvais-je ne pas l'entendre, vu qu'il était tout près de moi? Ne faut-il pas pleurer la mort de ses amis? Faut-il ne pas être touché des malheurs de nos semblables? Ne doit-on pas faire du bien à tout le monde? Doit-on ne pas faire du bien, parce qu'on trouve quelquefois des ingrats? Pourrai-je donc ne pas accepter son offre de *service?* Ne pourrai-je donc pas accepter son *présent?*

THÈME LVI.

SUR LES NÉGATIONS.

(Voyez *la Grammaire*, page 247.)

Je (1) ne comprends pas un mot de ce que vous dites. Il ne sort jamais (2) avant

---

till en parlant d'une époque; mais lorsqu'elle se rapporte à un endroit, il faut traduire par *to.*

(1) Dans les phrases négatives, on se sert de *do* au présent, et de *did* au passé, après lequel on met *not;* et ce mot rend le *ne* et le *pas,* car le génie de la langue anglaise ne permet pas deux négations pour exprimer une seule idée négative.

(2) Jamais, *never,* étant négatif, ne veut pas d'autre négation dans la phrase.

dix heures. Elle ne chante (1) pas aussi bien que sa sœur. Parlez plus haut, nous ne vous entendons pas. Vous ne faites pas *attention* à ce qu'on vous dit. Elles n'apprennent pas bien, c'est parce qu'elles ne travaillent point. Ne sortez pas, il fait bien froid. N'en parlez pas, je vous en prie. Ne le dites pas à mon père. Ne le faites donc pas encore. Ne faites pas tant de bruit. Ne venez pas demain.

L'étude des langues n'est pas une *simple* étude de mots. Les élèves ne conçoivent pas combien il leur est utile d'écrire et de répéter de simples mots, ou de petites *phrases* qu'ils savent déjà. Je n'ai pas mangé depuis vingt-quatre heures. Je n'aurais jamais appris le *latin*, si je n'avais pas mieux travaillé que vous. Je n'aurai pas fini mon devoir avant l'arrivée du maître. Ne vous ai-je pas dit de ne pas le faire ? Je ne lui aurais pas écrit *irr.*, si je n'avais pas cru qu'il me répondît. Les règles (2) ne peuvent pas empêcher qu'il n'existe des *anomalies* nombreuses dans une langue.

On se plaint des abus dont on ne profite

---

(1) Remarquez bien que c'est l'auxiliaire *do* qui se conjugue, le verbe qui suit se met à l'infinitif sans *to*.

(2) Règle, dans cette acception, se dit *rule*; règle pour régler le papier, etc., se dit *ruler*.

pas. Vous n'auriez pas dû manquer à votre parole (1). Mais je n'ai pas pu le faire. Il aurait donc mieux valu ne pas promettre. Ne fais pas toi-même ce qui te déplaît dans les autres. Ne te hâte (2) ni de faire des amis nouveaux, ni de quitter ceux que tu as. On ne doit jamais humilier personne. N'avez-vous pas oublié *irr.* ce que vous m'aviez promis? Non, je n'oublie jamais mes promesses. Je ne vous attendais pas de si bonne heure (3). Ne laissez entrer personne dans mon cabinet (4).

Ne faut-il pas y entrer, si j'(ai) besoin (de) quelque chose? Oui, vous pouvez y entrer, mais il ne faut rien déranger sur la *table*. Je n'ai pas (de) livres à la campagne. Je ne connais aucun moyen de m'en procurer. Nous n'avons plus de papier à lettre (5), il faut en acheter. Il n'y a pas moyen de le convaincre qu'il a tort. Il n'(6)y aura pas de bonnes pêches cette année. Il n'y a pas de place dans cette voiture, il faut attendre l'autre. A Londres, il n'y

---

(1) Manquer à sa parole, *to break one's word.*
(2) Se hâter, *to hasten, to be in a hurry.*
(3) De bonne heure, *early*; de si bonne heure, *so early.*
(4) Cabinet, *closet, study.*
(5) Papier à lettre, *post-paper.*
(6) On se sert de *no* devant un nom, et de *not* devant les pronoms et les verbes.

a pas d'*amusements* les dimanches. Cet enfant n'est pas sage. Le raisin n'est pas bon aujourd'hui.

Mais vous n'êtes pas raisonnable. Nous n'avons pas de bois dans la cave. N'y en a-t-il pas dans le grenier? N'avez-vous pas un dictionnaire? Ceci n'est pas du café brûlé (1). Ce ne sont pas (2) des pensionnaires (3). Ce sont des externes (4). N'avez-vous pas écrit *irr.* à votre frère? Non, je n'en ai pas eu le temps. Dites-moi oui ou non. N'avez-vous pas vu *irr.* le nouvel *opéra?* Non, pas encore. Voulez-vous répondre ou non? Je ne sais pas si j'irai ou non. N'avez-vous rien appris de nouveau?

Je n'y comprends rien. Personne ne (5) m'a aidé. Je n'irai plus le voir. Mon frère n'est plus à la pension. Il m'a promis de ne le plus faire. N'entreprenez rien (6) sans une mûre *réflexion*. Ne négligez jamais (7) vos anciens amis pour leur préférer les nouveaux. Il n'y a pas de plus grand despote que le peuple. Avez-vous jamais voya-

____

(1) Café brûlé, *roasted coffee*, café rôti.
(2) Pas, après le verbe *être*, se dit *not*.
(3) Pensionnaires, *boarders*.
(4) Externes, *day scholars*.
(5) Après personne, *nobody*, on supprime la négation.
(6) Rendez nien par *anything*, à cause de la négation qui commence la phrase.
(7) Commencez par l'adverbe *jamais*, et supprimez le *ne*.

gé ? Il est exilé à jamais (1) de sa patrie. Je vous conseille de ne le pas faire. Je ne vous conseille pas de le faire. Il craint que son père (ne) l'apprenne. Je crains que vous n'y soyez pas bien (2).

THÈME LVII.

SUR LES ADVERBES.

(Voyez *la Grammaire*, page 251.)

Henri IV était vraiment digne d'être assis sur le trône de France ; il était continuellement occupé de (3) la prospérité de son royaume ; il avait éminemment le caractère d'un bon roi ; son nom vivra éternellement. Il faut vivre conformément à son état (4). Je conçois facilement quelles sont vos raisons. Je me rappellerai (5) éternellement les bontés que vous avez eues pour moi (6). Il s'est ruiné (7) entièrement.

---

(1) A jamais, *for ever*.
(2) *Bien*, dans ce sens, se dit *comfortable*.
(3) ÊTRE OCCUPÉ DE, dans le sens de S'OCCUPER DE, se dit *to be occupied with*.
(4) État, *state* ou *means*.
(5) Se rappeler, *to remember*, ou *to recollect*.
(6) Les bontés que vous avez eues pour moi, *your kindness to me*.
(7) Les adverbes se mettent ordinairement devant les participes et les adjectifs.

Jusqu'aujourd'hui, je n'en avais rien entendu *irr.* Je vais toujours à la campagne au mois de juin.

Nous voyons souvent le frère aîné ; mais le cadet (1) (ne) (2) vient que rarement nous voir. Allez-vous quelquefois à Versailles ? Il me tourmente toujours pour que je lui enseigne l'anglais ; mais il est tellement paresseux, qu'il ne l'apprendrait jamais. Je pars bientôt pour Marseille, ma famille y est déjà. On y est bien en hiver. Êtes-vous bien là ? Oui, fort bien, venez-y. Où êtes-vous ? Me voici. Où est votre frère ? Le voici qui vient (3). Le voilà qui s'amuse (4) au lieu d'apprendre sa leçon. Nous avons beaucoup à faire pour le jour de l'an. Il y a beaucoup de pensionnaires chez madame D***.

J'aime (5) beaucoup les pêches. Avez-vous beaucoup (6) voyagé ? Vous avez peu travaillé aujourd'hui. Nous travaillerons davantage demain. Je ne peux me lever en-

---

(1) Cadet, *younger ;* ou *youngest,* quand il y a plus de deux.

(2) Le *ne* se supprime à cause du *que* restrictif qui suit.

(3) Le voici qui vient, *here he comes.*

(4) Le voilà qui s'amuse, *there he is amusing himself.*

(5) Après le verbe *aimer,* on met le substantif, puis l'adverbe.

(6) L'adverbe se met généralement après le verbe.

core; je n'ai pas assez (1) dormi *irr*. J'ai assez vu *irr*. pour me convaincre que vous avez tort. Nous avons assez travaillé pour aujourd'hui, allons nous promener. Comment trouvez-vous cet ouvrage? il est assez bien écrit *irr*. Moi (2), je trouve qu'il n'y a pas assez d'intérêt. Avez – vous assez de (3) monnaie (4)? Votre café est-il assez sucré?

On ne m'a pas donné *irr*. assez de temps. Ce cheval n'est pas assez fort. Votre sœur pince-t-elle bien de la harpe? Oui, assez (5) bien. J'ai tant parlé *irr*., que je suis tout enroué (6). Il a tant plu aujourd'hui, que nous ne sommes pas sortis *irr*. Je n'ai jamais vu *irr*. tant (ou autant) de troupes. Tant de courage mérite d'être récompensé. Tant elle est difficile (7) à contenter. Il aima tant sa patrie, qu'il a préféré la mort à l'exil. Le maréchal Turenne avait autant de sagesse que de valeur. Je n'ai pas

---

(1) Assez, *enough*, se met après les verbes et les adjectifs; pour les substantifs, on le met tantôt devant, tantôt après.

(2) On peut ou supprimer *moi*, ou le rendre par *for my part*; mais il ne faut pas employer deux pronoms de la même personne pour sujets d'un seul verbe.

(3) Le *de* qui suit *assez* se supprime devant un nom, mais on le rend devant un pronom.

(4) Monnaie, *change* ou *money* : on se sert du premier dans le sens de *petite monnaie*.

(5) Assez, dans ce sens, se dit *pretty*.

(6) Enroué, *hoarse*.

(7) Tant elle est difficile, *she is so difficult*, etc.

autant (1) de connaissances que vous, mais je crois avoir autant d'amis.

Aujourd'hui j'ai travaillé presque autant que vous. Il a fait *irr.*, dans sa traduction, presque autant de fautes que j'en ai fait dans la mienne. Je ne sortirai pas ce soir, il fait trop (2) froid. Donnez-moi une autre plume, celle-ci est trop molle. J'ai trop marché ce matin. Il a mangé trop de (3) fruit ; il en est malade. Vous marchez trop vite. Quand on a trop de domestiques, on est généralement plus mal servi que quand on en a trop peu (4). Ce serait trop exiger d'un commençant (5). Elle est aussi (6) instruite que son frère. Elle ne chante pas si bien qu'elle joue. Il est aussi modeste qu'il est respecté. Son frère n'est pas si raisonnable.

---

(1) AUTANT se dit *as much* pour le singulier, et *as many* au pluriel ; dans les phrases négatives, le *as* se change en *so*.

(2) *Trop* se rend par *too* devant un adjectif ; quand il précède un verbe, il se dit *too much*, et se place après le verbe en anglais.

(3) Le *de* après *trop* se supprime devant un nom ; il se rend devant un pronom.

(4) *Peu*, pour un petit nombre, se dit *few*.

(5) Commençant, *beginner*.

(6) *Aussi* et *que*, séparés par un adjectif, se rendent par *as—as*.

THÈME LVIII.

SUR LES PRÉPOSITIONS.

Voyez *la Grammaire*, pag. 255, et tableau, p. 131.)

Allez-vous quelquefois au (1) spectacle ? Je vais quelquefois à l'*Opéra*. On va à présent de Calais à Londres en moins de onze heures. On peut déjeûner à (2) Calais, et dîner le même jour à Londres. Oui, mais pour dîner à Londres à six heures, il faut déjeûner à Calais à sept heures. Le choléra est à Sunderland, en Angleterre (3). Croyez-vous qu'il vienne à Paris ? La flotte de l'amiral R*** est arrivée à Toulon. Lisez jusque – là (4). Nous sommes restés à la *page* 120. Laissez cela jusqu'à demain. J'ai perdu *irr.* ma montre à répétition. Nous avons à louer un appartement qui se compose d'une salle à manger, de deux beaux

---

(1) Au, *to the*.

(2) La préposition *à* se rend par *at* ou par *in* devant un nom d'endroit ; mais si le verbe qui la précède indique mouvement de tendance vers un endroit, la préposition se rend par *to*.

(3) Au mois de décembre 1831.

(4) *Jusqu'à*, lorsqu'il se rapporte à un endroit, se dit *to*, ou *as far as* : lorsqu'il se rapporte à un temps, il se dit *till*.

salons, de trois chambres à coucher, cabinets de toilette, etc.

A Londres on vous donne toujours des lits à colonnes (1). Il est défendu *irr.* (de) porter (des) armes à feu. Où est votre père? Vous le trouverez dans son cabinet. Je l'ai vu *irr.* entrer dans son atelier (2). Voici la barrière, nous allons entrer dans Páris. Sommes-nous à présent dans Paris? Nous sommes dans le faubourg (3) Saint-Denis. Je vois de temps en temps un *dôme* qui ressemble à (4) celui de l'église de *Saint-Paul* à Londres. Oui, c'est le *dôme* de l'hôpital des Invalides. Notre bonne (5) est tombée *irr.* du haut en (6) bas de l'escalier.

Nous allons nous déguiser en (7) paysannes. La garde nationale est aujourd'hui en grande tenue (8), en tenue d'été. Alger fut pris *irr.* par les Français. C'est par l'industrie et par la *persévérance* qu'on surmonte les *obstacles*. Il se fait aimer de (9) tout le

---

(1) Lits à colonnes, *four-post-bedsteads*, ou *beds*.
(2) Atelier, *workshop*.
(3) Faubourg, *suburb*.
(4) Ressembler à, *to resemble*; la préposition *à* se supprime.
(5) Une bonne, *a nursery-maid*, ou *a nurse-maid*.
(6) De, comme point de départ, se dit *from*. En, comme point d'arrivée, se dit *to*.
(7) Se déguiser en, *to disguise oneself as*.
(8) Grande tenue, *full dress*.
(9) De, dans le sens de *par*, se dit *by*.

monde, autant par sa modestie que par son mérite. Je le fis *irr.* par mégarde (1), et non par méchanceté. Je le rencontrai *irr.* hier par hasard (2). La poudre à canon (3) fut inventée par un moine.

Par une femme, Rome acquit la liberté. Que gagne-t-il par an (4)? Cette *place* lui vaut quatre cents francs par mois. L'ennui (5) est inconnu à ceux qui savent s'occuper par la lecture. Nous allons trois fois par semaine nous baigner dans la rivière. Par où êtes-vous entrés? Nous sommes entrés par la barrière de l'Étoile. En allant à Marseille, on passe par Lyon, et quelquefois par Dijon. Je commence par votre frère pour vous donner le temps de finir votre devoir. Par ici, s'il vous plaît. Je crois que c'est par là qu'il faut passer.

J'ai été chez vous. Allez-vous chez (6) vous à présent? Non, je vais chez (7) mon

---

(1) Mégarde, *mistake.*
(2) Hasard, *chance.*
(3) Poudre à canon, *gun powder.*
(4) Par, devant un nom de temps, se rend par *a.*
(5) Ennui, *ennui,* ou *dullness of mind.*
(6) Pour les différentes manières de rendre *chez,* voyez *la Grammaire,* pag. 259. Quand *chez* se rapporte à la personne qui sert de nominatif au verbe, on le traduit par *home* après les verbes ALLER et VENIR; mais après les verbes ÊTRE, RESTER, etc., on dit *at home.*
(7) Quand *chez* est suivi d'un nom, on peut le représenter par un *'s* ajouté comme terminaison du génitif : il faut met-

frère. Il n'est pas chez lui, car je l'ai vu *irr*. tout à l'heure chez le libraire. Avez-vous été chez M. Robert ? Oui, mais il n'était pas chez lui. La *condition* des comédiens était infâme chez (1) les Romains, et honorable chez les Grecs. Le thé est regardé comme un repas chez les Anglais. Chez nous, les boutiques sont toutes fermées les dimanches, et l'on ne peut rien acheter. Nous lisons à présent l'histoire d'Angleterre. Croyez-vous qu'il soit natif de Londres ? Voici un plan de Paris.

THÈME LIX.

DE. (Voyez *la Grammaire*, page 259.)

Je viens de (2) Genève, où j'ai eu le plaisir de voir votre frère ; il m'a accompagné de Chambéry jusqu'à Lyon. Le peuple qui a banni Aristide d'Athènes est le

---

tre la préposition *to* ou *at* devant le nom, selon que le verbe indique le mouvement ou non.

Ex. Il va chez sa mère, *he is going* to *his mother's.*
  Il est chez son frère, *he is* at *his brother's.*

Voyez aussi *la Grammaire*, pag. 30 et 32.

(1) CHEZ, dans ce sens, se dit *among* ou *with*.

(2) Quand DE indique séparation ou éloignement, il se rend par *from* ; quand cette préposition marque une liaison, elle se rend généralement par *of*.

même qui lui éleva (des) statues quand il fut rappelé de son exil. Ce fut madame Lavalette qui délivra son mari de prison. La reine Élisabeth dit *irr.* à Marie Stuart qu'elle ne sortirait de sa *prison* que pour jouer le premier rôle dans une grande tragédie. Il ne vit qu'au jour le jour (1), sans jamais penser à (2) l'avenir. Je ne puis l'empêcher de le faire. Ne faites pas de bruit (3), vous m'empêchez (4) de dormir. Je m'abstiens de tout ce qui peut me faire mal, cependant je ne me porte pas bien.

Je viens (5) d'apprendre une nouvelle (6) qui me fait beaucoup (de) peine. Je suis allé *irr.* prendre congé de mon père, et il venait de partir ; ainsi je ne l'ai pas vu *irr.* Ma sœur vient de sortir *irr.*, mais elle ne tardera pas à (7) rentrer. Êtes-vous con-

---

(1) Vivre au jour le jour, *to live from hand to mouth.*

(2) Après le verbe penser, *to think*, on se sert de la préposition *of*, de.

(3) Faire du bruit, *to make a noise.*

(4) Après les verbes tels que *empêcher, s'abstenir*, etc., le *de* se rend par *from.*

(5) Venir de, *to have just.*

(6) Une nouvelle, *a piece of news*, ou *some news.*

(7) NE PAS TARDER à *faire quelque chose*, se rend de différentes manières :

Ex. Elle ne tardera pas à rentrer, *she will soon return*, ou *it will not be long before she returns*, etc.

La première locution vaut mieux que l'autre.

tent de (1) moi? Oui, mais je suis fâché contre votre frère, qui a rempli de son griffonnage la moitié de votre cahier. Votre père ne sera pas content de votre écriture ; peut-être même sera-t-il fâché contre le maître d'écriture. J'aurai pour étrennes une belle montre garnie de diamants.

Voyez ce pauvre vieillard, il est accablé (2) d'âge et de chagrin. Je suis fatigué (3) de marcher ; j'ai fait *irr.* aujourd'hui plus de huit lieues, et à pied. On dit qu'il y a plus de (4) seize cent mille habitants à Londres. J'ai marchandé (5) un beau cheval, mais on ne veut pas me le laisser pour moins de quinze cents francs, et je ne veux pas en donner plus de mille. Londres est plus grand que Paris de beaucoup. Sa sœur est plus grande que lui de (6) deux ou trois pouces.

Mon frère sait jouer (7) du violon et de

---

(1) Après *content*, *fâché*, *garni*, *rempli*, le *de* se rend par *with*, avec.

(2) *Accablé* prend la préposition *with* ou *by*.

(3) Être fatigué, dans un sens physique, demande la préposition *with* ; mais dans le sens moral, on met *of*.

(4) De, après *plus*, se dit *than*.

(5) Marchander, *to cheapen*, ou *to bid for*.

(6) Quand *de* s'emploie pour marquer de combien une chose surpasse une autre chose, il se dit *by*.

(7) Jouer, *to play*, en parlant de la musique, prend la préposition *on* ; très-souvent elle est supprimée.

la flûte. Et de quel *instrument* jouez-vous? D'aucun, je n'ai pas assez de goût pour la musique. Comment passez-vous vos heures de loisir à la campagne? Je joue (1) aux échecs et aux dames avec ma sœur. Les enfants s'amusent à jouer au colin-maillard (2). Il a profité de (3) votre *ignorance* pour vous tromper. Il a profité des bons conseils qu'on lui a donnés *irr*. Profitons de cette occasion, nous n'en aurons pas de plus belle.

SUR. (Voyez *la Grammaire*, page 261.)

Puis-je compter sur (4) vous? Je compte plus sur lui que sur son frère. Sur ma parole, je le ferai demain. Ne laissez pas vos livres sur la *table*. Nous allons nous promener sur les boulevards. Nous avons un château sur les bords de la Loire. Nous avons un écureuil qui monte sur la *table*, sur le *piano*, enfin sur toutes les choses, et qui nous fait beaucoup de mal (5). Un épais brouillard se répand sur (6) la ville.

---

(1) Après JOUER, en parlant de jeux de société, on se sert de *at*.

(2) Colin-maillard, *blind man's buff*.

(3) Profiter de, *to profit by* ou *to avail oneself of*.

(4) SUR se rend par *on* ou *upon*.

(5) MAL, comme substantif, se dit *harm, mischief, evil*.

(6) SUR, dans le sens de *dominer, planer, s'étendre*, se dit *over*.

Vous avez beaucoup de pouvoir sur lui, tâchez de (1) le persuader. Si vous voulez passer chez moi sur (2) les huit heures, il y aura une *discussion* sur l'*éducation* des enfants. Avez-vous lu le nouveau traité sur la manière d'apprendre les langues? C'est imprimé sur papier vélin. Je vous paierai la première fois (3), car je n'ai pas assez de monnaie sur moi. Le mot décimer signifie prendre un sur dix. A raison d'(4)un sur dix (5).

THÈME LX.

SANS, ENTRE.

(Voyez *la Grammaire*, page 262.)

Vous pouvez vous fier à lui sans (6) crainte et sans *réserve*. Sans les injustices des hommes, à quoi servirait la *jurisprudence?* Que ferions-nous des *arts* sans le luxe qui les nourrit? Sans (7) cela nous

---

(1) Tâchez de, *endeavour to*.
(2) Sur, dans ce sens, se rend par *about*.
(3) La première fois, pris dans le sens de *la première fois après celle-ci*, se dit *the next time*.
(4) A raison de, *at the rate of*.
(5) Un sur dix, etc., *one in ten*, etc.
(6) Sans, se dit *without*.
(7) Quand la préposition *sans* s'emploie pour marquer un empêchement, on la rend souvent par *but for*.

aurions réussi. Je le ferai sans faute (1). Ne sauriez-vous le deviner sans que je vous le dise (2)? Je le verrai aujourd'hui sans doute. Il a partagé (3) sa *fortune* également entre (4) ses enfants. Partagez ce gâteau entre vous et votre sœur. Je vous dis cela en confidence, c'est entre nous. La ville de *Canterbury* est située entre Londres et Douvres. Nous nous trouvâmes *irr*. entre deux feux. Le butin fut partagé entre les soldats. Ils ne sont pas d'accord entre eux. Entre nous soit dit. Je dois aller dimanche prochain voir jouer les eaux à Versailles. Le matin, je me lève à cinq heures. A quelle heure vous couchez-vous le soir? On le trouve toujours chez lui le soir à huit heures.

---

(1) Sans faute, *without fail*.

(2) Sans que je vous le dise, *without my telling you*.

(3) PARTAGER, dans le sens de diviser, se dit *to divide;* quand il signifie *prendre une portion*, on le rend par *to partake*.

(4) ENTRE, se dit *among*, parmi, quand il s'agit de plus de deux; autrement on le rend par *between*.

THÈME LXI.

SUR LES CONJONCTIONS.

(Voyez *la Grammaire*, page 263.)

Si (1) vous doutez de la *justice* d'une *action*, il faut vous en abstenir. Si chacun faisait tout le bien qu'il pourrait faire, il n'y aurait pas de malheureux. Je serais venu si j'avais eu le temps. Si vous ne faites pas plus d'*attention*, vous n'apprendrez rien. Si vous saviez les peines que cela m'a coûté. Je ne le croyais pas si (2) difficile. Il est si paresseux et si *indocile*, que tous ses maîtres s'en plaignent. Son frère, au contraire, est si studieux et si aimable, qu'il se fait aimer de tout le monde.

Il fait si froid que je ne veux pas sortir aujourd'hui. Vous êtes si fâchés contre moi, qu'à peine osé-je vous dire un mot. Il ne suffit pas de gagner une *réputation*, il faut aussi (3) savoir la conserver. Mon frère a

---

(1) *Si*, marquant une condition, se dit *if*. Si adverbe se rend par *so*.

(2) Ne confondez pas *si* adverbe avec *si* conjonction; l'adverbe se dit *so*.

(3) *Aussi* se dit *also*; mais dans le sens de *c'est pourquoi*, on le rend par *therefore* ou par *so*.

fait une *composition* en anglais, et moi aussi. Vous êtes fâchés, et moi aussi (1). Il est trop flatteur (2), aussi je ne m'y fie pas. Cet homme-là n'aime personne, aussi personne ne l'aime.

QUE.

L'homme *vain* méprise les *talents* qu'il n'a pas, tellement que s'il n'en a aucun il les méprise tous. C'est en apprenant les langues qu'on apprend à penser, que notre raison se développe, qu'on acquiert des idées et des connaissances. Il me semble qu'(3)on devrait apprendre avec chaque langue le système d'idées qui lui appartient exclusivement. Je sais qu'il est parti *irr.*, mais il m'a dit qu'il laisserait la clef de sa bibliothèque. Je ne regrette pas les sommes que l'*éducation* de mon fils m'a coûté. Les livres qu'on m'a envoyés *irr.* ne sont pas les mêmes que j'ai commandés. Je crains que vous (ne) soyez fâché contre moi.

----

(1) Il faut traduire *moi* par *I*, je, qui devient sujet du verbe *am*, suis, sous-entendu.

(2) Trop flatteur, *too great a flatterer*.

(3) QUE, comme simple conjonction, se rend généralement par *that;* dans le style familier, on le supprime très-souvent.

Qu'(1)il m'écrive ou qu'il ne m'écrive pas, je ne lui écrirai point. Que j'y réussisse ou non, je le tenterai. Il a plus d'amour propre qu'(2) (il n'a de) *talents*. L'homme qui vend son honneur, le vend toujours plus qu'il ne vaut. Son frère est plus avancé que lui. C'est plus difficile que je (ne) le croyais. Tout autre que (3) vous l'aurait fait *irr*. Vous parlez autrement que vous (ne) pensez. Il est tout autre que je (ne) l'ai connu *irr*. Je l'espère moins que je (ne) le souhaite. Nous n'en sommes pas moins gênés (4) que vous. Elle est aussi (5) modeste qu'instruite.

Ses exemples sont aussi éclatants que ses préceptes sont louables. Je sais cela aussi bien que vous. Il écrit aussi bien en anglais que s'il l'avait appris par règles et par principes. Croyez-vous (que) je prononce aussi bien que lui? Je ne suis pas si content de votre thème que de celui de votre frère. Vous feriez autant (6) de pro-

---

(1) QUE, pour SOIT QUE, se dit *whether*.
(2) QUE, après *plus* ou *moins*, se dit *than*.
(3) QUE, après *tout autre*, *autrement*, etc., se dit *than*.
(4) GÊNÉ, *embarrassed*.
(5) *Aussi* et *que*, séparés par un adjectif, se rendent par *as-as*.
(6) AUTANT, se dit *so many* pour le pluriel, et *so much* pour le singulier, dans les phrases où il y a négation ; dans les autres, il se rend par *as many* et *as much*.

grès que lui, si vous vouliez vous y appliquer avec autant d'ardeur. Je n'ai peut-être pas autant de livres que (1) lui; mais je crois en tirer autant de *profit*. Elle se fait remarquer autant par sa bienveillance que par sa simplicité.

Cet enfant est si méchant, qu'on ne peut rien faire de lui; son frère, au contraire, est si aimable, que tout le monde l'aime. Elle est si malade, que nous craignons pour ses jours. Il a tant (2) de *finesse* et tant d'égoïsme, que (3) je ne puis le supporter. Vous êtes si changé, que je ne vous remettais (4) pas. J'ai tant de choses à faire dans ce moment, que je n'ai pas un *moment* à moi. Que (5) faites-vous là? Qu'est-ce que vous dites? Qu'en pensez-vous? Vraiment je ne sais qu'en penser. Je ne sais que vous offrir. Qu'ai-je à craindre? Je crains qu'il (n')arrive trop tard.

Taisez-vous, qu'(6)on ne vous gronde. Dépêchez-vous, que le maître (n')arrive

---

(1) QUE, après *autant*, se dit *as*.

(2) Tant, *so much*.

(3) *Que*, dans le sens de *à cause de cela*, se dit *that*.

(4) REMETTRE, dans cette acception, se dit *to recollect*.

(5) QUE, signifiant *quelle chose*, se dit *what*.

6) QUE, pour *afin que*, se dit *that* ou *in order that*.

avant (que) vous (n')ayez fini. Si je ne vous prête pas mon livre, c'est que (1) j'en ai besoin moi-même. Si je ne suis pas venu vous voir, c'est que j'ai été malade. Pourquoi n'avez-vous pas appris votre leçon? C'est que j'ai perdu mon livre. Que (2) ne vous dépêchez-vous de finir votre ouvrage? Ne voyez-vous pas que votre sœur va plus vite que vous? Que ne venez-vous dans le salon? On ne commencera pas de danser que (3) vous (n')y soyez. Attendez que j'aie fini une partie (4) de *whist*, et je suis à vous. Je ne lui écrirai pas qu'il (n')ait (5) répondu à ma dernière lettre.

Je ne vous le dirai pas, que (6) vous ne m'ayez promis de ne pas en parler. Il ne sera pas content qu'il n'ait attrapé (7) son frère. Nous ne partirons pas que nous n'ayons déjeûné. Nous ne sortirons pas qu'(8)il ne fasse beau temps. Si vous croyez (que) cela soit *possible*, et (que) vous vou-

---

(1) Dans le sens de *parce que*, on le rend par *because*.

(2) QUE, dans le sens de *pourquoi*, se rend par *why*; dans le sens de *avant que*, ou de *jusqu'à ce que*, on le rend par *till*.

(3) Voyez la note 2 ci-dessus.

(4) PARTIE, en parlant de jeux, se dit *game*.

(5) Traduisez par l'*indicatif*.

(6) QUE, pour *jusqu'à ce que*, se dit *till*.

(7) Attraper, *to catch*, ou *to overtake*; ces deux verbes sont irréguliers.

(8) QUE, pour *à moins que*, se dit *unless*.

liez l'entreprendre. Si vous êtes son ami, et (que) vous vouliez lui rendre un *service*, vous tâcherez de l'arrêter dans sa carrière. Si vous allez en Angleterre, et (que) vous y restiez quelques mois, vous parlerez bien anglais. Si vous m'aimez, et (que) vous vouliez me prouver votre amitié, etc. Vous ne lisez que (1) des romans, c'est perdre votre temps. Il ne pense qu'à s'amuser.

Rien n'est si beau que la vérité. La fausse humilité n'est que le déguisement de l'orgueil. L'égoïste, n'aimant que lui, n'est aimé de personne. Nous ne sortons qu'une fois la semaine ; c'est le jeudi. Voulez-vous me prêter dix *francs*? Je n'en ai que sept. Levez-vous, il (n')y a que vous qui soyez (2) encore au lit. Je ne me lèverai pas encore, il (n')est que cinq heures. Il (ne) me reste que trois lignes à faire. Je (ne) vous ai donné *irr.* que vingt lignes à apprendre, et vous (n')en avez appris que dix. Croyez-vous qu'il (n')y ait que vous qui le sachiez ?

Elle ne fait que (3) pleurer et soupirer.

---

(1) QUE restrictif se dit *but* ou *only*.
(2) Traduisez par l'indicatif.
(3) NE FAIRE QUE se dit *to do nothing but*. NE FAIRE QUE DE se rend par *to have but just*.

A peine eut-il prononcé ces paroles, que (1) la voix lui manqua, et il tomba *irr*. mort. Elle avait à peine quatorze ans, qu'elle savait *irr*. l'anglais, le français et l'italien. A peine étions-nous sortis, qu'il commença *irr*. à pleuvoir. Il était à peine arrivé en France, qu'il tomba malade. Il est venu *irr*. lorsque j'étais à la leçon d'histoire; je ne pouvais donc le voir. Vous m'avez demandé lorsque j'étais à réciter les vers que j'avais composés. Je sortais pour aller la voir, lorsqu'elle descendit de sa voiture pour monter chez moi.

Il me verrait mourir de faim, qu'(2)il n'en serait pas touché. Vous auriez les premiers maîtres de dessin, que vous ne l'apprendriez pas; c'est que vous n'en avez pas le goût. Qu'(3)il est rare de trouver un véritable ami! Que de (4) gens qui se

---

(1) Que, dans le sens de *quand* ou *lorsque*, se traduit par *when*.

(2) Que, dans l'acception de *cependant*, se rend par *though* ou par *if*, et se met au commencement de la phrase. Ex. Il me verrait mourir de faim, que, etc., *though he should see me dying with hunger, etc.*, ou *if he should see me, etc.*

(3) Que exclamatif, lorsqu'il se rapporte à un adjectif ou à un verbe, se dit *how*; l'adjectif se met immédiatement après.

(4) Que de, se rapportant à un nom au singulier, se dit *how much*, ou *what a quantity*, ou *what a number* : au pluriel, on dit *how many*. On le rend aussi souvent par *what* dans le sens de *quel* exclamatif.

disent amis! Que vous êtes grandi *irr.* depuis les dernières vacances! Que je suis content de vous voir! Que je vous aime! Qu'il est gentil cet enfant! Que de monde aujourd'hui aux Tuileries! Que de peines j'ai éprouvées depuis le dernier jour de l'an! Que de gloire! que de héros ont illustré la France!

THÈME LXII.

OU. (Voyez *la Grammaire*, page 268.)

Ou (1) son sang, ou le mien, lavera cette injure. Ou vous, ou lui, (vous) le paierez, sinon je saurai où m'adresser. Ou vous viendrez chez moi, ou j'irai chez vous, cela m'est égal (2). Je vous verrai, ou demain, ou après-demain. Qu'il m'écrive ou qu'il ne m'écrive point, je ne m'en soucie que fort peu. Cela ne vous coûtera que deux ou trois cents francs. La *fortune*, soit bonne ou mauvaise, soit passagère, soit constante, ne peut rien sur (3) l'âme

---

(1) Ou se dit *or*; mais quand ce mot est répété dans une phrase, le premier se rend par *either*, et les autres par *or*.

(2) Cela m'est égal, *it is the same to me.*

(3) Ne peut rien sur, *has no influence over, etc.*

du sage. Soit (1) vivacité ou *caprice*, soit amour-propre ou orgueil, nous portons tous dans nos caractères une occasion (2) continuelle de faire (3) des fautes.

NI. (*Voyez la Grammaire*, page 268.)

Dans aucune circonstance de ma vie, je ne trahirai la vérité, ni (4) pour obtenir (des) faveurs, ni pour nuire à personne. Je ne désire ni sa connaissance (5) ni son amitié ; je ne crains ni sa haine ni sa *vengeance*. Ni l'un ni l'autre ne me convient (6). Il ne faut être ni (7) avare ni prodigue. La boussole n'a point été trouvée (8) par un marin, ni le *télescope* par un astronome, ni le *microscope* par un physicien (9), ni l'imprimerie par un homme de lettres (10),

---

(1) *Soit* se rend par *either* ou par *whether*, et ses répétitions, dans la même phrase, se rendent par *or*.

(2) Occasion, dans le sens de disposition, se dit *propensity*.

(3) Faire des fautes, *to commit faults*.

(4) Ni, se dit *nor* ; mais quand il est répété, le premier se dit *neither*, et les autres *nor*.

(5) Connaissance, *acquaintance*.

(6) Convenir, *to suit*.

(7) Quand ni est précédé d'une négation qu'on ne peut supprimer, il se rend par *either*, et les répétitions se rendent par *or*.

(8) Trouvé, dans cette acception, se dit *discovered* ou *invented*.

(9) Physicien, *a natural philosopher* ; le mot anglais *physician* signifie médecin.

(10) Homme de lettres, *a man of letters*, ou *a literary man* ; au pluriel, on dit *the literati*.

ni la poudre à canon par un militaire. Vous n'êtes pas content, ni moi non plus. Vous ne l'aurez pas, ni votre frère non plus.

ET. (*Voyez la Grammaire*, page 268.)

C'est un homme universel; il sait l'anglais, l'espagnol et l'allemand; il joue aux dames et aux échecs d'une manière extraordinaire, et même incroyable; enfin, il a tant de qualités et de *talents* qu'il fait les délices (1) de toutes les sociétés où il se présente. « Du sein de l'exil, on le voit réprimander et (2) son roi qui l'a exilé, et le pape (3) qui ne le soutient pas, et le clergé qui l'abandonne. » Et la saison qu'adoucit le climat, et le climat que la saison tempère, semblent, dans cette longue route, épargner au soldat ce qu'un soleil brûlant ou ce qu'un âpre (4) hiver lui ferait souffrir. Nous avons combattu *irr.* et pour notre roi et pour notre patrie.

---

(1) Faire les délices, *to be the delight.*

(2) ET, dans ce sens, se dit *both;* ses répétitions se disent *and.*

(3) PAPE, *pope.*

(4) Apre, *sharp, piercing, severe.*

SUJETS

DE COMPOSITIONS.

———

I.

L'amour de la patrie.

Aimer sa patrie, c'est faire tous ses efforts pour qu'elle soit redoutable au dehors (1) et tranquille au dedans. Des victoires ou des traités avantageux lui attirent le respect des nations; le maintien des lois et des mœurs peut seul affermir sa tranquillité intérieure. Ainsi, pendant qu'on oppose aux ennemis de l'état des généraux et des négociateurs habiles, il faut opposer à la licence et aux vices, qui tendent à tout détruire, des lois et des vertus qui tendent à tout rétablir; et de là quelle foule de devoirs aussi essentiels qu'indispensables pour chaque classe de citoyens, pour chaque citoyen en particulier! Souvenez-vous sans cesse que la patrie a des droits imprescriptibles et sacrés sur vos talents, sur toutes vos actions; qu'en quelque état que vous vous trouviez, vous n'êtes que des soldats en faction (2), toujours obligés de veiller pour elle, et de voler à son secours au moindre danger!

———

I I.

La générosité envers ses ennemis est digne d'éloges.

Un père de famille, ayant divisé ses biens en trois parties, les assigna à chacun de ses enfants. Il lui restait un diamant précieux qu'il ne voulut donner qu'au mérite. Ils cher-

———

(1) Au dehors et au dedans, *abroad and at home.*
(2) Soldats en faction, *soldiers on guard.*

chèrent tous à le gagner : l'un d'eux dit à son père qu'un étranger lui ayant confié son argent et sa fortune, il les lui avait remis fidèlement ; l'autre raconta qu'il avait retiré de la rivière un enfant qui se noyait ; enfin le troisième dit qu'ayant vu son ennemi endormi sur le bord d'un précipice et en danger d'y tomber, il le réveilla et le sauva de la mort. Dire auquel des trois le père remit le diamant, et donner les motifs de la préférence.

III.

Étude.

L'étude est la nourriture des jeunes gens et la consolation des vieillards. Elle est un sûr préservatif contre l'ennui, parce que le temps s'écoule agréablement avec elle ; elle nous empêche d'être à charge à nous-mêmes et inutiles aux autres ; elle nous procure la compagnie des gens de bien , et beaucoup d'amis.

Regarder la jeunesse, non comme un âge destiné par la nature au plaisir et au relâchement, mais comme un temps que la vertu consacre au travail et à l'application ; négliger (1) le soin de ses biens, de sa fortune, et faire de tout ce que les hommes chérissent le plus un digne sacrifice à l'amour de la science et à l'ardeur de s'instruire ; devenir invisible pour un temps, se réduire soi-même dans une captivité volontaire, et s'ensevelir tout vivant dans une profonde retraite, pour y préparer de loin des armes toujours victorieuses ; voilà ce qu'ont fait (les) Démosthène et les Cicéron (2).

I V.

Sur le Duel.

Gardez-vous de confondre le nom sacré de l'honneur avec

---

(1) Rendez les infinitifs par les participes présents.
(2) Faites la construction directe avec les sujets devant le verbe.

ce préjugé féroce qui met toutes les vertus à la pointe d'une épée, et n'est propre qu'à faire de braves scélérats. En quoi consiste ce préjugé? Dans l'opinion la plus extravagante et la plus barbare qui entra jamais dans l'esprit humain, savoir, que tous les devoirs de la société sont suppléés par la bravoure; qu'un homme n'est plus fourbe, fripon, calomniateur, qu'il est civil, humain, poli, quand il sait (se) battre; que le mensonge se change en vérité, que la perfidie devient honnête, l'infidélité louable, sitôt qu'on soutient tout cela le fer à la main (1); qu'un affront est toujours bien réparé par un coup d'épée (2), et qu'on n'a jamais tort avec un homme, pourvu qu'on le tue. Il y a, je l'avoue, une autre sorte d'affaire où la gentillesse se mêle à la cruauté, et où l'on ne tue les gens que par hasard; c'est celle où l'on se bat au premier sang (3). Au premier sang! grand Dieu! Et qu'en veux-tu faire de ce sang, bête féroce? le veux-tu boire?

J.-J. ROUSSEAU.

V.

Récompenses.

La satisfaction d'avoir fait du bien et le plaisir d'être aimé, sont les plus flatteuses de toutes les récompenses.

Dans les temps que la république romaine était florissante, les récompenses militaires que l'on décernait aux braves n'avaient aucune valeur intrinsèque, et tout leur éclat consistait dans la gloire de les avoir méritées. C'étaient des couronnes de laurier, de chêne, ou même de l'herbe. Du temps même de César, un soldat refusa une chaîne d'or de Labiénus, *lieutenant* de cet empereur, en disant qu'il ne voulait pas la récompense d'un avare, mais celle d'un homme de cœur (4).

Comte DE VALMONT.

(1) Le fer à la main, *sword in hand.*
(2) Coup d'épée, *stab* ou *a wound.*
(3) Au premier sang, *till blood is drawn.*
(4) Un homme de cœur, *an honourable man.*

VI.

Conversation.

On ne peut être agréable dans la *conversation* si l'on n'a beaucoup d'esprit pour la soutenir, de *discrétion* pour laisser parler les autres, de politesse avec ses supérieurs et ses égaux, de *prudence* pour ne pas attaquer un *vice* dont une personne de la compagnie peut être atteinte (1).

Les gens qui savent peu parlent beaucoup, et les gens qui savent beaucoup parlent peu. Il est naturel de croire qu'un ignorant trouve important tout ce qu'il sait, et le dise à tout le monde; mais un homme instruit n'ouvre pas aisément son répertoire (2), il aurait trop à dire; et comme il voit encore plus à dire après lui, il se tait.

J.-J. ROUSSEAU.

VII.

Amour filial.

Lorsque la famine désolait la France en 1795, on s'étouffait à la porte des boulangers pour avoir cinq à six onces de mauvais pain. Dans ces temps d'horreur et de désastreuse mémoire, où les pauvres étaient réduits à se nourrir de pommes de terre germées (3), et d'autres aliments non moins nuisibles, on vit dans la section de Saint-Paul, près de l'Arsenal, à Paris, une petite fille de huit ans faire une action qui mérite d'être citée.

Lorsque sa mère lui donnait sa faible portion de pain, elle feignait d'en manger un peu, et vite elle courait le serrer (4) dans le buffet. Étonnée de cette abstinence, la mère lui dit un

---

(1) Atteinte, *affected.*
(2) Répertoire, *casket, budget.*
(3) Germé, *growing.*
(4) Serrer, *to put away.*

jour : « Mais, mon enfant, pourquoi donc ne manges-tu pas? tu n'as donc pas faim? — Tout au contraire, maman, j'ai grand'faim, lui répondit l'enfant; mais je veux laisser mon pain pour papa qui travaille tant, et qui n'a pas, j'en suis sûre, de quoi manger. »

VIII.

Indolence.

L'indolent renonce à la dignité de son être par son aversion pour le travail, qui ne peut rendre sa vie qu'un fardeau *insupportable.* Sa vie, bornée (1) à la seule *végétation*, ne consiste que dans l'accroissement et le déclin du corps. L'homme *indolent* n'est touché ni de la vertu, ni de la gloire de réussir dans ses entreprises, ni de la *réputation*, ni de la *fortune*, ni des nœuds du sang, ni de l'amitié, ni des *arts*. C'est une paresse de l'âme qui s'étend à tout, et la rend incapable de toutes choses; état pire que l'*indifférence*, qui peut avoir encore de l'inquiétude et de l'ennui qui l'en fasse sortir (2). Le jeune homme qui est *indolent* ne sait pas le triste avenir qu'il se prépare.

IX.

Travail.

Travail, noble soutien de l'indépendance, seul bien que l'injustice des hommes ne saurait nous ravir, tu nous délivres du malheur de l'oisiveté, et tu nous fais goûter les douceurs du repos!

> Le travail, joint à la gaîté,
> Souffre et surmonte toutes choses.
> La nonchalante oisiveté
> Se blesse sur un lit de roses.

DE BERNIS.

(1) Borné, *limited, confined.*
(2) Faire sortir, *to deliver, to liberate.*

Aimes-tu le repos? *travaille* en ta jeunesse;
De ton loisir futur jette les fondements.
Ce laurier respectable ombrage la vieillesse,
Quand on l'a cultivé dès les premiers moments.

DE NEUFCHATEAU.

Non, je ne trouve point de fatigue si rude
Que l'ennuyeux loisir d'un mortel sans étude,
Qui, jamais ne sortant de sa stupidité,
Soutient, dans les langueurs de son oisiveté,
D'une lâche indolence esclave volontaire,
Le pénible fardeau de n'avoir rien à faire.

BOILEAU.

X.

Science.

L'objet de la science est de connaître la vérité; son occupation, de la rechercher; son caractère, de l'aimer : les moyens de l'acquérir sont de renoncer (aux) passions, de fuir (1) la dissipation et l'oisiveté.

Par la science, l'homme ose franchir (2) les bornes étroites dans lesquelles il semble que la nature l'ait renfermé: citoyen de toutes les républiques, habitant de tous les empires, le monde entier est sa patrie. La science, comme un guide aussi fidèle que rapide, le conduit de pays en pays, de royaume en royaume; elle lui en découvre les lois, les mœurs, la religion, le gouvernement. Dédaignant les bornes des temps comme celles des lieux, on dirait qu'elle l'ait fait vivre long-temps avant sa naissance. C'est l'homme de tous les siècles comme de tous les pays : mais ne perdez pas de vue qu'il faut dans le savoir préférer l'utile au brillant.

---

(1) Fuir, *to shun*, ou *to avoid.*
(2) Franchir, *to pass, to leap.*

XI.

Le théâtre de la vie.

L'univers est un théâtre, les hommes sont tous acteurs ou spectateurs: Le sort compose la pièce, la fortune répartit les rôles (1), les beaux-esprits font les *décorations;* en entrant, on reçoit un billet marqué espoir; les riches vont occuper les loges, les gens aisés garnissent l'amphithéâtre, le parterre est pour les malheureux; les femmes sont partout et distribuent des rafraîchissements; les folies de toute espèce forment l'orchestre. Le temps lève la toile (2) : la pièce commence par des cris, des larmes, des soupirs; ils sont suivis par les ris, les jeux, les illusions diverses. La variété des objets divertit les uns, intéresse les autres, et afflige le plus grand nombre. A ces illusions succèdent les projets ambitieux, les calculs de l'intérêt, les tourments de l'orgueil; les métamorphoses de toute espèce s'opèrent avec une adresse et une facilité surprenantes; des géants deviennent pygmées; des nains deviennent géants; arrivent ensuite les chagrins, les regrets, les douleurs. Sage est celui qui se range en un coin pour observer sans être vu. Enfin l'abîme s'ouvre, tout s'engloutit, et la mort tire le rideau de l'éternité.

XII.

Fête des Flambeaux.

Le peuple d'Athènes célébrait tous les ans une fête appelée la fête des flambeaux. Elle consistait à parcourir l'étendue du Céramique, une torche allumée à la main. Pour être vainqueur, il fallait atteindre un but marqué sans éteindre son flambeau.

---

(1) Répartir les rôles, *to distribute the characters.*
(2) La toile, au spectacle, *the curtain.*

Le vainqueur passait son fanal à un autre, et ainsi de suite. Image de la vie humaine! dit Lucrèce dans de beaux vers. Les prétendants faisaient leurs courses, les uns à pied, les autres à cheval. Ce spectacle était d'un vif intérêt pour les spectateurs, qui s'y trouvaient toujours en foule. Celui qui, pour conserver son flambeau allumé, ralentissait son pas, était moqué.

XIII.

Fondation de Marseille.

(700 ans avant J.-C.)

Les habitants de la ville de Phocée, menacés d'être envahis par le despote de la Perse, prirent la généreuse résolution de ne laisser à l'ennemi, beaucoup plus fort qu'eux, que des pierres et la plus parfaite solitude. En conséquence, les Phocéens, peuple maritime, s'embarquèrent tous sur leurs vaisseaux, emportant ce qu'ils possédaient de plus précieux, leurs lois, leurs femmes, leurs vieillards et leurs enfants.

Ils aimèrent mieux s'exposer aux hasards de la mer en courroux que de supporter le joug d'un tyran injuste et ambitieux. Les vents poussèrent cette flotte sur le rivage des Gaules méridionales. Ils y mirent pied à terre. L'olivier et la vigne en main, tous ils proposèrent l'essai d'une plantation; ils furent fort bien reçus des Saliens, des Tectosages et autres peuples de la côte. On leur en abandonna une partie. Ils y jetèrent les fondements de la ville de Marseille, à peu près dans le temps de Tarquin l'Ancien à Rome. La fête de la fondation de cette ancienne cité eut de remarquable la forme du serment qu'ils prononcèrent en présence des Gaulois étonnés.

Le magistrat de cette nouvelle colonie républicaine, debout sur un môle, fit précipiter à la mer une lourde enclume d'airain, en prononçant ces paroles qui furent répétées tous les ans à pareille époque : « Les Phocéens Marseillais consentiront « à devenir esclaves, quand cette masse remontera à la surface « de l'eau, et y surnagera. »

XIV.

Fête des femmes à Beauvais, en 1473.

Un duc de Bourgogne assiégeait la ville de Beauvais et la serrait de près; les bourgeois, fort dévots dans ce temps-là, au lieu de se défendre, invoquaient leur bienheureuse patronne sainte Angadrème. Une femme courageuse fit un appel à toutes les citoyennes, en leur disant : « Puisque nos maris font notre besogne, faisons la leur. Tandis qu'ils sont à l'église, courons aux remparts et délivrons notre patrie. » Aussitôt dit, aussitôt fait; l'ennemi fut repoussé, le siége levé; et, depuis ce temps, le jour de la fête de sainte Angadrème, les habitants de Beauvais instituèrent une fête, où, par reconnaissance, les femmes avaient le pas sur les hommes.

XV.

Affection fraternelle.

Un Turc esclave à Livourne, ayant gagné par son travail mille piastres, les porta au fisc pour racheter son frère cadet, qui était esclave comme lui. Le gouverneur surpris lui demanda pourquoi il ne payait pas la rançon pour lui-même : « C'est, répondit-il, parce que mon frère n'ayant aucun talent, il resterait toute sa vie en esclavage, et que lorsque j'aurai travaillé encore quelques années, je me rachèterai à mon tour. » Ce trait de grandeur d'âme étant venu à la connaissance de Côme III, grand-duc de Toscane, il en fut si touché, qu'il accorda sans rançon la liberté aux deux frères.

XVI.

L'amitié.

Les sages ont distingué deux espèces d'amitié : l'une, née d'un heureux rapport de l'humeur, des goûts et des esprits, unit deux amis par le sentiment ; leurs joies, leurs peines, tout est commun entre eux ; ils ne cherchent dans l'amitié que le plaisir d'aimer et d'être aimés. L'autre, fille de l'intérêt, a les sentiments aussi vils et aussi méprisables que celui dont elle tire son origine ; l'espoir de quelque bien, ou la crainte de quelque mal, sont les seuls liens qu'elle connaisse ; dès qu'ils sont brisés elle ne subsiste plus. Si on peut se livrer aveuglément aux amis de la première espèce, on ne peut trop être sur ses gardes avec ceux de la seconde.

XVII.

Éducation.

L'éducation a pour but de développer simultanément les facultés physiques, morales et intellectuelles : fidèle au vœu de la nature, elle doit employer tous les moyens d'exercer le corps et les sens de l'enfant, de former à la fois son cœur et son jugement, de favoriser son activité, d'éveiller et d'entretenir son attention, et d'éclairer son esprit ; fondée sur la religion et la morale, elle doit en inspirer les plus doux et les plus nobles sentiments ; embrassant enfin l'homme tout entier, elle doit en quelque sorte le rendre propre à toutes les conditions humaines, en faire un être utile à la société par la vigueur de son corps, par l'étendue et la solidité de ses connaissances, et surtout par la rectitude de son jugement, les bonnes qualités de son cœur et la noblesse de son âme ; car il importe plus de former l'enfant à la vertu qu'à la science, de faire un homme solide qu'un homme brillant.

XVIII.

Modération.

Tout le monde convient de l'utilité de la modération, du danger des excès, de la folie des passions : on estime sage celui qui voit les choses telles qu'elles sont, et qui les apprécie à leur juste valeur ; on regarde comme un insensé l'homme qui voit tout avec un microscope ou avec un prisme, qui embellit ou enlaidit, grandit ou rapetisse tout suivant son désir ou son dégoût, sa crainte ou son espérance ; on sait que le bonheur est inséparable de la modération dans les qualités, dans les peines, dans les plaisirs, dans les désirs et dans les sentiments ; et cependant chacun exagère ses biens, ses maux, ses haines et ses affections, ses éloges, ses critiques, ses volontés, ses espérances, ses frayeurs.

XIX.

Malheureux événement.

On connaît le funeste événement de la place Louis XV, lors des fêtes du mariage de la dauphine Marie-Antoinette ; on sait comment des échafauds destinés au feu d'artifice, l'imprévoyance des magistrats, la cupidité des malfaiteurs, la marche meurtrière des voitures, préparèrent et augmentèrent le désastre. Parmi les nombreuses victimes de ce désastre, les deux suivantes se distinguent douloureusement. — Au milieu de cette foule agitée, pressée en sens contraire, foulée sous les pieds des chevaux, précipitée dans les fossés qui bordaient la rue Royale et la place, se trouvaient un jeune homme et son amante ; elle était belle : ils s'aimaient depuis plusieurs années ; des raisons de fortune avaient retardé leur mariage ; le lendemain ils devaient être unis. Protégeant son amie, marchant devant elle, la couvrant de son corps, long-temps le jeune homme soutint ses pas et son courage; mais de moment en moment le tumulte, les cris, l'effroi, les périls allaient en croissant. « Je succonb :, dit-elle, mes forces m'abandonnent; je ne saurais avaocer plus loin. — Il reste encore un moyen, s'écrie l'amant au desespoir; placez-vous sur mes épaules. » Il sent qu'on a suivi ses conseils, et le désir de sauver ce qu'il aime double ses forces et son ardeur; il résiste aux chocs les plus violents; ses bras raidis devant sa poitrine lui fraient péniblement un passage; il lutte, il se dégage enfin.

Arrivé à l'une des extrémités de la place, après avoir déposé sur un banc son précieux fardeau, haletant, épuisé, mourant de fatigue, mais ivre de joie, il se retourne..... ce n'était pas elle! Une autre plus agile avait profité du conseil : son amie n'était plus.

X X.

FÊTES.

Fêtes civiles du peuple de Babylone.

(1500 ans avant J.-C.)

L'une des plus curieuses est celle-ci : sur un amphithéâtre couvert de tapis et parsemé de fleurs, on rangeait avec beaucoup d'ordre toutes les Babyloniennes qui étaient à marier, belles ou laides, jeunes ou vieilles; puis, tous les jeunes gens qui désiraient prendre femme étaient admis à se promener trois fois devant chaque rangée des citoyennes de Babylone. Après l'examen, ceux qui se sentaient disposés à faire emplette répétaient tout haut le nombre marqué sur l'étiquette de la femme qui leur avait plu. Les magistrats, assis au centre, faisaient descendre l'objet requis, et y mettaient un prix à raison de (1) la perfection de ses charmes.

______

(1) A raison de, *in proportion to.*

Les premiers tours, les premiers achats s'adressaient naturellement aux plus jolies. Celles-ci ne manquaient pas d'acquéreurs; mais les autres seraient restées éternellement sur leurs banquettes sans le bénéfice de la loi portée à ce sujet. Le président de cette fête matrimoniale ramassait tout l'argent provenu de l'achat des belles, et le distribuait aux femmes disgraciées de la nature ; avec cet argent elles trouvaient des maris, et même elles choisissaient.

X X I.

Emploi du temps.

Soyons avares du temps; ne donnons aucun de nos moments sans en recevoir la valeur ; ne laissons sortir les heures de nos mains qu'avec épargne, qu'avec fruit, qu'avec autant de regret que quand nous cédons notre or ; ne souffrons pas qu'aucun de nos jours s'écoule sans avoir grossi le trésor de nos connaissances et de nos vertus. L'usage du temps est une dette que nous contractons en naissant, et qu'il faudra payer avec les intérêts que notre vie stérile a entassés (1). Ceux qui emploient mal leur temps sont les premiers à se plaindre de sa brièveté. Comme ils le consument à s'habiller, à dormir, à de sots discours, à se résoudre sur ce qu'ils doivent faire, et souvent à ne rien faire, ils en manquent pour leurs affaires ou pour leurs plaisirs : ceux, au contraire, qui en font un bon usage en ont de reste. On ménage son crédit, son argent, ses amis, et l'on prodigue son temps, dont la perte est irréparable.

____

(1) Entassés, *la accumulate.*

XXII.

Le bel esprit.

C'est un feu qui brille sans consumer; c'est une lumière qui éclate pendant quelques moments, et qui s'éteint d'elle-même par le défaut de nourriture; c'est une superficie agréable, mais sans profondeur et sans solidité; c'est une imagination vive, ennemie de la sûreté du jugement; une conception prompte, qui rougit d'attendre le conseil salutaire de la réflexion; une facilité de parler qui saisit avidement les premières pensées, et qui ne permet jamais aux secondes de leur donner leur perfection et leur maturité.

Que cette conduite est éloignée de celle de ces grands hommes dont le nom fameux semble être devenu le nom de l'éloquence même!

Ils savent que le meilleur esprit a besoin d'être formé par un travail persévérant et par une culture assidue; que les grands talents deviennent aisément de grands défauts, lorsqu'ils sont livrés et abandonnés à eux-mêmes; et que tout ce que le ciel a fait naître de plus excellent dégénère bientôt, si l'éducation, comme une seconde mère, ne conserve l'ouvrage que la nature lui confie aussitôt qu'elle l'a produit.

XXIII.

Bienfaisance.

M. S***, conseiller au parlement de Paris et possesseur d'une fortune assez considérable, perdit un ami intime qui, en mourant, ne laissa que des dettes à deux enfants en bas âge, sans ressources, sans espérances. M. S***, qui regarde ces infortunés comme un legs de l'amitié, conçoit le projet de réparer envers eux l'injustice du sort; mais ne voulant pas les enrichir aux dépens de ses héritiers légitimes, il retranche son équipage, quitte le superbe appartement qu'il occupait pour en prendre un très-modeste et peu coûteux, dans un des faubourgs de Paris, d'où, tous les jours, il venait, suivi d'un seul domestique, remplir, au palais, les devoirs de sa charge. Cette prompte réforme, ce changement soudain dans sa manière de vivre, exposèrent bientôt M. S*** à tous les soupçons ; on l'accusa d'avarice, de mauvaise conduite ; enfin il se vit en butte à toutes les calomnies. Constant dans son projet, au-dessus de la médisance, et n'écoutant que son cœur, pendant deux ans entiers, il mena la même existence. Au bout de ce temps il reprit son hôtel, son équipage, et reparut dans le monde avec tout l'éclat de l'opulence. Mais il avait amassé, par de simples privations, sans toucher à sa fortune, une somme de vingt mille francs, qu'il plaça au profit des enfants de son ami. Ce fut ainsi que M. S*** sut accorder la justice et la délicatesse avec la *bienfaisance*.

FIN.

SECONDE PARTIE.

SYNTAXE.

FIN DE LA TABLE.

PARIS. — IMPRIMERIE DE CASIMIR,
Rue de la Vieille-Monnaie, n. 12.

LIBRAIRIE FRANÇAISE ET ANGLAISE

TRUCHY,

BOULEVARD DES ITALIENS, A PARIS.

New Publication.

LINGARD'S HISTORY OF ENGLAND, abridged by *P. Sadler*, and continued by him from James II. to 1835; with a map : in one volume 12mo, 8 fr. (See page 21).

1 THE HOLY BIBLE, containing the *Old and New Testaments*, together with the *Apocrypha*, to which are added an index, a table, also Brown's concordance. *Edinburgh*, 1807; one thick volume 4°, *large type*.   20 fr.

2 THE CATHOLIC MISSAL IN MINIATURE; containing prayers for morning and night; instructions and devotions; *the Ordinary of the Mass*; principal festivals, Vespers, etc., in Latin and English. *Paris*, 1837, 1 v. gr. in-32, *gros caractères*. 2 fr. 50

On a cherché à réunir dans ce petit livre de messe tout ce qui était nécessaire pour suivre l'office des dimanches et des principales fêtes de l'année; on y trouvera donc l'explication des cérémonies de la messe, les prières du matin et du soir, l'instruction pour bien entendre la messe, les litanies de la Vierge, de J.-C., des Saints, les psaumes, hymnes, messe de mariage, etc., etc.

L'ordinaire de la messe, les vêpres et complies, ainsi que les principaux offices sont en *latin* et en *anglais*, de sorte que ce petit paroissien est d'un usage agréable et utile aux personnes qui cultivent la langue anglaise.

3 THE DAILY COMPANION, or little Pocketmanual, a new edition, revised and enlarged. *Paris*, 1834; 1 vol. in-32, 2 fr. 50

4 **A TABLE OF THE FRENCH GENDERS,** by a Preceptor, published in one sheet, showing at the *first view* the gender of any noun, and giving the French synonyms. 2 fr.

(1)	(2)	(3)	(4)
M	65	*a*	5
M	12	*abe*	2
M	20	*able*	3
M	21	*ac*	
F	73	*ace*	1

(1st) Column denotes the gender M (masculine), F (feminine).

(2d) Column shows the number of nouns of the termination of the following column (65 nouns in A).

(3d) Column contains the terminations.

(4th) Column denotes the number of exceptions (5 nouns in A feminine).

5 **THE FRENCH GENDERS TAUGHT IN SIX FABLES**; being a plain and easy art of memory, by which *the genders* of 15,548 French nouns may be learned in a few hours. Arranged upon a new plan by *Marquam*.

2^d edition, much improved, *Paris*, 1834 ;
1 vol. in-18. Hot-pressed paper.   2 fr.

6 THE WHY AND THE BECAUSE, or the
ingenious and instructive Answers of *Mr.
Because* to the interesting Questions of *Mrs.
Why;* being a familiar and highly amusing
explanation of the causes and effects, not
only of atmospheric and other phenomena,
but also of what passes daily before our
eyes, though we are frequently incapable of
furnishing a satisfactory *Because*, in answer
to an inquisitive *Why*. *Paris*, 1830 ; 1 vol.
in-18.   2 fr.

Petit ouvrage curieux qui peut servir d'instruction et d'amusement à tous ceux qui veulent se rendre compte des causes ou effets physiques dont ils sont témoins journellement.

**Syllabaires, Grammaires, Dictionnaires
et Ouvrages élémentaires.**

7 STEPHENS' PRIMER, *and practical spell-
ing-book*, or a new introduction to spelling
and reading, containing easy lessons selected for the capacities of youth. *Paris*, 1836,
un joli vol. in-16 (*gros caractères*), figures,
cartonné, dos en toile.   1 fr. 50 c.

On a cherché à mettre cet ouvrage à la portée des jeunes enfans, en le distribuant en petits tableaux d'*épellations graduées*
de mots de *une*, *deux*, *trois* jusqu'à *sept syllabes* ; en regard de
chaque tableau il y a de petites *Leçons pratiques*, propres à
exercer à la lecture tout en amusant.

8 FIRST LESSONS IN ENGLISH GRAM-
MAR, with questions and exercises adapted
to the capacities of *young children*, by
LOVECHILD. *Paris*, 1836, 1 vol. in-16, *gros
caractères*, cart., dos en toile.   1 fr. 50 c.

En publiant cet ouvrage on s'est proposé de simplifier autant
que possible les premières idées de la Grammaire et d'en rendre
l'étude extrêmement facile ; après plusieurs essais de plus en

plus satisfaisans, on trouva que des enfans de 6 à 10 ans com-
prenaient parfaitement ces leçons et étaient même capables de
les enseigner à des enfans plus jeunes qu'eux.

9 SYLLABAIRE ANGLAIS-FRANÇAIS, ou
Méthode facile pour apprendre aux enfans
à lire et à épeler l'anglais ; orné de 108 *figures coloriées*, représentant des sujets avec
leurs explications *en anglais* et *en français*;
accompagné de phrases familières et de leçons en une, deux, trois, jusqu'à six syllabes, et suivi de petits contes avec *traduction interlinéaire*, le *texte* seul anglais, et la
traduction française. Par Brown et Stephens; 1 vol. in-18, cartonné.   3 fr.

Leçons élémentaires d'anglais très-bien disposées.

10 PICTURESQUE WORD-BOX; illustrated
in a series of 164 *subjects* with their explanations in *English* and *French*; drawn and
engraved on 42 cards, by H. Berthoud.

Les 42 cartes contenues dans une jolie boîte
avec bordures en or.   6 fr.

Peindre aux yeux des enfans les objets dont on désire qu'ils con-
servent quelque souvenir, c'est, pour une langue étrangère, le
vrai moyen de leur apprendre des mots, et les mots dans l'enfance s'apprennent avant les phrases ; pleins de la justesse de cette
idée, nous avons publié une série de cartes où sont représentés
164 sujets, à côté desquels on a placé le *mot anglais* et le *mot
français*. L'usage de ces cartes peut être très-varié :

1º En montrant *la carte entière*, c'est-à-dire le sujet, le mot
anglais et le mot français.

2º En montrant *le sujet seulement*, et cachant à l'enfant le mot
anglais et le mot français.

3º En montrant *le mot anglais seulement*, et cachant le sujet et
le mot français.

4º En montrant *le mot français seulement*, et cachant le sujet
et le mot anglais.

11 FRENCH AND ENGLISH WORD-BOX,
containing :
1º 42 highly *coloured* cards giving the re-
presentation of 164 subjects with their ex-

planations in *French* and *English;* 2° Bossut's
French and English *word-book*, 1 vol. in-32;
3° *Reading lessons*, by Miss Edgeworth ,
in a series of 4 vol. in-32. The whole drawn
and engraved by Berthoud, and inclosed
in a case elegantly done up.

Les cinq volumes et les 42 cartes coloriées,
contenus dans une jolie boîte avec bordures
et encadrement en or.   12 fr.

Cette jolie boîte forme un petit cours d'étude de langue anglaise : cartes, mots, livres de lecture par Miss Edgeworth, tout s'y
rencontre pour servir d'introduction à l'enseignement de l'enfance.

12 LE PETIT QUESTIONNEUR POLY-
GLOTTE, ou Choix de Questions enfan-
tines, *en anglais, en italien, en allemand
et en français ;* avec leurs réponses dans les
mêmes langues.

32 cartes imprimées en gros caractères sur
papier rose et bleu, et renfermées dans une
boîte en papier doré.   2 fr.

Cette collection de cartes forme une série choisie de petites
questions dont les réponses offrent l'occasion d'exercer les enfans
à la phraséologie de ces *quatre langues.*

13 BOSSUT'S *French and English word-book*,
being a vocabulary of the most useful words
(3000 words). *Paris*, 1835; un joli vol.
in-32.   1 fr.

Ce petit recueil de mots *français et anglais* est un des ouvrages élémentaires les plus répandus en Angleterre.

14 BOSSUT'S *French Phrase-Book*, being a
key to the French and English conversation
(Petit recueil de Phrases *anglaises* et *françaises*); by l'abbé Bossut. *Paris*, 1834, 1
vol. in-18,   1 fr.

A new edition corrected and much improved.

LE PETIT

MAITRE D'ANGLAIS,

ou

PREMIERS ÉLÉMENS

DE LA

LANGUE ANGLAISE,

MIS A LA PORTÉE DE LA JEUNESSE;

Accompagnés d'exercices courts et faciles, propres à faire l'application des règles précises qui y sont développées.

Par JoÂm. STEPHENS.

Approuvé par le *Conseil royal de l'Instruction publique.*

(2ᵉ édition, corrigée et augmentée.)

Multum in parvo.

PRIX : 1 FR. 50 C. CART.

LIBRAIRIE FRANÇAISE ET ANGLAISE

DE TRUCHY,

BOULEVARD DES ITALIENS, Nᵒ 18.

PARIS — 1836.

PRÉFACE.

—

Il y a déjà long-temps que l'étude de l'anglais a été reconnue comme une des plus utiles occupations de la jeunesse française ; ce n'est plus à un âge mûr qu'on cherche à étudier cette langue ; on a senti avec raison que l'enfance était le seul moment où une oreille tendre pouvait saisir les véritables intonations qui échappaient à des organes devenus déjà trop endurcis.

Maintenant on confie la plupart des enfans à des Anglais mêmes qui familiarisent leurs élèves à un langage devenu bientôt une seconde langue maternelle ; certaines mères de famille, sachant apprécier tout l'à-propos d'une éducation précoce, s'amusent à enseigner à leurs enfans les premières notions grammaticales ; mais là positivement se faisait sentir la nécessité de notre ouvrage, car jusqu'alors on n'avait pas disposé de manuel élémentaire pour ce jeune âge. Nous en avons donc senti toute l'opportunité, et nous espérons du moins que notre bonne intention fera excuser les imperfections qu'on pourrait rencontrer dans ce petit ouvrage, que nous dédions à tous les parens et instituteurs.

Nous prions nos lecteurs de vouloir bien croire que nous n'avons pas eu la présomption de suppléer à une grammaire générale, mais que seulement nous avons tâché de donner des notions élémentaires qui puissent préparer à une étude plus sérieuse, ou du moins faire connaître les premiers principes de la langue anglaise.

JOAM. STEPHENS.

Paris, janvier 1833. (Voir la circulaire ci-après.)

Ministère de l'Instruction publique.

UNIVERSITÉ DE FRANCE.

Paris, 6 décembre 1832.

MONSIEUR,

J'ai appelé l'attention du *Conseil royal de l'Instruction publique* sur le PETIT MAÎTRE D'ANGLAIS, ou premiers Élémens de la Langue anglaise mis à la portée de la jeunesse.

J'ai l'honneur de vous informer que cet ouvrage a reçu *l'approbation* du Conseil, et qu'il a été décidé, dans la séance du 23 novembre, que l'usage en est *autorisé* dans les écoles primaires où l'on s'occupe de l'enseignement de l'anglais, etc., etc.

Le Conseiller vice-président,

VILLEMAIN.

15 SADLER. MANUEL DE PHRASES FRANÇAISES ET ANGLAISES, conteuant de nombreux *Vocabulaires* français et anglais des mots les plus usités, suivis chacun de petites phrases élémentaires leur servant d'exercices, accompagné de *Dialogues* familiers ; *à l'usage des classes élémentaires* ; 3e édition, trèsaméliorée et augmentée d'une série de *Leçons préparatoires* en forme de Dialogues, avec la traduction *mot à mot* et le *bon français* en regard. *Paris*, 1836, 1 v. in-18, cartonné, dos en toile.   1 fr. 50

Les commençans trouveront dans ce Manuel de phrases, destiné particulièrement à la jeunesse, tout ce qu'on peut offrir de plus facile pour l'étude préparatoire de la langue anglaise ; on a commencé par de petits Vocabulaires anglais, suivis de phrases où ces mêmes mots sont employés et dont on a donné une *Traduction interlinéaire* pour que l'élève apprécie exactement la valeur de la phrase anglaise.

On y trouve les principaux temps des verbes auxiliaires *Avoir* et *Être* et des exemples de tournures *négatives* et *affirmatives.*

16 SADLER. COURS GRADUÉ DE LANGUE ANGLAISE, ou Choix de versions *à l'usage des classes élémentaires* ; contenant un Recueil d'anecdotes, de traits instructifs et amusans, etc. ; précédé d'une introduction en forme de CLEF des idiotismes et locutions difficiles qui s'y rencontrent, et suivi d'un *Dictionnaire anglais-français* de tous les mots qui se trouvent dans l'ouvrage. *Paris*, 1835 ; 1 fort vol. in-18, cart., dos en toile.   2 fr.

Ce petit recueil d'Anecdotes est devenu d'un usage presque général dans toutes les *classes élémentaires*, à cause du petit *Dictionnaire* qui se trouve à la fin et qui dispense d'un plus grand.

17 SADLER. GRAMMAIRE PRATIQUE DE LA LANGUE ANGLAISE, ou Méthode facile pour apprendre cette langue, contenant une dissertation détaillée sur l'emploi de *shall, will, do*, etc.; accompagnée d'un nouveau *tableau colorié*, donnant la valeur figurative des principales prépositions *to, at, on, over, of, from, into, in*; 3e édition, très-améliorée. *Paris*, 1837; 1 vol. in-12, cartonné à l'anglaise.   2 fr. 50

Cette grammaire, due à l'auteur de l'*Art de la Correspondance anglaise et française*, du *Manuel de Phrases*, des *Exercices anglais* ou *Thèmes gradué*, etc., est remarquable par la clarté et la précision des exemples nombreux qui accompagnent l'ouvrage.

Elle est adoptée par la plupart de MM.-les Professeurs et Chefs d'Institution.

18 SADLER. Exercices anglais, ou Cours de *Thèmes gradués*, pour servir de développemens aux règles de la *Grammaire anglaise pratique* (du même auteur), ou de toutes les autres grammaires anglaises. Les difficultés de la traduction du français en anglais y sont présentées graduellement et aplanies par des *notes grammaticales* mises au bas des pages, ou avec des renvois aux règles énoncées dans la grammaire; *troisième édition*, très-améliorée, et augmentée de sujets de *Compositions anglaises*, etc. *Paris*, 1837. 1 fort vol. in-12, cartonné.   3 fr.

Ces thèmes ont l'avantage d'offrir aux élèves une série complète de *phrases usuelles* ou de *tournures*, qu'on emploie dans la conversation familière; et de plus, ces exercices gradués se reportent toujours aux règles de la grammaire, en offrant l'occasion de les appliquer à toutes les expressions journalières de notre langage privé.

19 SADLER. Corrigé des exercices anglais, ou *Traduction* exacte des *Thèmes gradués*; ouvrage par le moyen duquel on peut se

corriger soi-même. *Paris*, 1833 ; 1 vol.
in-12, cartonné. 2 fr. 50

On ne saurait trop recommander ces trois ouvrages, ainsi que le suivant, qui forment en quelque sorte un *Cours complet d'Anglais*, adopté par les principales maisons d'éducation.

20 SADLER. COURS DE VERSIONS ANGLAISES, ou Recueil choisi d'anecdotes, traits historiques, extraits divers, etc. ; suivi de morceaux les plus brillans de la *Poésie anglaise*, par Moore, Byron, W. Scott, etc., etc. ; le tout enrichi de notes explicatives *en français*, pour éclaircir les difficultés qui se rencontrent dans le texte. 1 fort volume in-12, papier vélin. 2e édition. 4 fr.

Ce nouvel ouvrage est par l'auteur de la *Grammaire Pratique de la langue anglaise*; des *Exercices anglais, ou Cours de Thèmes gradués*; du *Corrigé des Exercices anglais*; de l'*Art de la Correspondance anglaise et française*; du *Manuel de Phrases françaises et anglaises*, etc.

Un tel ouvrage, avec notes, manquait encore aux nombreux étudians de la langue anglaise, qui n'avaient réellement rien d'amusant à traduire au sortir de la grammaire, tandis que ce nouveau recueil deviendra attrayant par la variété du choix et l'intérêt des morceaux, tant en *Prose* qu'en *Poésie*, qui s'y trouvent.

21 SADLER. L'ART DE LA CORRESPONDANCE ANGLAISE ET FRANÇAISE, ou Recueil de lettres *en anglais et en français* sur toutes sortes de sujets familiers ; suivi d'un choix des meilleurs *épistolaires* anglais, et de modèles de *lettres commerciales*; — Accompagné de notes grammaticales sur l'application des règles de la grammaire anglaise, par P. SADLER ; la partie française revue et enrichie de notes grammaticales, par LUPIN. 2e édition, contenant des améliorations très-importantes. *Paris*, 1835, 2 vol. in-12, papier fin satiné. 6 fr.

Cet ouvrage contient au bas de chaque page des notes grammaticales ou explications propres à développer et à éclaircir les principales règles de la grammaire, en formant une véritable lecture pratique qui pourra servir d'introduction aux tournures de la conversation familière.

Les nombreuses réimpressions, faites à Londres même, attestent l'excellence de ce livre, qui a été traduit dans plusieurs langues, en conservant toujours le *texte* et les *notes* de M. Sadler.

22 SADLER'S ART OF ENGLISH CORRESPONDENCE, being a collection of *familiar letters*, letters selected from the best *English writers*, models of *commercial letters*, etc., etc., by P. SADLER, 2ᵉ édition. *Paris*, 1835, 1 vol. in-12, papier fin satiné.   3 fr. 5o

Ouvrage également enrichi de notes sur la grammaire anglaise, et pouvant servir de Guide de la Correspondance.

23 JOHNSON (S). GUIDE PRATIQUE ET THÉORIQUE, ou COURS DE LANGUE et de PRONONCIATION ANGLAISES; divisé en trois sections :

1ʳᵉ *Section* : Anecdotes choisies, *texte anglais* avec *prononciation chiffrée* se rapportant aux sons indiqués dans le tableau de prononciation, et *traduction interlinéaire.*

2ᵉ *Section* : Anecdotes et traits choisis, *texte anglais* avec *prononciation chiffrée* et *traduction libre* en regard.

3ᵉ *Section* : Extraits choisis de littérature anglaise, pris parmi les plus célèbres *prosateurs* et *poètes* de l'Angleterre, *texte anglais* seul.

Le tout suivi d'un *Traité de prononciation anglaise* et de *Notes grammaticales* se rapportant aux diverses difficultés qui se rencontrent dans l'ouvrage; 5ᵉ édition, *Paris*, 1837, 1 fort vol. in-12.   4 fr. 5o c.

Nous ne pourrions mieux indiquer l'excellence de cet ouvrage qu'en annonçant la publication de cette cinquième édition qui a été très-augmentée et dans laquelle se trouve un *Tableau des sons primitifs* de la langue anglaise par ordre numérique et qui en donnant le *son figuré* facilite beaucoup l'étude de la prononciation.

24 MONTIGNAC. Traité de Prononciation anglaise, ou Développement des sons de la langue anglaise. *Paris*, 1830; 1 vol. in-12. 2 fr. 25

25 LE CONTEUR AMUSANT (The Pleasing Teller), ou Choix de petites historiettes, *en anglais et en français*, recueillies par J. STEPHENS; avec deux traductions, l'une *interlinéaire* et l'autre suivant le génie de la *langue française. Paris*, 1833; 1 vol. in-18, papier fin. 2 fr.

C'est par la méthode interlinéaire seule qu'on peut connaître parfaitement le mécanisme d'une langue et la signification propre de chacun de ses mots; elle fut recommandée et mise en pratique par les Dumarsais, Radonvilliers, Luneau de Boisjermain, etc., et Siret nous dit, dans sa Grammaire anglaise, qu'*il conseille aux commençans de s'exercer beaucoup dans les traductions interlinéaires, s'ils veulent parvenir à bien comprendre le sens de leur auteur.* Nous offrons donc à la jeunesse un choix de petites historiettes intéressantes pouvant servir d'introduction à l'étude de la langue anglaise.

26 THE PLEASING TELLER. (La partie anglaise de l'ouvrage précédent.) 1834. 1 vol. in-18. 1 fr.

27 BELLENGER'S modern French and English conversations. *Paris*; 1 vol. in-18. 2 fr. 25

28 BOYER. Dictionnaire Français-Anglais et Anglais-Français. Édition donnée par SALMON, revue et corrigée par STONE ; 30e édition. 2 vol. in-8. 15 fr.

29 NUGENT'S NEW POCKET DICTIONARY. Nouveau Dictionnaire de poche

Français-Anglais et Anglais-Français. Nouvelle édition. *Paris*; 2 tomes en 1 vol. 5 fr.

30 MURRAY'S Abridgment of English grammar, containing exercises. *London*, 1833; 1 vol. in-18, cartonné.　　　　　1 fr. 50

31 DURIETZ. *La langue anglaise* dans toute sa substance et sa prononciation accentuée, mise à la portée de toute capacité ; par *Durietz*, ex-professeur aux Écoles centrales, etc. *Paris*, 1830 ; 1 vol. in-8.　　　3 fr. 50 c.

Cet ouvrage est divisé en trois parties :
La Première contient un Cours d'Exercices pratiques sur le texte et la prosodie du premier livre de Télémaque, avec *traduction interlinéaire* et *prononciation* figurée.
La Deuxième, un Vocabulaire et Phraséologie idiomatique et accentuée de noms, articles, pronoms, adjectifs, verbes, adverbes, etc., appliqués à la conversation familière.
La Troisième, des fables, narrations, bons mots, etc.

Entertaining and Instructive Books.

32 EARLY TALES, for young children; being a progressive series of tales in words of *three* and *four* letters, by J. FRIENDLY. *Paris*, 1836; un joli vol. in-16, *gros caractères*, cartonné, dos en toile.　　1 fr. 50 c

Les personnes qui connaissent la difficulté de composer en mots de *trois* ou *quatre* lettres de petites histoires assez intéressantes pour fixer l'attention de jeunes enfans, sauront gré à l'auteur d'avoir fait cette tentative plus laborieuse qu'on ne pourrait le penser.

33 INFANTINE LIBRARY, or COLLECTION OF AMUSING TALES, for the young; published in small pocket size, and containing a variety of stories for little folks of both Sexes. *Each number* elegantly printed in a clear type, in-32.　　　　50 c.

Nº 1 *Simple stories*, in words of one syllable, for *little girls*; by the author of « Stories of Old Daniel. »

2 *Simple stories*, in words of one syllable, *for little boys*; by the author of « Stories of Old Daniel. »

3 *Infantine stories*, in words of one, two and three syllables, by Mrs. Fenwick.

4 *Little Anecdotes*, for little people, by the author of « Stories of Old Daniel. »

5 *The Travels of an Ant*, by Mrs. Barbauld.

6 *The Kid Capriol*, — *Show and use*; by Mrs. Barbauld.

7 *The Boy without genius*, a little story, by Mrs. Barbauld.

8 *Little Fables*, for little folks, in two syllables.

9 *George Cornish*, from " Evenings at home, " by Mrs. Barbauld.

10 *Infantine Rhymes*, and easy poetry, from " Nursery rhymes, Original Poems, etc., etc. "

11 *Poetry for children*, being a sequel to *Infantine Rhymes*.

12 *Pretty tales*: the Gipsies — the Blind Man and his eighty camels.

Nous donnerons à notre *jeune public* une série de petits volumes du même format, et qui contiendront un choix amusant de lectures instructives et agréables.

34 EDGEWORTH'S (Miss) LITTLE STO-
RIES; printed on *jonquille* paper, in a large
and clear type.

The history of poor Bob, the little chim-
ney-sweeper. 1 small vol. in-32.   5o c.

The history of little dog Trusty. 1 small
vol. in-32.   5o c.

The Orange-Man, or the honest boy and
the thief. 1 small vol. in-52.   5o c.

The Cherry-Orchard, a tale. 1 small vol.
in-52.   5o c.

35 EDGEWORTH'S (Miss) FRANK, a tale for
children, from *Early Lessons*, 12th edit. improved with explanatory French notes.
1835; 1 fort vol. in-18.   2 fr. 5o

L'histoire de *Frank*, par Miss Edgeworth, est d'un style simple
et gradué pour l'âge de l'enfant; on le fait passer par tous les degrés de son intelligence et de sa raison. Ce sont des lectures agréables, morales et amusantes, et les notes françaises mises au bas
des pages servent à rendre plus intelligibles certaines phrases
qui pourraient bien embarrasser nos jeunes lecteurs.

36 EDGEWORTH'S (Miss) ROSAMOND, a
tale for children, from *Early Lessons*, 12th
edit. improved with explanatory French
notes. 1836; 1 vol. in-18.   2 fr.

Rosamond, de Miss Edgeworth, mérite d'être placée au
premier rang des productions admirables de l'auteur qui sut si
bien comprendre l'amusement des enfans, combiné avec leur instruction; les *notes françaises* mises au bas des pages sont rédigées
sur le même plan que celles de FRANK du même auteur.

37 BARBAULD'S (Mrs.) LITTLE STORIES
for children, to which are added short tales
by Mrs. OPIE, EDGEWORTH. 1830; 1 vol.
in-18.   2 fr.

Recueil contenant seize historiettes qui offrent de l'intérêt et de
l'agrément aux jeunes enfans, auxquels on a destiné ce petit ouvrage.

38 TRIMMER'S (Mrs.) SIMPLE TALES for

youth ; to which are prefixed little stories, selected by Joam. STEPHENS. 1 v. in-18. 2 f.

Petit ouvrage imprimé avec soin et sur beau papier. Il renferme, dans une série de treize petits contes, un choix convenable de lectures amusantes, auxquelles on a eu soin d'ajouter au bas des pages des notes explicatives en français pour les mots inusités ou quelque peu difficiles.

39 TRIMMER'S (Miss) NEW SERIES OF TALES for youth, to which are added some interesting tales, from popular authors, 1836, 1 vol. in-18.   2 fr.

Ce nouvel ouvrage de miss Trimmer est destiné à faire le complément du précédent, on y a observé une gradation de style qui permet de le donner comme suite aux *Simple Tales.*

Nous citerons parmi les contes de ce recueil *the Honest Swiss, Mrs. Leiceister's school, Elisabeth Villiers...*

40 THE CHILD'S TELLER, an entertaining Collection of amusing stories; by Mrs. OPIE, EDGEWORTH, Dr. AIKIN; selected for youth by Joam. STEPHENS. 2d edition, 1835; 1 vol. in-18.   1 fr.

Choix fait pour de jeunes enfans; l'ouvrage est imprimé en beaux caractères et sur papier fin.

41 THE PLEASING TELLER; being a choice of little Tales, selected by Joam. STEPHENS. Second edition, 1835; 1 vol. in-18.   1 fr.

Même genre que le précédent, mais un peu plus avancé.

42 SHORT TALES for children, in a familiar style; by Maria *J. Crabb.* 8th edition, 1833; 1 vol. in-18.   1 fr. 25

Les livres pour les enfans sont généralement remplis de trop de phrases verbeuses qui ne font qu'embarrasser, si ce n'est même ennoyer leurs jeunes lecteurs, tandis que les *Short Tales* sont remarquables par la simplicité du style et l'intérêt des petits contes qui attirent sans cesse l'attention des enfans, et servent en même temps à leur instruction.

43 NEW SERIES OF SHORT TALES for children, by Maria *J. Crabb.* 8th edition, 1833; 1 vol. in-18.   1 fr. 25

Cette seconde partie des contes de Mᵐᵉ Crabb était attendue depuis long-temps par les nombreux *petits lecteurs* de son premier recueil, qui a eu sept éditions successives.

44 THE LIFE OF PHILIP QUARLL, giving an account of his surprising adventures on an uninhabited island : a new edition with explanatory French notes, *Paris*, 1831; 1 vol. in-18, fig, color.　　　　1 fr. 25

Le mérite de ce petit ouvrage est d'offrir, dans un cadre très-resserré, une série d'aventures intéressantes pour les enfans, qui y trouveront une lecture attachante, agréable et utile.

45 DAY'S (Tʜs.) *History of Little Jack, a foundling* (by the author of SANDFORD AND MERTON); a new edition, with explanatory French notes. 2ᵉ édition, *Paris*, 1835; 1 vol. in-18 , fig. color.　　　　1 fr. 50

Le charmant auteur de *Sandford and Merton* a donné à la jeunesse cette nouvelle historiette, remplie d'intérêt et d'agrément pour les enfans.

46 DAY'S (Tʜs.) HISTORY OF SANDFORD AND MERTON. *Paris*, 1835; 1 vol. in-18.　　　　2 fr. 50

47 FIFTY YEARS, or the Adventures of two school-fellows, an allegorical play in six acts, by P. SADLER. *Paris*, 1832; 1 vol. in-18. 1 fr.

Cette pièce a été publiée dans l'intention de pouvoir donner aux enfans un petit ouvrage dramatique qui pût les familiariser avec le style de la conversation.

48 HOFLAND'S (Mrs.) STOLEN BOY, or Little Manuel's adventures among the Indians, and his extraordinary escape ; *a story founded on facts*; by the esteemed author of " *the Son of a Genius, the Daughter of a Genius, the Merchant's Widow, the Barbadoes Girl,* " etc. , etc. 1835; 1 vol. in-18.　　　　2 fr. 25

Madame Hofland est justement connue en Angleterre par ses ouvrages pour les enfans ; tous ont été réimprimés très-souvent, et nous croyons être agréables aux parens, en publiant celui-ci qui donne une peinture exacte des mœurs et coutumes des Indiens du nord de l'Amérique. Nos jeunes lecteurs seront avides de suivre le petit *Manuel* dans sa vie malheureuse parmi les sauvages, ainsi que dans sa fuite aussi longue que pénible.

49 OPIE'S (Mrs.) NEW TALES, containing : *White Lies; — the Welcome Home, or the Ball*. 1 vol. in-12, papier vélin satiné, orné d'une gravure. 3 fr. 50

On connaît le succès brillant des *Moral Tales* et des *Popular Tales*, par *Miss Edgeworth* ; mais, après eux, on désirait un ouvrage un peu plus avancé, qui pût toujours cependant être mis entre les mains de la jeunesse, et nous avons pensé que les ouvrages de *Mrs. Opie* méritaient d'y faire une suite honorable : aussi les recommandons-nous aux parens qui veulent offrir à leurs enfans une lecture agréable.

50 SADLER'S History of France, *in a Series of 50 Tales*, continued to the present day; by P. SADLER, *for the use of Schools. Pa-ris*, 1834; 1 fort vol. in-18, with two plates. 3 fr. 50 c.

ÉPIGRAPHE.

« Il faut n'être d'aucun pays, et se dé-
pouiller de tout esprit de parti,
quand on écrit l'histoire. »

VOLTAIRE.

Sir WALTER SCOTT, l'illustre auteur des *Tales of a Grand-father on the history of Scotland*, avait résolu d'écrire l'histoire de France sur le même plan que celle d'Écosse, qui avait eu un si grand succès. Il en donna donc la première série, qui devait être suivie d'une seconde et d'une troisième ; mais il mourut avant d'avoir terminé son ouvrage.

P. SADLER, auteur de plusieurs ouvrages déjà si recommanda-bles, eut l'idée de resserrer cette première série, finissant seule-ment à Charles VI (1422), dans un cadre plus étroit, qui contien-drait en même temps la suite de cette histoire de France, tracée avec la plus stricte impartialité et continuée jusqu'à nos jours (1833). Nous espérons donc que ce nouvel ouvrage méritera du public un accueil favorable.

51 SHORT HISTORY OF ENGLAND, by E. BALDWIN, Esq., for the use of children.

A new edition, 1836; 1 vol. in-32.   1 fr.

Le but de l'auteur a été d'offrir dans un cadre resserré les principaux traits de la vie de chaque roi d'Angleterre, arrangés chronologiquement.

English Plays.

52 THE SCHOOL FOR SCANDAL, a comedy in five acts, by Sheridan; with a biographical sketch, critical notice, and, for the first time, explanatory *French notes*. 1 vol. in-18, papier fin satiné. (Second Paris edition.)   1 fr.

Cette édition du chef-d'œuvre de l'art dramatique en Angleterre contient des notes explicatives en français pour les idiotismes et mots inusités qui s'y trouvent; elle a été choisie et adoptée dans tous les Cours d'anglais.

53 THE RIVALS, a comedy in five acts, by Sheridan, improved with explanatory *French notes*; 1 vol. in-18, papier fin satiné. (Paris edition.)   1 fr.

The School for scandal avait besoin d'un pendant aussi remarquable que *the Rivals* du même auteur. Cette édition, infiniment supérieure à toutes celles publiées même en Angleterre, se fait remarquer par la correction du texte et les notes explicatives placées au bas de chaque page pour donner la signification des mots les plus difficiles, leurs synonymes, leurs étymologies, etc., etc.

54 HAMLET, a tragedy in five acts, by W. Shakspeare; with critical remarks, and, for the first time, explanatory *French notes*. Improved with illustrative notes taken from *Johnson, Steevens, Malone, Warburton, Letourneur*, etc, etc., by BROWN. (Paris edition.) 1 v. in-18, pap. fin satiné.   1 fr.

55 RICHARD III, a tragedy in five acts, by W. Shakspeare; with critical remarks, and, for the first time, explanatory *French notes* by J. W. Lake. Improved with new notes taken from *Johnson, Steevens, Malone,*

Warburton, etc., etc., by BROWN. 1 vol.
in-18, papier fin satiné. (Second Paris
edition). 1 fr.

Le succès brillant de toutes nos *éditions parisiennes* des pièces
anglaises avec notes explicatives, nous a engagés à continuer la publication des chefs-d'œuvre dramatiques de l'Angleterre. Nous
espérons donc voir bien accueillir cette nouvelle édition d'une
pièce qui a mérité d'aussi justes éloges.

56 WILLIAM TELL, a play in five acts, by
S. KNOWLES, author of. *Virginius*, etc.
1 vol. in-18, papier fin satiné. 1 fr.

Cette charmante édition contient à la fin de l'ouvrage un glossaire très-étendu de tous les mots difficiles ou peu usités.

57 BERTRAM, or the Castle of St. Aldobrand,
a tragedy in five acts, by MATURIN. 1 vol.
in-18, papier fin. 1 fr.

58 THE HUNCHBACK, a play in five acts,
by S. *Knowles*, author of *William Tell*,
Virginius. 1 vol. in-18, papier fin satiné. 1 fr.

Knowles est actuellement considéré comme l'écrivain le plus
pur et le plus classique de la scène anglaise : aussi nous n'avons
pas cru pouvoir nous dispenser de reproduire cet ouvrage dont
l'édition publiée à Londres coûte 5 fr.

59 RAISING THE WIND, or *the Chevalier
d'industrie*, a farce in two acts, by J. KEN-
NEY, Esq., as now performed at the Thea-
tres Royal, London. 1833; 1 v. in-18. 1 fr.

Cette charmante petite pièce est d'un comique vrai et entraî-
nant ; aussi le succès en a-t-il été prodigieux : elle a de plus l'a-
vantage de pouvoir être mise dans les mains de tout le monde.

60 FIFTY YEARS, or the Adventures of two
school-fellows, an allegorical play in six acts;
by P. SADLER. *Paris*, 1832; 1 vol. in-18. 1 fr.

Readers and superior Class Books.

61 LINGARD. *History of England*, from the
invasion of J. Cæsar to James II; *Abridged*
for the first time, by P. SADLER ; and conti-

nued by him from that period to 1835. Containing a complete series of retrospective and *Historical questions* at the end of each reign, and chronological tables of contemporary sovereigns, popes, and other eminent persons; also critical and explanatory notes on antiquities, manners, customs, etc., illustrated with a *coloured map of England*, showing the ancient and modern divisions. *Paris*, 1836, un fort volume grand in-12, de plus de 1050 pages (contenant la matière de trois volumes in-8°), papier vélin satiné, accompagné d'une carte générale de l'Angleterre.   8 fr.

Ce savant ouvrage s'est rendu remarquable par l'ordre des faits et les renseignemens jusqu'alors ignorés. qui en ont fait l'ouvrage le plus distingué depuis Gibbon et Robertson. L'Angleterre même *ne possède pas encore l'abrégé* d'un tel livre, et cependant nos Universités, nos Institutions, nos Familles, demandaient ce résumé bref et concis qui ne s'arrêtât pas au milieu d'une histoire devenue de jour en jour plus intéressante pour nous.

Son laborieux abréviateur et continuateur, P. Sadler, nous en a donné un abrégé général qui remplit tous les désirs; il nous a conduits avec autant d'intérêt que de profondeur et d'érudition *depuis Jacques II jusqu'à Guillaume IV* (1835), en sachant conserver à l'historien dont il est le continuateur, l'exactitude et la véracité des faits qui lui réunirent les suffrages de tous les partis.

M. P. Sadler a donné aussi dans cet ouvrage un travail curieux sur l'*analyse étymologique* des noms de personnes et de villes de la Grande-Bretagne sous les Saxons.

62 MURRAY'S (Lindley) Introduction to the English Reader : or, A Selection of Pieces in *prose* and *poetry*, calculated to improve the younger classes of Learners. A new edition ; 1 vol. in-12, cartonné à l'anglaise.   3 fr. 50

63 GOLDSMITH'S HISTORY OF ENGLAND, abridged. 1 vol. in-12,   4 fr.

64 GOLDSMITH'S HISTORY OF ROME, abridged. 1 vol. in-12.   3 fr.

65 GOLDSMITH'S HISTORY OF GREECE, abridged. 1 vol. in-12.   3 fr.

66 SADLER'S History of France, *in a Series of 5o Tales*, continued to the present day, by P. SADLER, *for the use of Schools. Paris*, 1834; 1 fort vol. in-18, with two plates.   3 fr. 5o

67 COOPER'S HISTORY OF ENGLAND on a plan recommended by the Earl of Chesterfield. 22e édition. *Paris*, 1830; 1 vol. in-18.   2 fr. 5o

Ce livre a été si bien apprécié en Angleterre, qu'il a obtenu vingt éditions en peu d'années.

68 TELEMACHUS, by FÉNELON, translated by J. HAWKESWORTH. 1 vol. in-12. 3 fr. 5o

69 THE CORSAIR, a tale; LARA, a tale, by Lord BYRON, with a notice critical and biographical, and improved with copious arguments to each canto, by J. W. LAKE, Esq. *Paris*, 1830; 1 vol. in-12, imprimé sur papier vélin satiné.   4 fr.

Depuis long-temps on cherchait parmi les productions de Byron quelque ouvrage à la fois intéressant et susceptible d'être mis entre les mains de tout le monde; l'intéressante histoire du *Corsaire* et de *Lara* pouvait seule remplir ces conditions. C'est ce qui nous a engagés à publier séparément cette jolie édition.

7o RASSELAS, a tale, by Dr. Johnson. 1 vol. in-18.   2 fr.

71 STERNE. A sentimental journey through France and Italy. *Paris*, 1835, 1 vol. in-18, br.   1 fr. 5o c.

Jolie édition, imprimée en gros caractères.

72 OPIE'S (MRS.) NEW TALES (*White Lies*). Voir n° 49.

73 W. SCOTT'S *Chronicles of the Canon-*
gate. 2 vol. in-12.   6 fr.
74 *The Puritans of Scotland.* 4 v. in-12. 12 fr.
75 *Kenilworth.* 3 vol. in-12.   9 fr.
    Cette charmante édition contient des notes explicatives pour les
mots écossais; elle a été imprimée avec beaucoup de soin par
J. Didot, sur papier vélin.
76 THE WATER-WITCH, or the Skimmer
    of the seas, by COOPER, author of *the Pilot*,
    the Spy, etc. 3 vol. in-12.   13 fr.
77 GRANBY, a novel (by Lord NORMANBY).
    Paris, 1827; 2 vol. in-18.   6 fr.
    Ce joli roman, peinture exacte de la haute société de l'Angle-
terre, mérite le succès qu'il a si justement obtenu.

LIVRES ANGLAIS ET FRANÇAIS.

78 SYLLABAIRE   ANGLAIS - FRANÇAIS
    (voir n° 9).   3 fr.
79 LE CONTEUR AMUSANT (voir n° 25).
    1 vol. in-18.   2 fr.
80 SADLER. L'Art de la Correspondance
    (voir n° 21), pap. fin satiné. 2 vol. 6 fr.
81 TELEMACHUS, by FÉNELON; *en anglais*
    et *en français*. 1830; 2 vol. in-12.   6 fr.
    Ouvrage adopté pour l'enseignement de l'anglais, d'après la mé-
thode Jacotot.
82 MAZEPPA, Poème par lord BYRON, avec
    traduction en regard par M. ADOLPHE. *Pa-*
    ris, 1830. 1 vol. in-12, br.   3 fr.
83 THE VICAR OF WAKEFIELD, by Dr.
    GOLDSMITH; *en anglais* et *en français*, tra-
    duction de M. AIGNAN. *Paris*, 1830; 2 vol.
    in-18.   4 fr. 50
84 VOYAGES DE CYRUS, avec un discours
    sur la mythologie, par de RAMSAY; *en anglais*
    et *en franç. Paris*, 1805. 2 v. in-12, br. 6 fr.

85 JOHNSON. Rasselas, prince of Abyssinia, en *anglais* et en *français;* texte en regard. — Nouvelle traduction posthume. *Paris*, 1832. 1 vol. in-8, papier fin satiné.   5 fr.

86 FORESTER, conte moral, par Mme Edgeworth; *en anglais* et *en français.* *Paris*, 1830 ; 2 vol. in-18.   5 fr.

LIVRES ITALIENS.
Grammaires et Ouvrages élémentaires.

87 SFORZOSI. Elémens de la Langue italienne, contenant un exposé clair et succinct des règles grammaticales de cette langue ; *un Tableau de la prononciation* italienne, et une méthode facile pour ramener les verbes réguliers et irréguliers à *une seule conjugaison ;* suivis d'*exercices italiens* sur les règles qui précèdent, par L. SFORZOSI, auteur du *Manuel de conversations françaises et italiennes,* du *Guide pratique de la langue italienne,* du *Tesoretto dello studente della lingua italiana,* etc., etc. *Paris*, 1834. Un vol. in-18 de 380 pages, imprimé avec soin.   2 fr. 50

Nous croyons pouvoir recommander à juste titre ces *Élémens de la langue italienne*, qui offrent un résumé satisfaisant de toutes les règles de la grammaire ; l'auteur s'est déjà fait connaître avantageusement par plusieurs ouvrages sur l'étude de la langue et de la littérature italienne.

88 SFORZOSI. Manuel de conversations *françaises* et *italiennes*, contenant : 1° de nombreux vocabulaires suivis de leurs exercices particuliers, pour en faire l'application immédiate ; 2° petites phrases élémentaires ; 3° dialogues faciles sur différens sujets, etc., par SFORZOSI, de Rome, *Paris*, 1831; 1 joli

vol. in-18. imprimé avec soin sur papier
vélin satiné. 2 fr.

On y a joint la conjugaison des verbes *avoir* et *être*; les verbes
réguliers et irréguliers conjugués avec différens substantifs, précédés d'un petit tableau sur la *prononciation italienne*, figurée dans
des exercices qui y sont annexés.

89 SFORZOSI. EXERCICES ANECDOTIQUES, ou
Thèmes italiens gradués, sur toutes les
règles de la Grammaire, en une série progressive d'*Anecdotes françaises*, pour être
traduites en *bon italien*; chaque Thème
accompagné soit d'une *traduction interlinéaire*, soit de *Vocabulaires français-ita-
liens* ou de *Notes grammaticales* sur les difficultés de la langue italienne.

Suivis d'*un Proverbe* de Théod. Leclérq,
et d'un Choix de *Fables* de La Fontaine; en
forme d'Exercices généraux sur toutes les
parties du discours, et dans lesquels les
idiotismes français sont rendus par leurs
équivalens en italien.

Terminés par un choix de *Proverbes italiens* avec leur traduction mot à mot. *Paris*,
1836, 1 vol. in-18, cartonné. 2 fr. 50 c.

90 SFORZOSI. CORRIGÉ *des Exercices
anecdotiques italiens*, contenant la *traduction exacte italienne* des anecdotes; du
Proverbe de Th. Leclercq; du choix de
Fables de La Fontaine, etc.

Suivi également du *Corrigé* des Exercices
qui se trouvent à la fin des *Élémens de la
Langue italienne* du même auteur, 1836;
1 vol. in-18 cartonné. 2 fr. 25

On peut donc, maintenant, avec cet ouvrage, avoir un COURS
COMPLET D'ÉTUDE DE LA LANGUE ITALIENNE, et le
seul peut-être qui renferme des Exercices aussi bien gradués
dont la *Grammaire*, les *Thèmes*, et leurs *corrigés*, forment la
première base.

Nous croyons pouvoir classer la série du *Cours Italien*, de cette manière : 1° Élémens de Grammaire italienne, 2° Manuel de conversations italiennes et françaises, 3° Exercices anecdotiques italiens, 4° Corrigé des Exercices, 5° Tesoretto dello studente della Lingua italiana, 6° Guide pratique interlinéaire, ou Cours de littérature italienne, 7° Il Narratore italiano, 8° Compendio della storia d'Italia.

91 **SFORZOSI**. — Tesoretto dello studente della Lingua italiana, coll' accento di prosodia. 1834 ; 1 vol. in-18, jolie édit.. 2 f. 5o

Dans ce petit ouvrage, non-seulement on a placé sur chaque mot italien l'accent de *prosodie*, mais encore on a marqué la prononciation des E et des O *puverts* ou *fermés*, par l'indication grave ou aiguë de ce même accent de prosodie ; travail qu'on désirait depuis long-temps, et qui n'existait pas encore dans les ouvrages élémentaires destinés à former les élèves à une prononciation correcte.

92 SFORZOSI. Guide pratique de la langue italienne, ou Cours élémentaire et progressif de littérature italienne, pour faciliter l'étude de cette langue par le moyen de deux traductions, l'une *interlinéaire*, l'autre en *regard*, aussi fidèle que possible, suivant toutefois le génie de la langue française. *Paris*, 1833, 1 fort vol. in-12. 4 fr. 6o

Dans cet ouvrage, qui manquait encore pour l'italien, on s'est attaché à suivre un ordre progressif de difficultés, tout en donnant un échantillon complet des différens genres de la littérature italienne, ainsi qu'on le verra par le détail suivant : 1o Trois *petites anecdotes* ; 2o Trois *nouvelles* de Soave ; 3o Une *comédie* en un acte de Goldoni, l'Osteria della Posta ; 4o Deux *fragmens* des *Promessi Sposi* de Manzoni ; 5o Un fragment des *Notti Romane* de Verri ; 6o Fragmens de l'*Attilio Regolo* di Metastasio ; 7o Un Fragment d'*Orlando Furioso* di Ariosto ; 8o Un Fragment d'*Oreste* di Alfieri ; 9o Deux Fragmens della *Gerusalemme Liberata* di Tasso ; 10o Trois chants *della divina commedia* di Dante.

93 SFORZOSI. Il Narratore italiano, ossia Raccolta di aneddoti, tratti storici, e Novelle scelte tolte da autori moderni, cui si aggiunto uno squarcio interessante di *Ettore Fieramosca* d'Azeglio, e la Storia della *Monaca di Monza*, di Manzoni e Rosini. *Parigi*,

1834. Un fort volume in-12 de 530 pages, papier vélin satiné. 4 fr. 50

Recueil intéressant, et que l'auteur, M. Sforzosi, a écrit avec la verve et l'élégance qu'on doit trouver dans un ouvrage de ce genre qui caractérise la littérature moderne ; nous pourrions citer *I Truffatori del gran mondo, lo Scrivano pubblico*, etc., etc.

94 SFORZOSI. COMPENDIO DELLA STORIA D'ITALIA, dalla fondazione di Roma sino all'anno 1831, divisa in cinque epoche :

Cioè : 1ᵃ *Dalla fundazione di Roma sino alla battaglia d'Azio ;*

2ᵃ *Ea Ottavio Augusto sino alla caduta dell' imperio Occidentale ;*

3ᵃ *Ea Odoacre sino al pontificato di Gregorio VII ;*

4ᵃ *Da Gregorio VII sino al pontificato di Giulio II ;*

5ᵃ *Da Giulio II sino al principio dell' anno 1841.*

Parigi, 1852 ; 1 fort vol. in-12 de près de 500 pages, imprimé avec soin. 4 fr. 50

Jusqu'à présent il n'y avait pas eu d'abrégé de l'histoire d'Italie en italien ; le croirait-on ? Ce pays, si fécond en événemens importans pour l'histoire universelle, manquait encore d'un écrivain qui eût songé à réunir dans un *Compendio* tant de faits divers, tant d'histoires de peuples différens, qui tous, cependant, sont de la grande famille d'Italie ! Cet ouvrage est remarquable par l'élégance du style, la clarté et la précision des événemens qui y sont esquissés.

Théâtre Italien.

95 TEATRO COMICO MODERNO, ossia Raccolta di alcune commedie italiane, scelte fra i migliori autori moderni; cui si e aggiunta una eccellente comedia del secolo XVIII. (*Le Cerimonie* di Scipione Maffei.)

Goldoni.	*Federici.*
Giraud.	*Rossi* (Gherardo de).
Nota (Alb.).	*Maffei* (Scipione).

Tutte corredate di note grammaticali, critiche ed esplicative dei costumi ed usi di qualche parte d'Italia, da L. Sforzosi. *Parigi*, 1836, un fort. vol. in-12 de 528 pages, imprimé sur papier fin.   4 f.

On a voulu réunir en un seul volume la plus jolie pièce de de chacun des auteurs estimés qu'on a cités plus haut, afin d'offrir ensemble une variété de style qui n'existe pas dans le choix d'un seul auteur, avantage que ne manqueront pas d'apprécier les amateurs de la langue italienne.

Le volume a été publié du même format que les choix de *Goldoni*, de *Nota*, de *Giraud*, etc.

96 **RÉPERTOIRE ITALIEN**, ou Collection de Comédies italiennes, avec *traduction française* en regard ; imprimées sur papier cavalier vélin, format grand in-18, gros caractères. Prix de chaque pièce.
                         1 fr. 25

N° 1. *La Casa disabitata* (la Maison abandonnée), comédie en un acte de *Giraud*.

— 2. *L'Osteria della Posta* (l'Auberge de la Poste), comédie en un acte de *Goldoni*.

— 3. *L'Ajo nell' imbarazzo* (le Précepteur dans l'embarras), comédie en trois actes de *Giraud*.

— 4. *Il Pazzo a forza* (le Fou par force), comédie en un acte du baron *Cosenza*.

— 5. *Don Desiderio* (don Didier), comédie en trois actes de *Giraud*.

— 6. *La Conversazione al bujo* (la Conversation dans l'obscurité), comédie en un acte de *Giraud*.

97 Giraud. — *L'Ajo nell' imbarazzo*, commedia in tre atti. *Parigi*, 1834; 1 vol. grand in-18.   1 fr.

98 Giraud. — *Don Desiderio disperato per eccesso di buon cuore*, commedia in tre atti.

Parigi, 1834; 1 vol. gr. in-18.   1 fr.

99 COSENZA. — *Il Pazzo a forza*, commedia in
un atto. *Parigi*, 1834; 1 vol. gr. in-18. 1 fr.

100 GOLDONI. Commedie scelte. *Parigi*,
1 fort vol. in-12.   4 fr.

101 NOTA. Commedie scelte. *Parigi*, 1829;
1 vol. in-12.   4 fr.

102 GIRAUD. Commedie scelte. *Parigi*, 1829;
1 vol. in-12.   4 fr.

103 ALFIERI. Tragedie. Volume unico. *Pisa*,
1826; 1 vol. in-8.   12 fr. 5o

___

Novelle e Romanzi.

104 SFORZOSI. Il Narratore italiano, ossia
Raccolta di aneddoti, tratti storici, e Novelle
scelte tolte da autori moderni, cui si aggiuntò
uno squarcio interessante di *Ettore Fieramosca* d'Azeglio, e la Storia della *Monaca
di Monza*, di Manzoni e Rosini. *Parigi*, 1834;
1 fort vol. in-12 de 55o pages, papier vélin
satiné.   4 fr. 5o

105 SOAVE, NOVELLE MORALI, ad uso
della Gioventù, 10ª edizione. *Parigi*, 1833;
2 forts vol. in-18.   4 fr.

106 PAOLO E VIRGINIA, di BERNARDIN DE
SAINT-PIERRE. *Parigi*, 1829; 1 vol. in-18. 2 f.

107 MANZONI OPERE, contenenti : I Promessi sposi, Tragedie, varie Opere, etc. *Firenze*, 1832; 1 fort vol. in-12, imprimé à
deux colonnes sur papier vélin, et orné de
vignettes.   15 fr.

Cette charmante édition, remarquable par la finesse et la
netteté du caractère, contient tout ce que Manzoni a composé de
plus intéressant ; on peut la citer comme ce qu'il y a de mieux en
exécution typographique en Italie, et la modération de son prix
doit en favoriser l'acquisition.

108 MANZONI, I PROMESSI SPOSI, Storia milanese del secolo XVII. *Firenze*, 1830 ; 6 vol. in-64, fig. 12 fr.

Charmante édition remarquable par la netteté de ses caractères.

109 LA MONACA DI MONZA , storia del secolo XVII. 1830 ; 2 vol. in-12. 9 fr.

Développement d'un des épisodes du charmant ouvrage de Manzoni.

110 ETTORE FIERAMOSCA , o la Disfida di Barletta, racconto di Mas. d'*Azeglio*. *Parigi*, 1833 ; 1 fort vol. in-12. 4 fr. 50

Cette composition remarquable a été accueillie avec tant d'empressement en Italie, que la première édition fut épuisée en quelques jours. On y raconte l'époque mémorable de la conquête de Naples par Louis XII, et ce fameux combat des *treize* dont il est parlé dans l'histoire.

111 LA FIDANZATA LIGURE, Opera dell' autore della *Sibilla Odaletta*. 1831 ; 3 tom. en 1 vol. in-12. 4 fr. 50

112 SIBILLA ODALETTA , Episodio delle guerre d'Italia alla fine del secolo XV. 3 tom. en 1 vol. in-12. 4 fr. 50

113 LUISA STROZZI , romanzo storico del secolo XVI. da *Rosini*, autore della *Monaca di Monza. Parigi*, 2 vol. in-12, pap. fin. 9 fr.

114 BOCCACIO. Novelle scelte. 1 vol. in-18. 1 fr. 50

115 BOCCACIO. Il Decamerone. *Parigi*, 5 vol. in-32. 15 fr.

Jolie édition, avec notes de Cerutti, imprimée sur papier vélin, portrait.

116 BOCCACCIO. Opere volgari , corrette sui testi a penna, *Decamerone, il Corbaccio*, etc. *Firenze*, 1828 ; 5 vol. in-8, pap. vél. 24 fr.

Très-jolie édition.

117 RACCOLTA DI NOVELLIERI ITALIANI, Bandello. — Parabosco. — Erizzo.

de' Mori. — Giovanni Fiorentino. — Lasca.
— F. Saccheti. — Giraldi. — Boccacio,
Firenze, 1834, 3 forts vol. in-8, à deux co-
lonnes. 110 fr.

Ces trois volumes sont destinés à faire suite au *Teatro tragico*
publié par les mêmes éditeurs, ils renferment une bibliothèque
entière des meilleurs nouvellistes italiens.

118 RACCOLTA DI FAVOLE scelte di *Pi-
gnotti, Rossi, Bertola, Clasio, Grillo, Ro-
berti, Crudeli, Passeroni, Bondi, Perego,
Polidori. Parigi*, 1834; 1 vol. grand in-18,
papier vélin. 3 fr.

119 GANGANELLI. Lettere ed altre opere di
Clemente XIV. *Firenze*, 1829; 2 vol. in-24.
10 fr.

120 QUATTRO POETI ITALIANI: Dante,
Petrarca, Ariosto, Tasso. *Firenze*, 1830;
1 fort vol. in-8, papier vélin. 40 fr.
Chef-d'œuvre de typographie.

121 TEATRO TRAGICO, contenente: Alfieri,
Monti, Niccolini, Pindemonte, Foscolo,
Manzoni ed altri. *Firenze*, 1831; 1 fort vol.
in-8, papier vélin. 40 fr.
Chef-d'œuvre de typographie.

122 MACCHIAVELLI. Opere complete. *Firenze*, 1831; 1 fort v. in 8, pap. vél. 50 fr.
Chef-d'œuvre de typographie.

123 TASSO (Torquato). Aminta. 1 vol.
in-18. 1 fr. 50

124 GUICCIARDINI. Storia d'Italia, dal 1490
sino al 1534. *Parigi*, 1832; 6 vol. in-8. 45 fr.

125 BOTTA. Storia d'Italia, dal 1535 sino al
1814. *Parigi*, 1832; 14 vol. in-8. 105 fr.

Enfin, on pourra donc avoir une histoire détaillée des événemens importans qui se sont passés en Italie depuis Guicciardini
jusqu'à nos jours. Cet écrivain moderne, si juste et si impartial, a
bien voulu donner aussi une édition de *Guicciardini*, précédée

d'une préface tellement remplie d'intérêt, qu'elle donne une nouvelle existence à l'historien ancien.

Ouvrages divers, Dictionnaires, etc.

126 ROBELLO. Grammaire italienne élémentaire et analytique en 30 leçons, où les principes de la langue italienne sont expliqués
d'une manière claire et méthodique. *Paris*,
1835 ; 1 vol. in-8. ~6 fr. 50

Cette excellente grammaire a été accueillie avec tout le succès
qu'elle a si justement mérité.

127 VERGANI. Grammaire italienne réduite
en 20 leçons. *Paris*, 1833; 1 v. in-12. 1 fr. 50

128 DICTIONNAIRE DE POCHE Italien-Français et Français-Italien ; abrégé de celui de
CORMON et MANNI, enrichi d'un grand nombre de mots et de synonymes, avec l'accent
prosodique sur chaque mot italien, etc., etc.
Paris, 1835; 2 tomes en un vol. in-16. 6 fr.

C'est le dictionnaire de poche le plus complet qui existe, quoique d'un format très-portatif.

129 CORMON ET MANNI. DICTIONNAIRE
PORTATIF ET DE PRONONCIATION,
Italien-Français et Français-Italien, 5e édition, très-améliorée. *Paris*, 1836; 2 tomes
en 1 vol. in-8. 15 fr.

LIVRES ESPAGNOLS.

130 MORALEJO. MANUEL DE CONVERSATIONS
FRANÇAISES ET ESPAGNOLES, contenant :
1° Un Tableau synoptique d'Orthologie es-
pagnole; 2° Un Vocabulaire des noms les
plus usuels; 3° De petites Phrases familières et élémentaires; 4° La Conjugaison
des verbes auxiliaires *ser* et *estar* avec leurs
diverses acceptions; 5° Des Dialogues sur
un grand nombre de sujets. *Paris*, 1835.

1 fort vol. in-18,   2 fr.

131 MORATIN. *El sí de las Niñas*, comedia en tres actos ; nouvelle édition enrichie de notes explicatives ou grammaticales, par Albites, pour servir à l'éclaircissement du texte. *Paris*, 1836, un joli vol. in-18, pap. fin satiné.   1 fr. 80 c.

Nous avons cru devoir donner au public cette nouvelle édition d'une comédie reconnue comme le chef-d'œuvre dramatique du théâtre espagnol.

LIVRES ALLEMANDS.

132 KRIEGK. Premières leçons d'allemand, ou Méthode graduée pour servir d'introduction à l'étude de la langue allemande, contenant la prononciation, les premiers élémens de lecture, des *Exercices interlinéaires* pour la traduction du français en allemand, et de l'allemand en français, avec *l'indication chiffrée* des constructions réciproques allemandes et françaises ; suivis d'un petit *Vocabulaire* français-allemand et allemand-français de tous les mots qui se trouvent dans les exercices de traduction. Accompagné de *Modèles d'écriture* et d'*Exercices de lecture manuscrite*. *Paris*, 1836, un joli vol. in-18, cartonné, dos en toile.   2 fr. 50 c.

Ce petit ouvrage est disposé d'une manière admirable pour donner les premières notions de la langue allemande.

133 STAHL. Manuel de phrases françaises et allemandes, contenant de nombreux vocabulaires des mots les plus usités, suivis chacun de petites phrases élémentaires servant d'exercice, accompagné de Dialogues familiers, à *l'usage des classes*

allemandes) par A. STAHL, professeur de langue allemande au *Collége royal de Henri IV*. On y a joint un tableau en couleur de l'alphabet allemand et de la prononciation. *Paris*, 1835, 1 vol. in-18, cartonné, dos en toile. 1 fr. 50 c.

Ce petit recueil de phrases allemandes et françaises a été fait particulièrement pour l'usage des enfans qui étudient l'allemand dans *les classes élémentaires* dans tous les Colléges et Institutions. Le besoin en était vivement senti depuis long-temps par l'auteur, professeur lui-même dans un des Colléges royaux de Paris.

34. STAHL. RUDIMENS DE LA LANGUE ALLEMANDE, à l'usage des *Classes élémentaires*, accompagnés de 12 planches gravées servant de *Modèles d'écriture* et d'*Exercices de lecture manuscrite*, par A. STAHL, professeur de langue allemande au *Collège royal de Henri IV*. *Paris*, 1836, 1 v. in-18, cartonné, dos en toile. 1 fr. 80 c.

On a proposé de réunir dans ces *Élémens de Grammaire* allemande tout ce qu'il est indispensable de savoir en fait de règles grammaticales. L'enseignement de la langue allemande dans la 8e et 7e classes des Colléges royaux, nous a paru demander un traité adapté à l'âge des élèves; c'est donc un *Rudiment* en facilité qu'on a voulu donner, et non une *Grammaire*, presque toujours trop étendue et par là même au-dessus de la portée du jeune âge.

L'usage heureux que de professeur du Collège de Henri IV en fait journellement, prouve son utilité et son excellence.

35. DICTIONNAIRE DE POCHE Français-Allemand et Allemand-Français. Nouvelle édition, 2 parties en 1 vol. in-18. 5 fr.

36. GESSNER'S DER TOD ABELS (La mort d'Abel). *Paris*, 1824, 1 vol. in-12. 2 fr.

37. LESSING'S FABELN (Fables de Lessing). *Paris*, 1826, 1 vol. in-12. 1 fr. 50

38. GESSNER'S IDYLLEN (Idylles de Gessner). *Paris*, 1826, 1 vol. in-12. 2 fr.

139 GOETHE, Die Leiden des jungen Werther

36

(les Souffrances du jeune Werther). *Leipzig,*
1833 ; 1 vol. in-32, papier fin.   5 fr.
Cette charmante édition d'un livre si répandu en Allemagne
mérite la préférence sur toutes les autres, par la netteté et la beauté
des caractères, ainsi que la commodité de son format.

140 OS LUSIADAS , poema de L. Camões.
Avinhão , 1818 ; 2 vol. in-18.   5 fr.

ITINÉRAIRES.

141 GUIDE EN SUISSE, traduit de l'allemand
de Glutz-Blotzheim , avec une carte topo-
graphique et routière, et des tableaux indi-
catifs de toutes les routes et distances. 1 vol.
in-12.   6 fr.
C'est le meilleur ouvrage qui ait été publié en allemand , et
l'auteur, à qui l'on doit la continuation de l'Histoire universelle par
Muller, a reçu les témoignages les plus flatteurs pour son exactitude et sa précision.

142 GUIDE DU VOYAGEUR EN ITALIE,
ou Description historique et géographique
de ce pays, avec l'indication des relais de
poste , réglemens , valeur des monnaies ,
etc. , etc. , les Panoramas de Rome et de Naples, et quatre *Cartes routières*, etc. , etc. ,
par J. Barzilay. 1828 ; 1 très-fort vol.
in-12, gros caract.   6 fr. 50

143 MANUEL DU VOYAGEUR EN ITALIE,
contenant une introduction sur ce pays, tableaux des relais, indication des auberges,
par J. Barzilay. 1828 ; 1 vol. in-12, avec 4
cartes routières de l'Italie.   4 fr.
Ouvrage portatif et qui peut tenir lieu d'autres plus considéra-
bles ; les cartes sont faites avec beaucoup de clarté.

PARIS, IMPRIMERIE DE CASIMIR,
rue de la Vieille-Monnaie, n° 12.

BIBLIOTHEQUE NATIONALE DE FRANCE
3 7531 01092669 0

9 782013 650250